性 / 別惑亂

──女性主義與身分顛覆

Gender Trouble: Feminism and the Subversion of Identity

巴特勒(Judith Butler)原著

林　郁　庭　譯

國立編譯館

國立編譯館與桂冠圖書公司合作翻譯發行
2008年12月初版一刷
國立編譯館主譯／譯者——林郁庭

原著1999年版序

　　十年前我完成了《性／別惑亂》[譯註1]的手稿，把它送到Routledge出版社出版。那時我沒想到這個文本會擁有如此廣大的讀者群，正如我未曾想到它會成為女性主義理論一針見血的「切入」，或者這麼常被引述為酷兒理論的奠基文本。確定的是這個文本的生命，已經超過我的意圖，這點部份是由於它的接受脈絡一直在改變所造成的結果。即使了解這個文本本身是女性主義的一部份，我撰寫它的時候，仍視自己與某種形式的女性主義處於抗爭和對立的關係。我循著內在性批判的傳統，對於書寫本身所屬思維運動的基本詞彙，意欲做出批判的檢視。從過去到現在為止，上述這種模式的批評，對於區分較民主、有包容性的自我批評，以及把該運動也連同摧毀的批判，仍有其功效。當然，總是有可能把前者誤認為後者，但我希望在《性／別惑亂》的例子中不會是如此。

　　在1989年我最關心的，是批評在女性主義文學理論中蔓延的異性戀前提。我意在反駁那些有關性別的適當性和限制、侷限性別意義於既定陽性特質(masculinity)和陰性特質(femininity)的觀點[譯註2]。我一直認為任何女性主義理論如果在其實踐中預設性別意義的限制，就是在女性

主義中樹立了具排他性的性別規範，結果往往導致同性戀恐懼(homophobic)。不論過去或現在，女性主義似乎都應該謹慎，不要把某些性別的表達理想化，因此轉而製造新的階層，以及排他方式。我特別反對那些自恃真理的體制(regimes of truth)，認定某種性別表達為虛假或衍生性，而別種表達則為真實且有原創性。重點不在為本書讀者推薦一個新的性別化 (gendered)生活方式來作為楷模。本書旨在拓廣性別可能性的領域，並不特別指定那些可能性應該被實現。有人或許會懷疑「拓廣可能性」最終有什麼用？但了解在社會中作為「不可能」、難以辨認、無法實現、不真實和不合法是什麼滋味的人，就不會問這個問題。

　　《性／別惑亂》想要揭示的，是某些習慣性和暴力的認定，會排除性別化的生活中什麼是可能的這個想法。本書亦期望阻斷任何以及所有招搖著真實論述(discourse)，而視弱勢族群的性別界定和性實踐(sexual practices)為非法的舉動。這不表示所有弱勢族群的實踐都能被容許或祝福，但這確實意味著，我們應該在對它們下任何結論前，能賦予它們考慮。最讓我擔心的是在面對這些實踐所引起的種種恐慌，往往置它們於不可想像之境。例如，性別二元制的打破真是那麼畸形、那麼恐怖，使得它必須被認為絕對不可能，而且在詮釋上被排除於任何考慮性別的努力之外嗎？

　　類似這種推論，有些可見於在當時被稱之為「法國女性主義」的思維，而它們在文學學者和社會理論家之間也大受歡迎。雖然我反對所謂建築在性差異基本教義核心的異性戀主義，我也取材自法國後結構主義來申論自身觀點，我在本

書中所做的嘗試，結果成為文化上的翻譯。後結構主義理論
被引進美國性別理論和女性主義的政治難題中，如果後結構
主義在自身的某些偽裝下看似形式主義，超脫於社會脈絡和
政治目標之外，但近年來美國採用的後結構主義並不是這個
樣子。的確，我的重點不在於把後結構主義「運用」在女性
主義上，而是以特定的女性主義取向來重塑那些理論。某些
後結構形式主義的維護者，對於它在《性／別惑亂》這種作
品中的「主題式」("thematic")導向感到沮喪；文化左派之中
的後結構主義批判，則對任何政治上進步的事物可能出自後
結構主義前提，表達了強烈的懷疑。然而，這兩種說法都視
後結構主義為統一、純粹和一元之物。但是近年來那個理論
或者那一套理論，已經遷徙到性別和性意識的研究，以及後
殖民和種族研究中。它已經失去早先案例中的形式主義，而
在文化理論的領域中，得到了新的移植生命。有關我的作品
或巴巴(Homi K. Bhabha)、史匹娃(Gayatri Chakravorty Spivak)
、紀傑克(Slavoj Žižek)的作品，到底屬於文化研究或批評理
論，仍有持續的爭議，但或許這種問題，只顯示出這兩種理
論之間鮮明的區分已經瓦解。總是會有理論家聲稱，以上所
有的都屬於文化研究，也有文化研究者，把自己定位為反對
任何形式的理論（雖然必須指出霍爾[Stuart Hall]——英國文
化研究的創始者之一——並不是如此）。但是爭論的雙方有
時錯失的要點，是理論的形貌已因文化應用而有所改變。理
論的新領域必然不純，在此出現的理論已然為文化翻譯的事
件本身。這不是理論為歷史論所取代，也不僅是理論的歷史
化暴露出它一般化的主張其實受制於隨機性。理論的新領域
出現在文化地平線的交會點，對於翻譯的要求很迫切，能夠

成功的保證並不確定。

　　《性／別惑亂》植根於「法國理論」，而該理論本身卻是個奇特的美國建構。只有在美國有這麼多不同的理論結合在一起，就好像它們形成某種一體性(unity)。雖然本書已經被翻譯為多種語言，特別在德國的性別和政治討論上有其強烈的影響，它在法國出現──如果它終於出現了──會比在其他國家還慢很多。我提到這點來強調本書明顯的法語中心主義，與法國以及在法國的理論發展有非常的距離。《性／別惑亂》傾向於在融合的脈絡中一起閱讀好幾位法國知識份子的論述（李維史陀[Lévi-Strauss]、傅柯[Foucault]、拉岡[Lacan]、克莉斯蒂娃[Kristeva]、維諦格[Wittig]），這些人彼此之間少有連結，而他們的法國讀者也很少──如果有的話──閱讀彼此的著作。的確，本書的知性雜交(intellectual promiscuity)為其劃下美國式的標記，而使其在法國脈絡中顯得陌生；對於盎格魯─美國的社會學和人類學「性別」研究傳統的強調也是如此，而該傳統和衍生自結構主義探討的「性差異」論述有所不同。如果本書冒犯了在美國行歐洲中心主義之不諱，對於少數還考慮出版這本書的法國出版社而言，它在法國則帶來將理論「美國化」的威脅[1][譯註3]。

　　當然，「法國理論」不是這個文本唯一的語言。本書衍生自筆者長期以來對於女性主義理論的研究，論及性別之社會建構性格的爭議，精神分析和女性主義，魯賓(Gayle Rubin)有關性別、性意識和親屬關係卓越的著作，

[1]在這一版付梓之時，有些法國出版商考慮翻譯這本書，但只是因為艾力柏(Didier Eribon)和其他人已經把本書的論點引入當前法國有關同性伴侶關係之法律批准的政治論辯。

牛頓(Esther Newton)有關變裝(drag)的突破性著作，維諦格
(Monique Wittig)精彩的理論和小說創作，以及人文學的男
同志和女同志觀點。很多女性主義者在1980年代認定女同志
主義(lesbianism)與女性主義(feminism)的交集在女同志——
女性主義(lesbian-feminism)，《性／別惑亂》試圖抗拒女同
志的實踐就是女性主義理論的舉證，在兩者之間建立一個
更糾結難解(troubled)的關係。女同志主義在本書中，不代表
回歸身為女人而言最重要之事物；它不是把陰性特質神聖
化或示意一女性中心的世界。女同志主義不是一套政治信
仰（性意識和信仰以一種更複雜的方式連結，而且往往是
針鋒相對的）的情色實現。本書要問的是，非規範性的性
實踐(non-normative sexual practices)如何質疑性別作為分析
範疇(category)的穩定性？某種性實踐如何逼得我們不得不
問什麼是女人、什麼是男人這個問題？如果性別不再被視
為經由規範性性意識而鞏固，那麼是否有特定於酷兒脈絡
(queer contexts)中的性別危機？

　　性實踐足以動搖性別的概念，源自我對魯賓〈交易女
人〉("The Traffic in Women")的解讀，意在點出規範性意識
強化規範性別之實。簡言之，根據這個理論架構，一個人是
否為女人，取決於此人在當道的異性戀架構內，是否至某種
程度如女人般運作；去質疑這個架構，可能會導致失去自身
的性別所在。我把這視為本書中「性別混亂」的初步形成。
我試著理解某些人「變成同志」所承受的恐懼和焦慮，害怕
失去性別定位，或不曉得自己如果和表面上「同」性別的人
上床會變成如何之人。這在存在論中構成某種危機，感受面
分佈於性意識和語言兩個層面。當我們考慮隨著跨性別主義

(transgenderism)和跨性意識、女同志和男同志撫育後代、新的女同志T(butch)和女同志婆(femme)身分而浮現的各種新的性別形式,這個問題變得更形尖銳。例如,在何時而且為什麼某些女同志T(butch lesbians)撫育時變成「爹地」而有些卻成為「媽咪」呢?

那麼伯恩斯坦(Kate Bornstein)提議的概念,說「女人」或「男人」這種名詞無法描述變性人,而是要由主動式動詞來驗證這個人經常性的轉變即「是」新的身分,或是點出一種「中間性」("in-betweenness"),以質疑確切性別身分的存在問題,能夠行得通嗎?雖然有些女同志論稱女同志T與「身為男人」無關,有些則堅持她們的女同志T特質(butchness)就是或曾是得到嚮往的男人地位的不二法門。這些矛盾確實已在近年來增加,提供本書一種那時沒有預期到的性別紛亂的實證[2]。

但是我嘗試去強調的性別和性意識之間的連結是什麼?當然,我並非主張性實踐的形式製造出某些性別來,只是在規範性異性戀的條件下,監管性別有時被用為確保異性戀的方式。麥肯諾(Catharine MacKinnon)對於這個問題提出一種說法,和我自己的看法有所共鳴,但同時,我相信我們之間也有關鍵性而重要的分野。她寫道:

---

[2]我寫了兩篇有關這個問題的短文:芒特(Sally Munt)編輯的《女同志T／女同志婆:女同性戀性別之內》(*Butch/Femme: Inside Lesbian Gender*. London: Cassell, 1998)中的〈後記〉("Afterword"),以及《性》(*Sexualities*)期刊1998年第5卷第3期,特刊〈跨性別在拉丁美洲:人、實踐和意義〉('Transgender in Latin America: Persons, Practices and Meanings")中另一篇後記。

性的不平等被界定為人的屬性，因之而成性
別；性的不平等活絡為人與人之間的關係，因之而
成性意識。性別的出現，是由男人和女人間不平等
的性化(sexualization)凝聚而生[3]。

以此觀之，性階層制(sexual hierarchy)製造並鞏固性別。
並不是異性戀規範、製造和鞏固性別，而是爲異性戀關係背
書的性別階層(gender hierarchy)所爲。如果性別階層製造和鞏
固性別，而且如果性別階層預設性別的運作概念，那麼性別
即是性別的成因，而這個說法最終以套套邏輯(tautology)作
結。麥肯諾可能只是想指出性別階層的自我複製機制，但這
卻不是她所說的。

「性別階層」足以解釋製造出性別的條件嗎？性別階層
至何等程度成就或多或少強制性的異性戀，而性別規範多常
被監管以求支撐異性戀霸權？

當代法律理論家法蘭克(Katherine Franke)以深具新意的
方式，結合女性主義和酷兒觀點，指出麥肯諾認定性別階層
高於性別製造的思維中，儼然接受以主斷的異性戀模式去思
索性意識。法蘭克提供一異於麥肯諾的性別歧視模式，有力
地論及性騷擾是性別製造的典範寓言(paradigmatic allegory)
。不是所有的歧視都可被視爲騷擾。騷擾的行爲可能是把一
個人「製造」成某種性別，但還有其他強加性別的方式。因
此，對於法蘭克而言，在性別和性歧視之間暫時劃出區分是

---

[3]麥肯諾(Catharine MacKinnon)，《女性主義反修飾：有關生命和法律的
論述》(*Feminism Unmodified: Discourses on Life and Law.* Cambridge:
Harvard University Press, 1987)，6-7頁。

很重要的。例如，同志們可能在求職上被歧視，因爲他們無
法「看似」被接受的性別規範。發生對同志們的性騷擾可能
不是爲了撐起性別階層，而是在推廣性別規範。

　　麥肯諾雖提供了一個有關性騷擾的有效批評，但是她
也造成了另一種制約：有了性別，意味著已經進入了從屬
(subordination)的異性戀關係。就分析的層面而言，她畫出
的等號，和某些同性戀恐懼論點，有異曲同工之處。這種觀
點規定並允許性別的性序列(sexual ordering)，主張所謂男人
是異性戀的男人，而女人是異性戀的女人。包括法蘭克在內
的另一套觀點批評的，正是這種形式的性別制約。因此性歧
視者和女性主義者，有關性別和性意識的觀點，是有其差異
的：性歧視者聲稱女人只能在異性戀性交中，由屈從所得來
的歡愉（一種散發的本質，於女人的性屈從中得到肯定）展
現其女人的特質；女性主義的觀點論稱性別應該被推翻、消
除、或使其變得徹底含糊，正因爲性別對女人而言總是屈從
的記號。後者接受了前者正統敘述的力量，接受前者的敘述
已經運行如強力的意識形態的事實，但仍然試圖去提出反
對。

　　我痛責這個觀點，因爲某些酷兒理論家已經在性別和性
意識之間畫出分析上的區別，拒絕接收它們之間有因果或結
構的連結。從某個觀點來看，這點有其道理：如果這個區別
意指的是異性戀規範不應該去爲性別定序列，這種序列應該
遭到反對，我堅決地贊成這個觀點[4]。然而，如果這點代表的

---

[4]很可惜《性／別惑亂》出版比賽菊克(Eve Kosofsky Sedgwick)重要作品
　《暗櫃知識論》(*Epistemology of the Closet. Berkeley and Los Angeles*:
　University of California Press, 1991)早了幾個月，以致我在此的論點無法受

是（就敘述上而言）沒有性別的性制約，那麼我認爲它顯示出一重要、但不是獨一的層面——有關同性戀恐懼如何深入而不被那些顯然最積極去對抗它的人所察覺。然而，對我來說很重要的，是承認性別顚覆的踐履(preformance)可能對於性意識或性實踐別無所指。即便性別變得模稜兩可，性意識典範也不必然受到干擾或轉向。有時候性別的含糊性可以運作以包含或轉移非規範性實踐，而因此保持規範性意識不變[5]。因此，舉例來說，變裝或跨性別和性實踐之間無法歸納出相關性，而異性／雙性／同性傾向無法在性別傾向或轉變的途徑上被預測出來。

我近年來的著作，很多都在澄清和修正在《性／別惑亂》中勾勒出來的踐履性(performativity)理論[6]。要說踐履性到底是什麼很困難，不僅因爲我自己對「踐履性」的可能意涵隨時間而變遷——大多是回應卓越的批評指教[7]——也因爲有許多人採用而把它以他們自己的方式來解釋[譯註4]。我原先從德希達(Jacques Derrida)對卡夫卡(Kafka)的〈法律之前〉("Before the Law")的解讀中，得到如何閱讀性別踐履性

益於她在該書第一章有關性別和性意識精闢的討論。

[5]是哥勃格(Jonathan Goldberg)說服我這個論點的。

[6]有關我的出版書目和源引我作品的詳表，參照加州大學爾維分校(University of California at Irvine)圖書館的耶吉亞言(Eddie Yeghiayan)卓越的索引，該索引可說是非常完整：http://sun3.lib.uci.edu/~scctr/Wellek/index.html.

[7]我特別感謝馬丁(Biddy Martin)、賽菊克(Eve Sedgwick)、紀傑克(Slavoj Žižek)、布朗(Wendy Brown)、哈特曼(Saidiya Hartman)、梅爾克(Mandy Merck)、雷頓(Lynne Layton)、考夫曼歐斯伯恩(Timothy Kaufmann-Osborne)、班雅明(Jessica Benjamin)、班哈比(Seyla Benhabib)、福雷沙(Nancy Fraser)、法斯(Diana Fuss)、普勒瑟(Jay Presser)、杜根(Lisa Duggan)和葛羅茲(Elizabeth Grosz)有關踐履性理論鞭辟入中的批評。

的靈感。在書中期待法律者坐在法律之門前面，賦予所期盼
的法律某種力量。期待具有權威的意義顯露，是該權威歸屬
及建立的憑藉：這期待召喚出它所要的。我想著我們難道不
是也在對於性別的類似期待之下努力，運作其如一個可能會
現形的內在要素，最終製造出它期許現象本身的期待。那麼
首先，性別的踐履性圍繞著這個替代品而動，就如對於性別
化要素的期待，製造出自己斷定是外在於己之物。其次，踐
履性不是單一的行為，而是重複與儀式，藉著它在身體脈絡
——在某方面被理解為文化所維持的時間持續——的自然化
而達成其效果[8]。

有若干重要的問題是針對這個理論而來，其中有一個
似乎特別值得在此一提。性別是踐履性的觀點，想揭示我
們視為性別的內部本質者，乃是透過一套持續的行為所製
造出來，經由性別風格化的身體而認定的。依此，它顯示
了我們視為我們自身「內部」特徵之物，是我們透過某些
身體行為——極端時甚至是自然化姿態的幻覺效果——所預
期和製造出來的。這是否意味著每件被視為相關心理的「內
部」事物，因此被掏空，而該內部性只是個錯誤的比喻？
雖然本書明顯地在其初步的性別憂鬱討論中，引用了內部心
理的比喻，那個比喻並沒有沿用在踐履性本身的思維中[9]。

---

[8] 踐履性的儀式層面的概念與布爾迪厄(Pierre Bourdieu)著作中棲所(habitat)
的概念連結，而這是我在寫本文之後才想到的。有關我對這個迴響遲
來的解釋，見《使人興奮的演說：踐履的政治》(*Excitable Speech: A
Politics of the Performative.* New York: Routledge, 1997)。

[9] 羅絲(Jacqueline Rose)提醒我本書前面和後面部份不連結處，助益很大。
前面部份探討性別的憂鬱建構，但後面似乎忘了之前精神分析的開頭。或
許這點解釋了最後一章某些「偏執」，這種狀態佛洛伊德定義為對於失落
的背誓之部份，即是憂鬱症。《性/別惑亂》在最後幾頁似乎忘了或背誓

《權力的心理生命》(*The Psychic Life of Power*)和我若干有關精神分析主題的近作論文,試圖解決這個問題,許多人認為這是本書前面和後面章節分裂的問題。雖然我否認所有心理的內部世界只不過是一套風格化行為的觀感,我仍然認為把心理世界的「內部性」視為理所當然是個很大的理論錯誤。那世界的某些特徵,包含我們所認識和失去的人們,的確變成自我的「內部」特徵,但它們透過該內部化而轉變,而該內部世界──如克萊恩派(Kleinians)所稱──正是被建構為心靈者所行之內部化的結果。這點指出可能有踐履性的心靈理論在運作,這方面則需要做更多的探索。

雖然本書沒有回答身體的物質性是否完全是建構的問題,那是我隨後不少作品的一大重心,而我希望藉此可以澄清讀者的疑問[10]。有關踐履性理論能否被移置到種族的情況下,已經有好幾位學者探索過這個問題[11]。在此要強調,有關種族的認定總是會牽扯到相關性別的論述,二者如何相互

它才闡釋過的失落。

[10]參照《攸關身體》(*Bodies that Matter*. New York: Routledge, 1993),以及提出相關當代科學研究一些問題有見地而且有趣的一篇批評,巴拉德(Karen Barad)的〈變得真實:科技科學實踐和真實的物質化〉("Getting Real: Technoscientific Practices and the Materialization of Reality"),載於《差異》(*differences*),第5卷第2期,87-126頁。

[11]哈特曼(Saidiya Hartman)、洛伊(Lisa Lowe)、肯多(Dorinne Kondo)的作品都對我有影響。很多當前有關「過往」("passing")的研究也探討這問題。我在《攸關身體》中有關拉森(Nella Larsen)〈過往〉("Passing")的論文試著以基本的方式去回答這個問題。當然,巴巴(Homi Bhabha)有關後殖民主體的模仿分裂(mimetic splitting)著作和我自己的在幾個地方很相近:不只是被殖民者採用殖民者的「聲音」這方面,還有認同(identification)上的分裂狀況,這兩點強調弱勢身分在統治的情況下同時被製造和撕裂,這對於踐履性的概念是很關鍵的。

扶持尚有待釐清，而且種族和性別不應該等同作為單純的類比來看待。我會因而建議，該問的問題不是踐履性理論是否可轉移至種族上，而是那理論試著去解釋種族之時，會有什麼事發生。不論種族是否和性別建構的方式相同，這些論辯很多都集中在「建構」的情形上。我的觀點是——沒有任何單一的建構說明是放諸四海皆準，這些範疇總是運作為彼此的背景，而它們通常透過彼此找到它們最有利的闡述。因此，種族性別規範的性化現象(sexualization)要求我們同時以多重視角解讀，所得的分析確定能彰顯以性別作為唯一分析範疇的侷限[12]。

雖然我已經列舉了幾個賦予本書動力的學術傳統和論辯，但我的目的並不在這麼短的篇幅中提供一長篇辯詞。本書撰寫的背後，還有一個不盡為人了解的層面：它不是僅僅由學術界製造，也出自於我所參與那些交集的社會運動，以及撰寫本書之前，住了十四年的美國東岸男同志和女同志社區的環境。雖然本書表述的主體已移了位，但有一個人還在這裡：我參加許多會議、遊行、到酒吧，看到很多種性別，了解我自己是處在他們某些人的十字路口，而遇到的有人的性傾向在好幾個文化邊緣。我認識許多人試著在爭取性認可和自由的重要運動中找到他們的方向，也感覺到屬於那運動的希望和內部紛爭所帶來的狂喜和挫折。在我安身於學術圈

---

[12]莫瑟(Kobena Mercer)、湯瑪斯(Kendall Thomas)和史碧樂(Hortense Spillers)的作品對我有關這個主題的「後性／別惑亂」思考非常有幫助。我也希望很快能出版一篇有關法儂(Franz Fanon)在《黑皮膚，白面具》(*Black Skins, White Masks*)中談到模仿和誇張的問題。我很感激最近在柏克萊加州大學完成論述學系(rhetoric)論文的湯瑪斯(Greg Thomas)，他有關美國種族化的性意識觀點，引發並豐富了我對於這個關鍵交集的理解。

之時，我也同時過著一個牆外的生活，而雖然本書是部學術書籍，然而對我而言，剛開始是個跨界——那時我坐在瑞荷玻斯海灘(Rehoboth Beach)邊，想著我是否能把我生命不同的面向連在一起。我認爲我能以自傳的模式寫作這件事，並不代表我身爲的這個主體重新歸位了，但它或許提供讀者某種「有人在這裡」的安慰（我在此刻且緩下這個「有人」是由語言賦予的這個問題）。

對我而言，最令人欣慰的體驗之一是到今天爲止，本書持續步出學術殿堂之外。本書被酷兒國度(Queer Nation)接受，它對某些有關酷兒自我呈現之戲劇性的反省，在行動抗愛滋聯盟(Act Up)策略中得到共鳴的同時，也幫助促使美國精神分析協會(American Psychoanalytic Association)和美國心理協會(American Psychological Association)的成員重新評估某些當前有關同性戀的看法。踐履性別的問題以不同的方式被採用在視覺藝術中，例如惠特尼(Whitney)博物館的展覽，以及洛杉磯歐提斯藝術學校(Otis School for the Arts)等等。它有關「女人」這主體和性意識與性別關係的某些形式，也表現在女性主義司法和反歧視的法律研究中，如舒茲(Vicki Schultz)、法蘭克和福魯格(Mary Jo Frug)的作品中。

從另一方面來說，由於自身政治參與的緣故，我被迫要修改某些在《性／別惑亂》中的立場。在本書中，我傾向於以全然負面和排除的語彙來看待「普遍性」的指稱。然而，我後來看出，正是這詞語作爲非實質和開放的範疇，成就其爲重要的策略用法，而這是我先以理事會成員以及隨後的會長身分，加入這個卓越的行動團體─國際男同志暨

女同志人權協會(International Gay and Lesbian Human Rights Commission)，一個在相關廣大範疇的人權問題上代表性弱勢團體的組織—工作(1994-7)之後，才體會到的。在那兒我開始理解普遍性的聲稱可以是預料的(proleptic)和踐履性的，喚出還不存在的事實，提示還未找到交集的文化軸線交會的可能性。因此，我得到第二種普遍性的觀點，而它是被定義爲一種未來導向的文化翻譯的努力[13]。最近，我被迫把我的作品和政治理論做連結，而在與拉克勞(Ernesto Laclau)和紀傑克合撰的書中，有關霸權理論與其對於理論活躍的左派份子的含意，再一次地與普遍性連結（將在2000年由Verso出版）。

我思考的另一個實際層面和精神分析相關，我指的是它的學術和臨床活動這兩方面而言。我目前和一群開明的精神分析治療師合作一個新的期刊，《性別和性意識研究》(*Studies in Gender and Sexuality*)，嘗試要把臨床和學術的工作引進有關性意識、性別和文化問題的建設性對話。

《性／別惑亂》的批評家和朋友們注意到它在文字風格上的困難度。對有些人而言，發現一本書不容易被消化而受「歡迎」（以學術界的標準而言），無疑地是非常奇怪，甚至瘋狂的。這個意外或許可被歸因於我們如何低估了閱讀大眾及其能力，以及其閱讀複雜而挑戰性文本的慾望——尤其是因爲複雜性不是平白無故的，挑戰性用來質疑被視爲理所當然的真實，而那些真實的理所當然的確有其壓迫性。

我認爲風格是個複雜的領域，不是我們有意識地想達

---

[13]我在隨後的作品中思考普遍性的問題，最顯著者爲《使人興奮的演說》(*Excitable Speech*)第二章。

到目的就能單方面選擇或控制的。詹明信(Fredric Jameson)
在他早期有關沙特(Sartre)的書中就清楚地說明這點。當
然，你可以練習風格，但最終得到的風格可能不全是你的
選擇。此外，文法或風格都不是政治中立的。可理解的言
語有其規則可循，學習這些規則是在接受規範性語言的薰
陶，而不依從所付出的代價就是喪失可理解性本身。康乃爾
(Drucilla Cornell)依循阿多諾(Ardono)的傳統提醒我：常識並
不極端。以為既定的文法是表達激進觀點的最佳工具是個錯
誤，由於該文法強加限制於思想，更確切地說，於可想像的
事物本身。但如果更動文法或者隱約質疑句子時態主詞－動
詞的要求，用這些方式又明顯地會引起不滿；它們給讀者更
多的課題要做，有時讀者會被這種要求所激怒。而那些被激
怒的是否是做了「直言直語」("plaining speaking")的合理要
求，或他們的抱怨來自知性生活的消費者期望？或許，從這
種語言困難的經驗能否衍生出什麼價值呢？如果性別本身是
經由文法規範而自然化的，如維諦格所言，那麼在最基礎的
知識層面的性別改變，會部份透過質疑賦予性別意義的文法
而進行。

　　對清晰度的要求，會讓人遺漏表面上「清晰」的觀點後
面策動的狡計。羅內爾(Avital Ronell)記得尼克森(Nixon)在那
時刻看進全國人的眼中，說道：「讓我好好澄清一件事」，
然後接著說謊。在「明晰度」標記之下隱藏的是什麼，而沒
有在透明性出現時帶著批判性的懷疑來審視，又會付出什麼
代價？誰設計了「明晰度」的規則而它又效忠誰的利益？堅
持這樣狹隘的透明性原則作為所有溝通先決條件，被排除的
會是什麼？讓「透明性」模糊的又是什麼？

　　我的成長環境讓我理解性別規範的暴力：有一個生理
構造異常的叔叔被監禁，被剝奪了親友，在一個堪薩斯州草
原上的「機構」中渡過餘生；同性戀的堂表兄弟們因為其真
實或想像的性傾向而被迫離家；我自己在十六歲時驟風暴雨
的出櫃；隨後失去工作、情人、家的成年情景。所有這些
置我於強力而留下傷痕的非難之中，但是很幸運地，它們並
沒有阻止我追求歡愉以及堅持我性生活的合法認同。正因為
性別被如此地視為理所當然、被同時暴力地監管著，要揭露
這個暴力是很困難的。性別被認定為性的自然表現或者是文
化常數，因而不可能經人之手去修正它。我也從而了解，受
到排除的生命所顯示的暴力——不被名之為「生命」，受到
囚禁意味著生命的中止，或者成立的死亡判決。我認為在這
個文本中，執著的努力把性別「去自然化」（"denaturalize"）
，是出自於一種強烈的慾望，去反對性的理想形態學（ideal
morphology）所隱含的規範性暴力（normative violence），並把
尋常和學術上性意識論述中，有關自然或認定的異性戀那些
流行的說法徹底拔除。這個去自然化的書寫，並不只是出
於想要玩弄語言，或者搬出戲劇性小把戲的慾望來取代「真
實」的政治，如同某些批評家所推測的那樣（好似劇場和政
治總是分離的）。它是出自於生存、讓生命成為可能、並且
去重新思考如這般可能的慾望。這個世界必須是什麼樣子，
才可以讓我叔叔生活在家人、朋友或其他延伸的親屬關係的
包圍之下？我們必須如何重新思考限制人類的理想形態學，
使那些無法遵循規範的人免於生不如死的折磨呢[14]？

---

[14]參照北美混性學會（Intersex Society of North America）重要的出版品（包括
　　雀絲[Cheryl Chase]的作品），跟其他組織做比較，該學會對於那些有天
　　生性別異常身體而遭受嚴苛和暴力的性別糾察的嬰兒和小孩，喚起更多

　　有些讀者問了《性／別惑亂》是否尋求擴展性別可能
性的領域有其原因。他們問，設計這種新性別形態是爲了什
麼目的？而我們又該如何做出判斷？這個問題常涉及一個先
要前提，也就是說，這個文本沒有論及女性主義思維中規範
性或指定性的範疇。「規範性」（"normative"）在這個批評交
集點顯然至少有兩重意義，而我常用這個字，主要來敘述爲
某種性別理想所施加的世俗暴力。我通常把「規範性」這個
字視爲與「相關左右性別的規範」做爲同義詞來使用；但是
「規範性」這個字也涉及倫理辯護，與它如何被建立、在施
展中能得到什麼具體結果也相關。要問《性／別惑亂》的一
個關鍵性問題是：我們如何來判斷性別該如何依據在此所提
供的理論敘述基礎而存續呢？不可能在反對「規範性」性別
形式的同時，不受到某些規範性觀點敘述的影響，而對性別
化的世界該爲如何有一定看法。然而，在這裡，我希望指出
本書正面的規範性視野，如其所是，並沒有也不能做以下指
示：「以我說的方式去顛覆性別，那麼生命將會很美好。」

　　那些做出這樣指示、或是願意在顛覆性和不具顛覆性
性別表達之間作決定的人，任由他們的判斷取決於一段敘
述；性別以這個或那個形式出現，然後一個有關那些表面規
範性的判斷便作出來了，所根據的、出現的是什麼。但是
控制性別本身的表面領域是什麼？我們很可能會做出以下
的區分：有關性別的**敘述性**說明包含什麼讓性別可以辨識的
考量，對其可能性條件的探索；而規範性說明尋求回答哪些
性別表達了可以接受、哪些不能接受的問題，提出可信的理
由，以這個方式來區分這些表達。然而，什麼是有資格爲

社會關注。欲取得更多資訊，可上網與他們聯繫：http://www.isna.org

「性別」的問題本身，已經是個問題，證實了權力的普遍規範性運作，一個在「本案為何」的議題下祕密運作的「本案將為何」。因此，性別領域的敘述本身，決不是優先於其規範性運作的問題，也無法與之分開。

我沒有興趣去判斷，什麼元素區分了顛覆和不顛覆。我不僅相信不能在做這類判斷時脫離其脈絡，而且這種判斷無法歷久彌堅（所謂「脈絡」，即是被認定為隨著時間改變的元素，暴露出它們本質上的非統一性）。就如隱喻(metaphors)如果隨時間凝聚而成為概念，會失去它們的隱喻性(metaphoricity)，顛覆性的踐履永遠都冒著因重複而僵化為老生常談的危險，當它們在商品文化內重複，而這「顛覆」本身也帶著市場價值時，尤其如此。去為顛覆性的標準命名的努力，永遠會招致失敗，也應該是如此。那麼到底用這個詞的關鍵為何？

持續讓我關注的是以下幾種問題：什麼會和不會構成可理解的生命，而有關規範性性別和性意識的斷定，如何預先決定什麼具有「人類」和「能活的」資格？換句話說，規範性性別的斷定是如何運作，來限定我們據以為人類的敘述範圍本身？什麼是我們得以看見這限定之力的憑藉，而什麼是我們藉以轉變它的憑藉？

在《性／別惑亂》中的變裝討論，提供以解釋性別建構和踐履性的層面，不真是顛覆的**例子**。把它視為顛覆行動的典範會是個錯誤，或者，更確切地說，以其為政治媒介的範例是個錯誤。重點是不在這兒。如果我們認為看見了一個男人裝扮為女人或女人裝扮為男人，我們就是把觀感中每

一個先入爲主的視爲性別的「真實」：經由這個類比呈現的性別缺乏「真實」，而且被用來構成幻覺的表面。在這種表面的真實與不真實搭配的知覺中，我們認爲我們知道什麼是真實，而把性別的次要面貌視爲僅是人造、遊戲、虛假和幻覺。但是什麼以此方式奠立知覺的「性別真實」感呢？或許我們認爲我們知道這個人的解剖構造爲何（有時候我們不知道，而我們確定尚不能欣賞存在於解剖學敘述層面的變異）。或者我們從那人穿著的衣服、或是那些衣服如何被穿著而衍生出那個知識。這是個自然化的知識，即使它是基於一系列的文化推論，甚至其中一些還具有高度謬誤。的確，如果我們把這個例子從變裝轉到變性，那麼就不再可能從覆蓋和闡釋身體的衣服衍生出有關穩定解剖學的判斷。那個身體可能是手術前、轉型期或手術後的；即使「看到」那個身體都可能無法回答這個問題：因此**什麼是我們所看到的範疇**？一個人穩定和通常的文化知覺失效的那個時刻，無法確信不移地閱讀所見的那個身體，那就是不再能確定邂逅的身體是男人還是女人的時刻。在範疇之間，猶疑不定就構成了該身體的經驗。

當這種範疇受到質疑，性別的**真實**也有了危機：如何去區分真實於不真實就變得不清楚。這是個使我們從而了解我們視爲「真實」、我們招喚爲性別的自然化知識之物，事實上爲可變和可更改的真實的機會。把它叫做顛覆性或其他吧。雖然這個洞察本身不構成政治革命，如果沒有在相關可能與真實的概念上做了激進的變移，任何政治革命都不可能發生。有時候這種轉移是某種實踐的結果，在該實踐明顯理論化之前達成，促使我們重思我們的基本範疇：什麼是

性別，它如何被製造和再製造，什麼是其可能性？在此，沈
澱過和具體化的性別「真實」領域可能很不同，而且較不暴
力。

　　本文重點不在表彰變裝為真實和楷模性別的表達（即
使抗拒對變裝偶發的貶抑也是很重要的），而是展示性別的
自然化知識，以先發制人和暴力的真實限制方式運作。性別
規範（理想的同種二形[dimorphism]、異性戀身體的互補、
正當和不正當、陽性特質和陰性特質的理想與規則，很多為
反對異族通婚的純種和禁忌的種族暗碼所認購）建立可為和
不可被理解為人類、可以和不可以被視為「真實」的，它們
也以同等程度建立身體可以被賦予合法表達的存在論領域。
如果在本書中有積極的規範性任務，就是賦予被視為錯誤、
不真實和不可理解的身體上述合法性的延伸。變裝意在建立
「真實」不是像我們通常想的如此封閉的概念。這個例子的
目的，在暴露性別「真實」的薄弱性，以對抗性別規範所動
用的暴力。

　　在本文及別處我試著理解政治能動性(agency)可能是什
麼，鑑於它不可能從其塑造的權力動力中被孤立出來。踐履
性的可重複性是個能動性的理論，無法背誓權力為其可能性
的條件。本書沒有充分解釋踐履性的社會、心靈、肉體和時
間的層面。就某種方面而言，回應無數優越批評以持續地進
行該澄清工作，指引了我隨後的出版作品。

　　在過去十年中，有關本書的其他問題也出現了，而我試

著透過不同的出版品來回答它們。有關身體的物質性地位，我在《攸關身體》(*Bodies that Matter*)一書中提供了重新思慮和修正的觀點。有關「女人」範疇作爲女性主義分析的必要性，我在〈隨機的基礎〉("Contingent Foundations")一文中修正並擴充了我的觀點，該文收錄於我和史考特(Joan Scott)合編的《女性主義者爲政治立論》(*Feminists Theorize the Political.*)，以及我們共同著作的《女性主義論戰》(*Feminist Conten-tions.* Routledge, 1995)。

我不相信後結構主義造成自傳性寫作之死，但它確實使我們注意到在可用的語言之內，以「我」來表達自身的困難處。因爲你所讀到的這個「我」，部份是在語言中支配可用人稱的文法造成的結果。我並不外在於架構我的這個語言，但我也不是由讓「我」成爲可能的語言所決定。這是就我所了解的自我表達的束縛。這意味著你無法從建立我們之間連繫的文法以外來接受我。如果我把該文法視爲透明的，那麼我無法在建立和拆解可理解性的語言範疇內得到關注，而那正是阻撓了我在此爲你敘述的計畫。我並不是刻意裝難，只是讓你留意到這個困難性，沒有這難題，任何「我」都無法出現。

從精神分析的觀點來觀察時，這個困難有其特殊的層面。自《性／別惑亂》的出版以後，爲了理解「我」在語言中的不透明性所做出的努力，我逐漸轉向於精神分析。從權力理論去兩極化心理理論是常有的嘗試，但對我而言似乎並不具建設性，因爲有關性別的社會形式會如此有壓迫感的部份原因，就在於它們製造出來的心理難題。我試著在《權力

的心理生命》(*The Psychic Life of Power*)中思考可能一起運用傅柯和精神分析的方式。我也用精神分析來制止我的踐履性觀點偶而會有的一廂情願，而不破壞一個較為一般的能動性理論。本書有時讀來像是性別只是自我創造的，或者性別化表現的心理意義，可能可以直接在其表面讀取。上述兩個假定都必須隨時間而再加修正。此外，我的理論有時在理解踐履性為語言方面，以及定其為戲劇性表現之間猶豫不決。我想這兩者橫豎是相連結、彼此交錯，在省思語言行為為一權力的案例時，總會同時著重到其戲劇性和語言的層面。在《使人興奮的演說》(*Excitable Speech*)中，我意圖指出發言行為同屬演出（因此為戲劇化的，呈現在觀眾之前，並任由詮釋）和語言層面，透過對於語言學成規的隱含關係而引出一套效果。如果我們想像發言行為的語言學理論如何與身體動作相關連，只要想發言本身就是身體行為，帶著特定的語言結果。因此，發言不單獨屬於肉體表現或是語言，而它作為文字和行為的地位必然曖昧不明。因為發言行為的叛逆力量，因為語言同為身體誘引和傷害威脅的條件，這個曖昧性對於出櫃的實踐有其影響力。

如果我能在當前情況下重寫這本書，我會包含一段對於跨性別(transgender)和混性(intersexuality)的討論，理想性別的同種二體在兩種論述中運作的方式，以及這些相關議題認可的手術介入所及之不同關係。我也會加入有關種族化的性意識討論，特別是異族通婚的禁忌（以及異族性交的浪漫化）對於性別的自然和去除自然形式非常重要。我持續期望著能有超越簡單身分範疇、拒絕把雙性戀抹除、反對和取消限制性身體規範所強加的暴力之性弱勢者聯盟。我希望這種聯盟

是基於性意識無法化約的複雜性，以及其涉及各種論述和組織權力活動面的意涵，沒有人會過於倉卒地把權力縮減為階層制，而把權力建設性的政治層面否決了。即使我認為在法律、政治和語言的統治論述之下，作為一個性弱勢者要爭取自身地位的認同是一件極為困難的任務，我仍然認為這是生存的必要。去運作活絡身分範疇以達到政治化的目的，總是會受到並淪為原本反對權力之工具的可能所威脅。不能把這個當藉口就不使用身分，不為身分所用。沒有任何政治立場是不受權力沾染，而或許就是那不純粹性衍生出界面，發揮潛力來阻擾和反轉制約的體制。那些被認為「不真實者」卻掌握了真實，而且非常一致地掌握住了，而關鍵的不穩定性是出自於踐履性的意外。當年撰述本書是作為一個共同抗爭的文化活動部份，為那些生存——或者試著生存——在性邊緣上的人們增加能生活度日的可能性，我們曾稍有成就，也會持續地爭取成果[15]。

巴特勒 柏克萊，加州 1999年6月

---

[15]我感謝布朗(Wendy Brown)、史考特(Joan Scott)、卻辛(Alexandra Chasin)、巴爾扣斯基(Frances Bartkowski)、哈利(Jane Halley)、非荷(Michel Feher)、巴巴(Homi Bhabha)、康乃爾(Drucilla Cornell)、瑞梨(Denise Riley)、韋德(Elizabeth Weed)、斯爾瓦曼(Kaja Silverman)、佩利葛利尼(Ann Pellegrini)、康納利(William Connolly)、史匹娃(Gayatri Chakravorty Spivak)、拉克勞(Ernesto Laclau)、卡代瓦(Eduardo Cadava)、多蕾(Florence Dore)、卡占強(David Kazanjian)、嚴德(David End)和艾爾卡辛(Dina Al-kassim)，在我於1999年春天寫這篇序言時，賦予我的支持和友誼。

【譯註】 （譯註：指的是中文譯者之所加，並置於每章末，以下同）

1. 看完本書，再接觸到相關性、性別辭彙，已經無法以尋常sex＝性，gender＝性別的簡易對等分法視之。畢竟巴特勒意欲打破的，就是一些習以爲常的概念，譬如性的生理、生物性格相對於性別的文化取向，生物層面與社會文化間二元分明的對立，似乎無法動搖的生理命定性，以及這個二元對立和依此延伸的缺乏彈性而執著地制約我們的性化生活的體制。巴特勒使用"gender"這個字時，所指的與其說是固定的「文化性別」，不若是在生物性與文化性之間游移，不很穩定而充滿開放可能性的概念，書名將gender譯爲「性／別」，也是希望貼近巴特勒那「亦性亦別，無所分別」的可能性，以及她一貫學術性的嚴謹之下，掩不住的挑釁與戲謔之意。文中因巴特勒有清楚的論證說明，一般仍以性(sex)、性別(gender)譯之；有關trouble一字翻譯說明，詳見後文譯註。

2. 文中相關性／性別／性徵辭彙，直接意指性／別者如"male"與"female"譯爲「男性」和「女性」，"masculine"與"feminine"除了表達性別特質以外，在英文與法文（後者尤爲是）中分指陽性／陰性語彙，是故避免譯爲「男性的／化」和「女性的／化」，逕翻譯爲「陽性」和「陰性」。鑑於巴特勒的分析總是兼重性別身分／認同與話語兩個層面，譬如使用陽性主體(masculine subject)一語，總曖昧地指稱同屬陽性的男人以及話語中陽性主詞的「他」（英文的"he"或法文的"il"），使用「陽性」和「陰性」來翻譯，似乎更貼近她對於文法的性與性別政治的批判。另一方面，是藉以呼應巴特勒對於侷限性的「二元對應」的質疑——亦即男人(man/male)則男性化(masculine)，女人(woman/female)則女性化(feminine)的迷思——跳脫所謂「男性化」和「女性化」所隱含的特定意義，用比較模糊而具流動性的「陽性」和「陰性」，去揣摩巴特勒要鬆動彷若界限分明的男女之際的企圖（說一個男人「女性化」不若說「陰柔」，或是與其說女人「男性化」，不妨考慮用「陽剛」——雖然英文中同是feminine/masculine這兩個字）；"masculinity"與"femininity"則譯爲「陽性特質」和「陰性特質」。

3. 《性／別惑亂》的法文版已經出版，由克勞(Cynthia Krau)翻譯，法桑(Éric Fassin)作序，譯名爲《性別中的混亂：有關顛覆的女性主義》(*Trouble dans le genre: pour un féminisme de la subversion.* Paris: La Découverte, 2005)。

4.踐履(performative/performativity)的概念援引自語言行動理論(Speech
Act Theory)：英國語言哲學家奧斯丁(J.L. Austin)倡導日常語言於實際生
活中產生的實際作用，認為話語是種語言行動，說話者利用語言執行
某些社會行動；因此，相對於語言是用以敘述、陳述而僅有真偽之分
的哲學概念，奧斯丁聲稱語言中不乏真偽之分無法界定之例，因為話
語具有執行某種行動的踐履性。巴特勒把踐履性的理論運用在性別與
話語分析中，以踐履的行動執行概念重新思索性／性別／性意識等問
題，質疑主流意識中理所當然地敘述、陳述或界定性／性別的二元思
維。"Performance"一詞帶有舞台的「表演」與言語行動的「踐履」的雙
關性，也見於巴特勒理論體系中同具「戲劇性」與「踐履性」的面相。
（巴特勒：「我的理論有時候在理解踐履性為語言方面以及定其為戲劇
性表現之間猶豫不決。我想這兩者恆豎是相連結、彼此交錯，在省思語
言行為為一權力的案例之時，總會同時著重到其戲劇性和語言的層面。
」詳見22-23頁，本序文倒數第二段）然該書於1990年初版以來，引用巴
特勒的踐履性理論者無數，卻多有直接援引其戲劇表演層面而忽略語言
行動踐履層面的例子，巴特勒言及論者多所引用其理論而「以他們的方
式來解釋」，或許這是其一。

原著1990年初版序

　　當代女性主義有關性別意義的論辯一再牽出某種層次上的糾結(trouble)[譯註1]，彷若性別(gender)不定最後會終結於女性主義的失敗。也許糾結無須帶有如此負面的意涵。闖禍(to make trouble)，就我童年慣用語彙的解釋，意味著一件會讓人**置身災**禍中(get one in trouble)而絕不該做的事。叛逆以及隨之的斥責，似乎也陷入同樣的情況，我對於權力微妙的謀略最初步的批判洞察，亦由此現象而起：強勢的法則以禍事(trouble)要脅，甚或威脅致人於禍(put one in trouble)，以求免於禍(out of trouble)。因此我的結論是既然災禍難免，那麼重要課題則在如何善於惹禍，於禍中立於不敗。隨著時日增長，批評界出現更多曖昧不明確性，我發現糾結有時被用來潤飾某些基本的謎樣議題，而這些議題通常與公認為謎樣的陰性的議題相關。我記得西蒙‧波娃(Beauvoir)解釋作為一個生存在男性文化條件下的女人，對男人而言為謎團與不解的根源；這個說法，在我看到沙特用很有問題的陽性與異性戀認定，把所有慾望皆定義為災禍(trouble)，得到了證實。對於男性慾望的主體而言，一個突然入侵、不請自來的女性|「客體」，不加解釋地逕自看回來，反轉凝視主從歸屬，質疑男

性地位的所在與權威，不啻讓禍事變成醜事(scandal)。陽性的自主，實為幻覺驀地暴露出來，顯示男性主體極度依賴女性「異己」("Other")。然而，那特定的辯證性權力倒轉，雖然確信引起了別人的注意，無法讓我繼續關注。權力似乎不只是主體的互換，或主體與異己間經常性倒轉的關係；確實，權力似乎是在制定性別思維的那種二元化的框架而運作。我要問，什麼樣的配置建構出主體與異己、二元關係的「男人」與「女人」，以及那些詞語的內部穩定性？這其中有何限制在運作？那些字詞在塑成性別與慾望的概念之時，非得順從異性戀的母模(matrix)才不至於糾結嗎？認定的異性戀知識體制(epistemic regime)，若被拆穿實際上是在製造並強化這些似是而非的存在論範疇，此時主體和性別範疇的穩定性會有改變嗎？

　　但一個知識論／存在論的體制如何能被質疑？怎樣最適切地擾亂(trouble)支持性別階層制和強制性異性戀的性別範疇？想想「女人的煩惱」("female trouble") [譯註2]這個字的命運吧，這個字眼有其歷史形成背景，用以描述女人一種莫名的不適，其中暗藏了身為女性天生就是煩惱的含意。儘管女人身體的醫學化是很嚴肅的，但這個名詞本身很滑稽，而面對嚴肅的範疇也能發笑，為女性主義所不能或缺。無疑地，女性主義持續要求自己把玩嚴肅的形式。《女人的煩惱》也是華特斯(John Waters)電影的片名，而該片及另一名為《髮膠》(Hairspray)的影片中喚為神娃(Divine)的男／女主角的化身為女，暗示著性別是一種持續欲化為真實的行為。她／他

的演出,動搖了天然及人工、深層與表面、內在和外在的分野,而相關性別的論述透過這些分界來運作。扮裝是性別的模仿,還是戲劇化性別本身得以建立的表意姿態?身為女性是「天成」("natural fact")或是文化性踐履,亦或「天然性」建構於論述制約的踐履行動,而該踐履行動經由並於性範疇之內建構身體?不論神娃／神聖(Divine)與否,男同志與女同志文化中的性別實踐,往往在諧擬的脈絡中闡述「天然之說」的主題,因而凸顯了原創與真實之性的踐履性建構。還有哪些最基本的身分範疇──性、性別,以及身體的兩元性──可顯示其創造了天然、原創、無可避免的效果?

欲揭示如性、性別、慾望等基本範疇為特殊的權力形成所製造的效果,需要傅柯沿改自尼采而稱為「系譜學」("genealogy")之理論。系譜學的批判不會去找尋性別、女性慾望的內在真實、被壓抑無形的真正或真實性身分(sexual identity)的根源;系譜學的研究,關注為身分範疇──實際上為體制、實踐、多元擴散論述造成的效果──指定**來源**與**成因**有什麼樣的政治風險。本書旨在將焦點集中於──以及偏離──以下的定義性體制:陽物理體中心主義(phallogocentrism)以及強制性異性戀。

正因為「女性」不再像是一穩定的概念,它的意義和「女人」一樣混亂不定,而這兩個詞語在相關連的情況下才有混亂的含意,因此本書探索的焦點在性別及其所暗示的關係性分析。此外,女性主義理論應該試著解決原初(primary)身分的問題,以便能接手政治大任的說法,已經不再是毫無

疑問。我們應該問的是，對於身分範疇的激進批判，其結果
有何政治可能性？當身分作爲共通點已不再約束有關女性主
義政治的論述時，何種新形體政治將呼之而出？試圖找出共
同身分作爲女性主義政治的基礎，至何等程度會把激進探討
身分本身的政治建構及規制排除在外？

＊　＊　＊　＊　＊　＊

　　本書分爲三章，在迥然不同的論述範圍內，完成批判性
的性別範疇系譜學。第一章〈性／性別／慾望的主體〉重思
「女人」作爲女性主義主體的地位，以及性／性別區分的問
題。強制性異性戀與陽物理體中心主義被視爲權力／論述的
體制，往往是以分歧的方式來回應性別論述的中心問題：語
言如何建構性的範疇？「陰性特質」(“feminine”)是否抗拒語
言內的再現(representation)？語言被視爲陽物理體中心的嗎
（伊瑞葛萊[Luce Irigaray]的問題）？「陰性特質」是言語
再現中，能結合女性與性的唯一之性嗎（維諦格[Monique
Wittig]的問題）？強制性異性戀與陽物理體中心主義在何
處，以何種方式結而爲一？又在那些點上分歧？語言如何營
造出虛構的「性」來支持權力體制？在預設的異性戀語言
中，性、性別與慾望之間該有何種延續性？這些詞語是有區
別的嗎？哪種文化實踐在性、性別與慾望之間製造顛覆性的
不延續與不和諧，並質疑它們之間所謂的聯繫？

　　第二章〈禁制、精神分析和異性戀母模的製造〉選讀
結構主義、精神分析和女性主義，研究上述理論如何解釋
亂倫禁忌(incest taboo)強化異性戀框架內分明而內部協調

性別身分。同性戀的問題在某些精神分析論述中與文化的無法感知性(unintelligibility)形式連結，女同志的例子則被解釋爲女性身體的去性化(desexualization)。另一方面，使用精神分析理論來解釋複雜的性別「身分」，可見於西維葉(Joan Riviere)和其他精神分析著作中對於身分、認同、變裝的探討。傅柯在《性意識史》(*History of Sexuality*)中，對壓抑假設(repressive hypothesis)的批判用在亂倫禁忌之上時，揭露禁制或律法的架構，在陽性的性經濟(masculinist sexual economy)體系不但樹立強制性異性戀，也促成對該體系的批評挑戰。精神分析是否爲對於基本教義的反動，確認性的複雜性而有效解放僵化、階層制的性別記號？抑或它維持一套有關身分基礎的未受認可假定，反倒縱容那些階層制？

最後一章〈身體顛覆行爲〉始於對克莉斯蒂娃母體建構說的省思，彰顯其著作中主宰著性和性意識的文化可感知性之隱含成規。雖然傅柯著意批評克莉斯蒂娃，細讀傅柯的某些作品，會發現他對性別區分的不當漠視；然而他對於性範疇的批判，洞察出某些當代醫學所虛擬、用以指定單一意義的性(univocal sex)之規制性實踐。維諦格的理論和想像，提出文化建構的身體之「瓦解」("disintegration")，意指形態學(morphology)本身是霸權的概念企畫之結果。本章最後一節「身體銘刻，踐履顛覆」引用道格拉斯(Mary Douglas)和克莉斯蒂娃的著作，視身體的表象和界限爲政治建構。本著去天然論與重新定義身體範疇的策略，我描述並提出一套基於性別行動踐履理論的諧擬實踐(parodic practices)，攪亂身體、

性、性別和性意識的範疇，提倡顛覆性的重新定義與擴增，超越二元化的框架。

似乎每個文本都有比依自己方式重新建構還要多的來源。這些來源定義並闡明該文本的語言，得要文本自身徹底拆解才能看出端倪，而且這個拆解當然無法保證會終止。雖然我提供了一個童年的故事開啓序言，這是個無法化約爲事實的寓言。廣泛而言，在此我的目的在於追溯性別寓言如何奠定與流傳天然事實之謬誤。要追溯這些論文的根源，去鎖定造成這個文本的種種時間點是明顯不可能的；諸文本集結起來是爲了方便有關性別與後結構理論的女性主義、男同志與女同志觀點之政治聚合。雖然哲學極少區分於其他論述之外，它是推動這個作者——主體的主導學科機制。本書的探索冀求肯定那些位於學術批判重要邊界的立場。重點不在邊緣化，而在參與由其他學科規範中心培養、並造成權威多重移置(displacement)的任何邊緣地帶的網絡討論。性別的複雜性需要一套串結各領域與後領域論述，來抗拒性別研究或女性研究在學界的馴化，並激進女性主義批評的理念。

本書的寫作成就於若干機構與個人方式的支持。美國博學社評議會(American Council of Learned Societies)於1987年秋季提供一筆新科博士獎學金，普林斯頓大學(Princeton University)社會科學院高等研習所(School of Social Science at the Institute for Advanced Study)於1987至88學年提供獎學金、住宿及針砭入中的論辯會，喬治華盛頓大學教員研究獎助(George Washington University Faculty Research Grant)支持我

在1987與88年夏天的研究。史考特(Joan W. Scott)對手稿不同完成階段都提供了寶貴與敏銳的建議，她執著於女性主義政治前提之語的論述省思，帶給我挑戰與靈感。史考特在高等研習所指導的「性別研究組」透過在我們共同思路重大而刺激性的分歧，幫助我釐清演繹我的論點。為此，我感謝阿布路格(Lila Abu-Lughod)、額爾加(Yasmine Ergas)、哈樂威(Donna Haraway)、凱勒(Evelyn Fox Keller)、肯多(Dorinne Kondo)、拉普(Rayna Rapp)、史密斯蘿森堡(Carroll Smith-Rosenberg)、提力(Louise Tilly)。我於1985和86年分別在衛思理(Wesleyan University)和耶魯大學(Yale)開的課「性別，身分，慾望」，課堂上的學生們對於另類的性別化世界(gendered worlds)之豐富想像，對我的研究功不可沒。我也非常感激在普林斯頓女性研討會(Princeton Women's Studies Colloquium)、約翰霍普金斯大學人文中心(Humanities Center at Johns Hopkins University)、聖母大學(University of Notre Dame)、堪薩斯大學(University of Kansas)、艾姆何斯特學院(Amherst College)及耶魯大學醫學院(Yale University School of Medicine)發表本書部份章節得到的各種批評回應。杏兒(Linda Singer)一貫的激進理論對我來說很寶貴，巴爾特基(Sandra Bartky)的工作與及時的鼓勵，尼克森(Linda Nicholson)的編輯與批評指教，安德森(Linda Anderson)敏銳的政治直覺都助益良多。我還要感謝以下幫助並支持我思想成形的人士、朋友、同事：艾亞格(Eloise Moore Agger)、阿扎兒(Inés Azar)、考斯(Peter Caws)、卡特(Nancy F. Cott)、【凱西】納坦森(Cathy Natanson)、【洛依絲】納坦森(Lois

Natanson)、【莫理斯】納坦森(Maurice Natanson)、派斯
(Stacy Pies)、沙皮洛(Josh Shapiro)、索丹(Margaret Soltan)、
史東(Robert V. Stone)、凡(Richard Vann)、佛托(Eszti Votaw)。
我謝謝史密特(Sandra Schmidt)幫我準備好手稿,吉爾伯(Meg
Gilbert)的協助,麥格羅根(Mareen MacGrogan)幽默、耐心地
鼓勵這個以及其他計畫的進行、精細的編輯指導。

　　一如以往,我感謝歐文(Wendy Owen)無所不及的想像
力,敏銳的批評,以及她的作品給我的啓發。

【譯註】

1.巴特勒在這個段落中盡情玩弄trouble一字的多重含意與相關片語，trouble
可指擾亂、混亂（濁）難以分辨（如混水摸魚 —— to fish in troubled
water）、麻煩、糾葛、疾病或機能障礙（如心疾 —— heart trouble）。
爲抓住這個一語雙（多）關的趣味，文中試以同音的「惑」和「禍」來
翻譯trouble，提到禍事語意比較接近「惹麻煩」、「闖禍」，而非天災
人禍的重大災難；言及「惑亂」，代表混亂牽扯不清，至於因爲不清楚
而產生之「疑惑」，則爲中譯本身衍生所出，與原文意旨也並非不能相
容。

2.這裡的trouble亦一語雙關，字面上指的是婦人隱疾不適，同時暗示身爲
女人的麻煩，如巴特勒之後的說明所揭示，電影*Female Trouble*一般都
翻成《女人的煩惱》，故從之。

本書導讀

陌生人發言：《性／別惑亂》在亞洲

D. C. 歐尼爾[譯註1]

翻譯《性／別惑亂》

隨著全球化的侵臨，當西方影響與美國主義的概念化身若巨獸(leviathans)壓在原有的智識思想上，當地歷史、慾望和身分之間的相互關連會受到否定的畏懼隨之而起。我們接觸這本新翻譯的《性／別惑亂》會遭遇的一個重要問題，即是在這類概念的影響至何等程度時，該譯本仍得以倖存；以及進一步想像，另類混淆(troubling)的不只性別，還有塑造亞太地區政治和知性交流輪廓的不均等投射之慾望(uneven projections of desires)。由環繞著影響問題──會存在於每一個翻譯行為中的問題──的文化焦慮視之，我們似乎該更迫切尋找方法來理解巴特勒作品的卓見，因為她的洞察對於性別和性意識概念，最初被闡述的特定方式，以

及它們在新的語言棲所決定的政治可能性，投入非常的關注。然而，要重溯原本的《性／別惑亂》之意義或意旨，所牽涉的不只是重新發現或回歸源頭的簡單行為。忠實於原著(the original)仍是個困難的任務，因為要忠實原著所代表的，卻是把「源頭」("origin")的概念解體。

巴特勒的《性／別惑亂》在1990年代的接受史劃下一個有趣的曲線，在以創意的誤解為基礎而得來的熱切回響和嚴謹的學術之間搖擺不定，而情緒化的拒絕常在身分政治或單純的政治之名下被提出[1]。這個同為及時與遲來的譯本，會強制讀者去擁抱及拒絕文中的某些宣稱。《性／別惑亂》將面臨的是對其英文讀者而言很熟悉的，混雜了誘惑和無法理解之物，然而它被翻譯成另一種語言會引來新的反思、提出新的問題與挑戰：以不同的語言閱讀《性／別惑亂》，把它的卓見移植到另一個文化中的意義為何？思慮《性／別惑亂》的譯本之時，性別、性意識和異性戀強制的概念，如何被重新附著在西方的形體上，作為它們明述的起源點，而它們接著又如何被剝離該原點，使之在新的語言棲所更有魄力地表意(signify)呢？

[1] 有關該書在北美洲及歐洲接受度的總觀，參照薩利(Sara Salih)編輯的《巴特勒讀本》(*The Judith Butler Reader*. Blackwell Publishing, 2004)序言，評論多半集中在巴特勒的寫作風格和踐履性的理。賈各斯(Annamarie Jagose)在著作《酷兒理論：序論》(*Queer Theory: An Introduction*. NYU Press, 1996)第七章中提供了有關踐履和踐履性的結合很有啟發性的討論，很遺憾的是踐履和踐履性的結合使得某些論者以為酷兒理論不具政治性。巴特勒在其論文〈僅只文化〉("Merely Cultural")對該批評也做出適切的回應，該文收錄於《社會文本》(*Social Text*) 52/53，第15卷第3、4期，秋季／冬季號，1997 (Duke University Press, 1997)。

理論重新銘刻

　　自《性／別惑亂》1990年出現時，巴特勒細微地展現性別糾結於權力的結構和語言重申的論點，使人文學科深受其影響。未被「性」和「生物學」決定性的基本主義脈絡所拴住的性別化主體，即使是個被重新置入政治表意領域中的踐履性主體，並非（也不能）僅僅建立自己的身分而不在同時不爲某種不可控制之方式決定主體。巴特勒寫道，「主體不是爲其藉以孳生的規則所**決定**，因爲表意不是奠基的行爲，而是重複的制約過程」（《性／別惑亂》，226頁）。只要主體無法從意識形態的召喚下抽身，「身分的顛覆，只有在重複表意的實踐裡面才有可能」（226頁）。因此，能動性透過巴特勒扣住重新銘刻的回應，而得以重新思索。能動性——而不是原先的主體或是基礎要素——在重新銘刻的可能性中得到實現。

　　就某種意義而言，翻譯同時代表與建立巴特勒立論爲表意的重複行爲，同時限制和允許社會能動性。在此，翻譯重新銘刻《性／別惑亂》的卓見於另一個文化脈絡中，將它的意符(signifiers)從原先的棲所搬離，移居在跨國慾望、後殖民野心與不熟悉的力量交錯之處所。這個移位使其讀者面對主客語言(host and guest languages)的不可共量性、雜音與共鳴的時刻、意義流失與過多，可能導向性別的解體，以及性別的新闡釋，在其中權威會被引述，而曖昧性則會消失。依此，《性／別惑亂》的重要性——性別、性意識和慾望在它

們新的語言棲所，如何被混亂和重新組織──會有延續超過
它們明述出來的初始觀點之未來。

政治重新銘刻

本書透過開啓性別範疇達成主體的政治構成之分析，在
協助動員和增加一整個政治運動的活力上扮演了關鍵性角色。
巴特勒著作的重要成就，正如賽菊克、克林普(Douglas Crimp)
等人的成就，可與愛滋病流行所引發之行動主義(activism)
和理論的網絡發展連繫在一起[2]。愛滋的危機和1980、90年
代美國政府面對危機的無反應，觸發激進行動主義的更新。
此危機持續以駭人的隱性在全球擴散開，同樣侵向男人與女
人，但今日的迫切性更連結第三世界貧窮和種族／民族權益
剝奪的狀況，而愛滋病行動主義的政治，也漸次採取聯盟形
式，涵括的貢獻不只來自女同志和男同志，還有異性戀、雙性
戀、變性人、性工作者、愛滋病患者和保健人員。所有人對
於此危機的共同反應因而強制以**政治屬性**(political affinity)，

---

[2] 有關該網絡的討論，詳見賈各斯的《酷兒理論：序論》第七章。克林
普在他的《憂鬱症和道德主義》(*Mela-ncholia and Moralism*. MIT Press,
2002)中，於哀悼和酷兒行動主義之間劃出有力的理論連結。有不少重
要的著作討論酷兒理論與行動主義的關係，我只列舉了其中一些，包括
賽菊克的《暗櫃知識論》、華納(Michael Warner)的《恐懼酷兒星球：
酷兒政治和社會理論》(*Fear of a Queer Planet: Queer Politics and Social
Theory*. University of Minnesota Press, 1993)、魯賓的論文〈性思考〉
("Thinking Sex")，收錄於雅柏勒夫(Abelove)等人編輯的《男女同志研究
讀本》(*The Lesbian and Gay Studies Reader*. Routledge, 1993)。羅瑞提斯
(Teresa de Lauretis)為《差異：女性主義文化研究期刊》(*differences:
A Journal of Feminist Cultural Studies* 3, 2, 1991)編輯的酷兒理論專題一冊集
結了有關理論與政治運動的奠基時刻的重要論文。

而不是異性戀或同性戀的**本質**，來重新思考身分³。依此，
《性／別惑亂》參與的較廣泛轉變，不只是1990年代的同性
戀論述，更是我們如何理解性別和身分總是已經糾結於政治
表意的領域中。

　　如果我們接受《性／別惑亂》的未來並不是適當地屬
於或決定於原本明述發聲的所在（不論該地源頭是理論性還
是政治性的），它的批判雄心可以擴展至包括對於「文化」
總是已經政治化的體認，「文化」作為必然牽連翻譯行為的
所在地，於此文字、意義和論述進行競爭以取得合法性。
文化是性別和性傾向的表意效果，能夠在國籍、種族和階級
問題的共同疆界上，被重新闡述之處。藉著將酷兒理論的
批判欲力(impulse)引進與後殖民和批判性種族理論的對話，
《性／別惑亂》的翻譯，將酷兒理論配置在超越性傾向和性
身分的領域之外，使原書解脫於其宣稱的侷限，因為重新
闡述的，不限於有關性的層面，也包括一般政治性層面。那
麼，以另一種語言來閱讀《性／別惑亂》是以重新定位酷兒

³有關這個觀點，參照沙爾菲德(Catherine Saalfield)和納瓦若(Ray Navarro)
的論文〈嚇嚇粉紅實踐：在行動抗愛滋前線的種族與性別〉("Shock-
ing Pink Praxis: Race and Gender on the ACT UP Frontlines")，收錄於佛斯
(Diana Fuss)編輯的《內外反轉》(*Inside/Out. Routledge*, 1991)，以及他
們的〈不只是黑的和白的：愛滋病媒體和有色人種〉("Not Just black and
White: AIDS Media and People of Color")，載於《獨立：電影與錄像月
刊》(*The Independent: Film & Video Monthly*)第12期，1989年7月。有
關愛滋病所造成較廣大的傷害當前的評估，參照加瑞特(Laurie Garrett)的
〈人類免疫不足病毒／愛滋病的教訓〉("The Lessons of HIV/AIDS")，載
於《涉外事務》(*Foreign Affairs*)，第84卷第4號，2005年7／8月，以及
威廉斯(Elizabeth Williams)的〈亞洲文化與愛滋病〉("Asian Culture and
AIDS")，見於《布朗世界事務期刊》(*The Brown Journal of World
Affairs*)，第12卷第1期，2005年夏／秋季號。

作為出發點，用以爬梳跨國籍、種族、性別、階級**以及**性傾向的社會對立，做出廣泛的批判。

新半國際主義與酷／酷兒現代性

在早期，同性戀的文化翻譯，可說是持續把同性戀劃記為亞洲現代病態學的制約論述。在十九世紀後半，同性愛者(dooseiaisha)這般的西方性學語彙的引進日本，改變了對同性戀的理解，它從一種享受性愛的方式，轉為某種類型的人病態慾望的暗示[4]。今天，在接受程度似乎比較好的地方，同性戀在日本與跨性別主義(transgenderism)大為重合，而這與1980年代末期和1990年代初期另類和主流電影、電視節目和流行雜誌與期刊中充斥的跨性裝扮人士有關。同性相吸必然牽涉某種跨性別主義的理念，為大眾媒體所強化，持續去擁抱「新半」(nyuuhaafu, new-half)作為同性戀的偶像(icon)[5]。

---

[4]最近的跨國酷兒理論有效顯示在日本（以前亞洲其他地方）的同性戀建構，與19世紀歐洲殖民主義的種族與意識形態論述之間的歷史關連。有關在日本的性學(sexology)之醫學論述討論，詳見普福菲爾德(Gregory Pflugfelder)的《慾望的繪圖學：1600-1950年日本論述中的男－男性意識》(*Cartographies of Desire: Male-Male Sexuality in Japanese Discourse*,1600-1950. University of California Press, 1999)以及佛洛史塔克(Sabine Fruhstuck)《性的殖民：現代日本的性學與社會控制》(*Colonizing Sex: Sexology and Social Control in Modern Japan*. University of California Press, 2003)。有關中國和台灣個別的討論，參照桑梓蘭(Tze-lan D. Sang)的《浮現的女同志：現代中國的女性同性慾望》(*The Emerging Lesbian: Female Same-Sex Desire in Modern China*. University of Chicago Press, 2003)以及嘉蘭(Fran Martin)《定位性意識：台灣小說、電影與公眾文化中的酷兒再現》(*Situating Sexualities: Queer Representation in Taiwanese Fiction, Film and Public Culture*. Hong Kong University Press, 2003)一書引言。

[5]雖然「新半」(nyuuhaafu)這個字聽起來像是翻譯或是從英語借來的字

「同志潮」得以宣揚，讓某些觀察者把在日本的同性性互動的情形理想化，忽視了不平等仍然存在[6]。

媒體對於日本跨性別主義的偏執，可以視為一種文化開放性的轉喻(metonymy)，這是一種後現代文化態度，安然地與混雜性(hybridity)共處。這種樂於把混雜性納入文化內部的意願，亦與日本的國際化動力不謀而合，而這個尋求地位的動力，從1980年代以降便一直驅策著社會政治議程[7]。從另一個更具批判性的角度看來，亦即把性別和種族放在同一個意識形態平台的角度觀之，混雜性暗示的文化開放性，似乎僅是個模糊了現存社會不平等形式的理想。

只要同性戀和跨性別主義配對，能為日本公眾空間的性

(new-half)，它實際上是媒體造出的日本字，意指男至女的跨性以及一般同性戀。參照麥克利藍(Mark McLelland)在《現代日本的男同性戀：文化神話與社會關係》(*Male Homosexuality in Modern Japan: Cultural Myths and Social Relations*. Curzon Press, 2000)第三章中有關這點的討論。

[6]有關這「同志潮」與「跨性別主義」的討論，參照麥克利藍的《現代日本的男同性戀：文化神話與社會關係》第二、三章。有關酷兒研究在日本的接受史之討論，參照《國文學》(*Kokubungaku*)第四十四卷第一號，1999年一月的《性革命》(*Sekushiaridei Kokubungaku*)專題，以及《找到了！》(*Yuriika* [*Eureka*]) 1996年第11期的《酷兒閱讀》(*Kuia Redeingu* [*queer reading*])專題。《性／別惑亂》在1999年由批評家竹村和子(Kazuko Takemura)精練地翻為日文，於2004年再版，這兩版都是由青二文庫出版。高橋愛(Ai Takahashi)翻譯了巴特勒加在《性／別惑亂》10週年紀念版的新序文，刊載於《當代思索》(*Gendai shisoo*) 28/14, 2000年12月號的專題中。這個〈巴特勒的《性／別惑亂》之後〉的專題收錄了有關該書在日本的接受情形，以及它對從事性別和酷兒研究學者的重要性。

[7]有關「國際化」修辭上敏銳的分析，詳見羅伯森(Jennifer obertson)的〈懷舊的帝國：重思今日日本的'國際化'〉("Empire of Nostalgia: Rethinking 'Internationalization' in Japan Today")，載於《理論、文化與社會》(Theory, Culture and Society)，第十四卷第三期，1997年，97-122頁。

別意識形態所接受和定義的特質，那麼同一媒體對於「日本血脈純度的稀釋」所表達的道德恐慌，則儼然屹立為相關文化開放性的修辭中昭然的異象[8]。移民與混血之幽魂所觸發的仇外心理同為一屬，而兩者經由在公眾空間引起的警醒主義的滔滔大論，一方面折射在對於混種的恐懼上，另一方面則反映於性的跨性主義很奇特的宣揚中。該如何解釋雖然出自同源(homology)，一種混種被視為有趣，而另一種則很危險呢？

　　日本媒體透過跨性別主義，作為再確認之參考點來做文化召喚和認同，尋求文化延續性的認同，然而這個認同卻與其否定相互依存。當媒體試圖再對消費者保證一切皆在其位，由**新半**之形體所象徵之混雜性可被了解和包容，為日本現代性的文化發展之一部份，然而令人困擾的理解也隨之而起，告訴我們如果沒有文化身分失落風險的話，這種再確認是不必要的。因此看著混雜性在台上踐履，再確認與憧憬著日本維持本質上（種族上）純正與無摻雜物的極高樂趣，揭示出一種不可能性。

---

[8]參照羅伯森在〈血緣說：優生現代性以及新日本人的創造〉"Blood Talks: Eugenic Modernity and the Creation of New Japanese")中有關日本文化純粹性的文化焦慮之討論，該論文見於《歷史與人類學》(History and Anthropology)第十三卷第三期，2002年，191-216頁。有關日本對於遣送者和無技術的勞工之移民政策，詳見布洛迪(Betsy Teresa Brody)的《開啟門戶：日本的移民、種族和全球化》(Opening the Doors: Immigration, Ethnicity, and Globalization in Japan. Tayler and Francis, 2001)，以及麥克尼可(Tony McNicol)的〈未完成未來式：日本的移民政策和改變之風〉("Future Imperfect: Japan's Immigration Policies and the Winds of Change")，Japan, Inc., 2003年10月。

日本的跨性別主義和道德恐慌間的同源關係，暗示著媒體對於性別混合的著迷，與種族和民族的意識形態召喚相連。由於台灣與中國和日本歷史上，以及近往的牽連，要了解台灣的性別和同性戀議題更顯複雜。如同在日本，同性戀在台灣也享有大眾媒體與公共空間的擴散[9]。在1990年代，隨著海外學人的歸來，介紹外國語彙與創造新字，試圖要捕捉住當下能辨識的性和性別實踐的新複數形，酷兒理論出現而且得到文化上的普及性[10]。同期的台灣，在政治上掙扎著從獨裁邁向民主，因此國家對於尋求社會認可的同志權利，和女性主義運動的聲音，做出較能接受的回應；當國家在1980年代中期廢除戒嚴法時，它拋下之前對同性戀的鄙視，不甚自在地接受了「同志權」("tongzhi rights")。對同志權的接受，以及其後國家公開認可性弱勢族群的平等，為台灣強化其現代民主之民族國家的形象。透過公開宣稱同性戀的特定版本，而不是將之斥退的方式，「同志權」的雄辯大論，部份運作著以支持台灣國度的國家主義

[9]這是個比「像日本一般」還寬廣的議題，因在台灣的大眾媒體發展及其消費文化與日本大眾媒體在亞洲的流通與消費息息相關。有關大眾文化與亞洲國家主義的關係討論，參照荊子馨(Leo Ching)的〈地區化全球，全球化地區：後資本時代的大眾文化和亞洲主義〉("Regionalizing the Global; Globalizing the Regional: Mass Culture and Asianism in the Age of Late Capital")，該文最先刊載於《公眾文化》(*Public Culture*)，第12卷第1期，2000年，233-257頁；重印於阿帕度萊(Arjun Appadurai)為客座編輯所編之《全球化》(*Globalization. Duke University Press*, 2001)。

[10]詳見馬丁(Fran Martin)在《定位性意識：台灣小說、電影與公眾文化中的酷兒呈現》(*Situating Sexualities: Queer Representation in Taiwanese Fiction, Film and Public Culture. Hong Kong University Press*, 2003)中吸引人而重要的研究，論及酷兒(queer)、男同志(gay)和女同志(lesbian)等字如何在台灣被翻譯與重新創造。

雄心[11]。與日本的例子相同的是在台灣的性別和同性戀論述，從一個語言翻譯到另一個語言；從僅僅文化的到馬上是政治性的，都糾結著全球權力重申的過程。在台灣公眾場域對於「酷兒」("queer")、「男同志」或「女同志」的接受，不應該單單被視為是台灣正浮現的民主性格很「酷」("cool")的轉喻，因為它的闡述與國家和跨國區分的意識形態相連。

然而，像這類對於性別和性意識的重新銘記，並不總是得到其所想要的結果。酷兒、男同志或女同志的中文翻譯，無法削減的複數形本身，暗示著該架構的不完善，將一個人性別化生活條件動員和限制為民主國家主義的標記[12]。正如跨國際政治的新自由派雄辭，在被剝奪權益者的生活中盡其所能，翻譯行為所暴露出來的意義之不可共量性(incommensurability)，將我們的注意力，帶到可能性和限制性開放的網絡，任何人的性別或性意識於其中都可被用以表意為文化的獨石柱(monolith)或政治力量。雖然這獨石柱為無

---

[11]同志自由化雄辭的跨國際交流並不總是製造出像某些例子中顯示的同等所欲之效果，因為這交流造成了對於同性活動加強的限制和控制。有關在若干亞洲國家文化中呈現同性戀權利為人權的可能性和限制性討論，參照蘇利文(Gerard Sullivan)和傑克森(Peter A. Jackson)編輯的《男女同志亞洲：文化、身分和社群》(*Gay and Lesbian Asia: Culture, Identity and Community. Harrington Park Press*, 2001)中收錄的論文。

[12]有關翻譯酷兒性(queerness)為中文的行為會碰到的各種語言滑脫（例如一個「很酷的翻譯」把queer翻做酷─兒，玩弄「酷」["cool"]和「酷兒」["queer"]的雙關語，是怎麼和「同志」在同性關係的再現上競爭）的簡明討論，參照馬嘉蘭的《定位性意識：台灣小說、電影與公眾文化中的酷兒再現》(*Situating Sexualities: Queer Representation in Taiwanese Fiction,* Film and Public Culture. Hong Kong University Press, 2003)引言。

情地束縛力量所製造，在翻譯行爲中，無可避免的滑脫和斷開顯示所指的獨石柱本身，不是獨一的語言存在體。作爲重複與重新銘記行爲的翻譯，因而容許我們所冀望的表意過度(excess of significatyion)，可能指出無法預期的抗拒和存續的模式。

我關注於這些翻譯的效果，不在提出對於國家或是對於想像社群的其他形式可能性之反對，而是反對以引出社會想像(social imaginary)的方式，來限制性別化的生活。而且，對我來說似乎以不同方式去想像性別或性意識，不只是我們閱讀《性／別惑亂》後存續的義務，也是從事批判工作概念掙扎的一部份。

存續於翻譯

以不同的語言閱讀《性／別惑亂》，把它的卓見移植到另一個文化中的意義爲何？這種作品影響力無法爲文本的文化源頭所決定（不管是理論上或是政治上），而是追溯到該文本在文化之間的行動，以及在僅限於文化和馬上爲政治的記錄之間的行動。在這些行動中，文化決定論的鬼影可能成爲顧慮，但是一個語言文化或社群的慾望去制定文本正確的詮釋或適當的翻譯，總是脆弱而且受制於讀者慾望的範圍，去撤回一個詮釋而盲目地再附著上另一個——這是一種慾望的盲目，巴特勒擷引拉崗的慾望轉喻形式(metonymic form)的敘述，以及阿圖塞(Althusser)有關該事件之「機運」("aleatory")本質的說明，以上述概念解釋了這種

盲目[13]。因此，讀者慾望被認爲既是被文本闡述的部份轉喻
（從未是全部），也是文本質詢的機運效果的重複，這個認
知，應該能驅散我們對於《性／別惑亂》被文化決定論所解
讀的畏懼。

在某一脈絡中，巴特勒的作品對於那些從事女性主義及
酷兒研究者而言，證實了是極度有建設性的。它的譯本會把
它的卓見帶到另一個地方，該地則超越任何它原始需求所設
定的回應。《性／別惑亂》的政治想像描繪出不同的可能性
模式，所爲不只是束縛的力量，也爲了超越該束縛的效果。
巴特勒的《性／別惑亂》進入一個新的語言棲所之時，我們
可能學到新的用語，甚至陌異(strange)[譯註2]的政治語言，我
們在同時目睹別人如何隨著權力結構而移位，以求在我們全
體共生的未來中生存和擔負責任。

> 主體的離心最矛盾的含意之一，就是讓自身
> 的寫作成為必要和無可避免的輸出源地。但是對
> 於著作的所有權讓渡有一套重要的政治推論，來
> 挑起、改革、扭曲本身的文字，確實為社群在地
> 開啟了一個困難的未來，是個讓表意的辭彙所充
> 分了解的冀望必然失落的未來。然而，不擁有自
> 己的語彙一開始就是如此，由於發言以某種方式

---

[13]例如，井野信一(Ino Shin'ichi)在其論文〈酷兒研究的目標〉("The Aim
of Queer Studies")中感嘆在日本酷兒這個字缺乏較有規訓性的了解，詳
見其書《酷兒研究》(*Queer Studies*. Nanatsumori Publishing, 1997)。有
關慾望和質詢之間關係的討論，參照巴特勒的《權力的心理生命》(*The
Psychic Life of Power*. Stanford University Press, 1997)第三、四章。

來說，總是經由以及作為自己來為陌生人發言，
是自己從未選擇的語言之憂鬱的重申，是自己沒
將其視為可使用的工具，而自身如是被使用、輸
出、作為「自己」以及「我們」不穩定而持續的
情況，作為束縛之權力矛盾的狀況。（241-42頁）
巴特勒，《攸關身體》(*Bodies that Matter*)

【譯註】

1.原作者：D. C. 歐尼爾(D. C. O'Neill)，柏克萊加州大學東亞系副教授，從
事比較觀點小說研究、批評理論、性意識以及視覺研究。

2.Strange在此同指「陌生」與「奇異」，故譯為「陌異」。

目錄

第一章　性／性別／慾望的主體

女人不是生下來就是，而是後天形成。
　　　　　　——西蒙波娃

嚴格地說，「女人」並不能算是存在的。
　　　　　　——克莉斯蒂娃

女人無性。
　　　　　　——伊瑞葛萊

性意識的配置……建構出性的概念。
　　　　　　——傅柯

性的範疇是奠定社會為異性戀的政治範疇。
　　　　　　——維諦格

I.「女人」作為女性主義的主體

　　大致來說，女性主義理論都認定有某種既定身分，透過女人的範疇而被理解，該身分不但引發論述內的女性主義興趣與目標，而且構成政治再現追求的主體。但是**政治**以及**再現**，都是頗富爭議性的字眼，就一方面來說，**再現**可作為政治過程內操作性的詞語，以延伸女人作為政治主體的可見度和合法性；就另一方面而言，再現是語言的標準化功能，不是揭露就是扭曲女人範疇中視為真實之物。對女性主義來說，完全或適當地呈現女人的語言配置，對增長女人的政治可見度是必要的；相對於普遍性的文化狀況中，女人不是被曲解就是全無置席之地，這點尤顯重要。

　　近來的女性主義學說，對這一向主導女性主義和政治之間關係的概念有所抨擊，而女人這主體也不再被視為穩定或持久。有許多說法並且質疑「主體」作為再現——或者說解放——之終極選擇的可行性，但有關什麼構成或什麼應該構成女人這個範疇，則沒有定論。政治和語言上「再現」的範疇預先劃定構成主體的標準，於是再現被延伸至可以被承認的主體；換句話說，要作主體必須先符合條件，然後才能再現。

　　傅柯指出，這個權力的司法系統**製造出**其後自己再來表

現的主體[1]。權力的司法概念似乎純粹負面地制約政治生活
——也就是說，以偶發而可撤回的選擇方式運作，透過限
制、禁制、約束、控制，甚至「保護」與該政治結構相關的
個人。但是為這種結構所制約的主體，本質上附屬該結構之
下，依其要求而成形、定義與衍生。若此分析無誤，那麼表
現女人為女性主義「主體」的語言和政治本身的司法構成，
即為某種版本的再現政治之論述構成與結果。女性主義主
體，實為原該促成自身解放的那個政治系統論述所構成；如
果該系統被發現繁衍出根據優勢的軸線劃分性別的主體，或
製造被認定為陽性化的主體，那麼在政治上就大有問題。依
此而論，不帶著批判性地依循這個系統尋求「婦女」解放，
顯然是自卸盔甲。

　　「主體」的問題有其政治關鍵性，對女性主義政治尤
是，因為司法主體一貫在政治的司法結構建立以後，由「看
不到」的排除行為所製造。換句話說，主體的政治構成，以
某些合法與排除的目標來著手，而這些政治運作，則被以司
法結構為基礎的政治分析有效地隱藏和自然化。司法權力無

---

[1]詳見傅柯《性意識史，第一冊，序》〈死亡的權利與對生命的權力〉，
賀禮(Robert Hurley)譯本(*The History of Sexuality, Volume I, An Introduc-
tion.* New York: Vintage, 1980)，法文原名為《性意識史I：知識之意志》
(*Histoire de la sexualité 1: La volonté de savoir.* Paris: Gallimard, 1978)。在
最後一章，傅柯討論司法與生產法的關係；他對法律生產力的概念顯然衍
生於尼采，雖然有別於尼采的權力意志(will-to-power)。運用傅柯生產權
力的概念並非只是過分簡單地把傅柯性別化「操作」，我在第三章第二節
〈傅柯、賀邱林以及性中斷政治〉指出，傅柯作品中有關性別的思維揭露
他理論的衝突性，他對身體的看法在我最後一章中也會批判。

可避免地「造出」它僅僅宣稱再現之物；因此，這個雙重作用的權力——司法與製造方面——必須在政治考量之內。事實上，法律製造然後隱藏的「法律之前的主體」[2]概念，藉以引發作為自然化基礎前提的論述構成，然後使法律自身的制約霸權能合法化。光問女人如何能在語言和政治上更充分得到再現是不夠的，女性主義批判也應了解，作為女性主義主體的「女人」範疇是如何在這套權力結構中尋求解放，而正是這套權力結構塑造、並限制「女人」為何。

確實，女人作為女性主義的主體，提出了一個可能性，也就是可能沒有在法律「之前」的主體，等著在法律中或被法律再現。或許這個主體與時間性喚詞「之前」，都是被法律構成它自己宣示合法性的虛構基礎。主體完整存在於法律之前的普遍認定，可以被理解為當前天然狀態假設的痕跡，是構成古典自由主義司法結構的基礎寓言。踐履性地召喚非歷史的「之前」成為基礎前提，確保社會之前存在(presocial ontology)的人民自行同意被管理，而構成社會契約的合法性。

然而，除了基本教義虛構出來支持主體的概念，女性主義遇到的問題，還有女人一詞意指共同身分的認定。女人不是個穩定的意符，它並未擁有所形容與再現者的同意，即使複數也是混亂的語詞、爭議的定點、焦慮的原因。瑞梨(Denise Riley)的書名《我叫此名嗎？》(*Am I that Name?*)

---

[2]本文所有引用法律之前的主體的典故，皆援引自德希達(Derrida)解讀卡夫卡寓言〈法律之前〉，參照烏朵夫(Alan Udoff)編輯，《卡夫卡與當代政治演出：百年紀念閱讀》(*Kafka and the Contemporary Critical Performance: Centenary Readings*. Bloomington: Indiana University Press, 1987)。

暗示著這個問題正是因為名字有多重意義所造成的[3]。身「為」女人，絕不只是唯一的屬性；這個詞語無法完全被涵蓋，不因性別化之前(pregendered)的「人」超越了性別特定的周邊配備，而是因為性別不全是在不同歷史脈絡中一致而穩定構成，且因性別與種族(race)、階級、文化族群(ethnic)、性，以及論述構成身分的區域模態交錯。因此，要把「性別」從它一貫被製造與保持的政治文化交叉口分出去，是不可能的。

認為女性主義必有普遍性基礎，而該基礎在於跨文化存在的身分這種政治認定，常伴隨著在普遍或霸權結構的父權或陽性統治下，總有某種特殊形式的女性壓迫可循的概念。普遍性父權(universal patriarchy)的概念近年來受到不少批評，因其無法解釋具體文化脈絡之下性別壓迫(gender oppresion)的運作；當那些不同的脈絡用於這些理論中，目的不過在舉出「例子」或「說明」，套入一開始便認定為普遍性的原則。那種女性主義理論受到批評，以為它殖民化地索取非西方文化來支持非常西方的壓迫概念，特別因為它同時也樹立一個「第三世界」或甚至「東方」("Orient")，而其中的性別壓迫則被精巧地解釋為一種本質上非西方式的蠻行。女性主義迫切地為父權定位普遍狀態，是為了加強女性主義自身似有代表性的聲稱，是故偶而也會逕行擷取統治架構那

---

[3]參照瑞梨，《我叫此名嗎？：女性主義與歷史上的「女人」範疇》(*Am I That Name?: Feminism and the Category of 'Women' in History*. New York: Macmillan, 1988).

明列範疇或虛構出來的普遍性，用以製造婦女壓抑的共同經驗。

雖然普遍性父權的訴求不再享有過去曾有的公信力，有一個一般而言能共享的「女人」概念想法，就是由該架構推論而來，而且很難被取代。當然，爭議性還是很多：在受到壓迫前，「女人」間是否就存在著共通性，還是壓迫的本質把「女人」結合在一起？女人的文化是否獨立於男性強勢文化宰制下的特殊性？女人文化或語言實踐的特殊性及完整性總是對照於——而也因此包含於——某些較具主導性文化形成的條件嗎？是否有個「特別女性」的地域既與男性範疇有所區別，又顯示這點不同之下不再標記區分，而認定有「女人」的普遍性？陽性／陰性的二元對立不但構成辨識特殊性的排外論述框架，而且就每一方面而言，陰性的「特殊性」在政治分析上都被抽離脈絡，脫離構成「身分」和曲解身分這個獨特概念的階級、種族、文化族群以及其他權力關係的軸心架構[4]。

我認為女性主義主體認定的普遍性和統一性，在其運作的再現論述限制內被有效破壞。的確，過早堅持一個被視為完美無瑕的女性範疇，來作為穩定的女性主義主體，無可避免地造成該範疇的多重抗拒不欲接受；即使已經是為婦女解放的目的盡心求其完善，這些排外的範疇仍揭示該主體建

[4]參照哈定(Sandra Harding)〈女性主義理論分析範疇的不穩定性〉(The Instability of the Analytical Categories of Feminist Theory")，出自哈定與歐巴爾(Jean F. O'Barr)編輯之《性和科學探索》(*Sex and Scientific Inquiry.* Chicago: University of Chicago Press, 1987)，283-302頁。

構的強制性與規範性。確實，女性主義內部的分裂，以及女性主義宣示要再現的「女人」反而矛盾地反對女性主義，都再再顯示出身分政治必然的侷限。建議女性主義為自己建立的主體尋求較寬廣的再現，很諷刺地，反造成女性主義的失之標的，因這個建議拒絕正視自身再現主張的構成力量。這個問題不會因為純粹以「策略性」目的來求諸女人範疇而得到改善，因為策略總有超出它目的以外的意義；在這種情況下，排斥本身可能就符合上述無意造成卻事關重大的意義。女性主義因為順從再現政治的要求去構連一個穩定的主體，因而受制於顯著的錯誤再現。

顯然地，在此政治任務不在於女性壓迫斥絕再現政治——好像我們真能斥絕似地。語言和政治的司法結構構成當代權力的範圍，因此這個範圍之外沒有其他立場(position)，只有它自己合法實踐的批判系譜學(critical genealogy)。依此，如馬克思(Marx)所言，論述的出發點是**歷史的現在式**(historical present)；任務便是在這個建構的框架中，針對當代司法結構孳生、自然化和固定化的身分範疇，規劃出一個批評。

也許在這個文化政治的接合點有個機會，一個或稱為「後女性主義」的時期，來反映女性主義觀點中的指令，建構女性主義的主體。在女性主義的政治實踐中，激進地重新思考身分的存在建構似乎有其必要性，藉以重新陳述再現政治讓女性主義在其他領域能重獲生機。就另一方面而言，似乎該是提出激進批判的時候，讓女性主義理論免於建構單一

或持久領域的需要，該領域總受到那些身分立場或反身分立場一貫的質疑，自身卻又一貫地排除那些立場。排除性的、奠立女性主義理論於「女人」這主體概念的實踐，是否很矛盾地削弱女性主義的目標來拓展對於「再現」的要求？[5]

或者問題甚至更嚴重。建構連貫而穩定的女人範疇，是否無意中訴諸性別關係的制約及物化(reification)？而該物化是否剛好違反女性主義目標？女人範疇至何等程度只能在異性戀母模內達成穩定和連貫性[6]？如果穩定的性別這概念不再是女性主義政治的基礎前提，或許一個新的女性主義政治如今意欲質疑性別與身分的物化本身，即使沒有把不定易變的身分建構視爲政治目標，也會作爲其方法論以及規範性的先決要素。

追溯製造和隱藏女性主義的司法主體背後的政治運作，正是女人範疇內的**女性主義系譜學**(feminist genealogy)之任

[5]我想起卡特(Nancy Cott)書名《現代女性主義奠基》(*The Grounding of Modern Feminism*. New Haven: Yale University Press, 1987)書名中隱含的矛盾性。她論及二十世紀初期美國女性主義運動，尋求於一最終「奠立」該運動的計畫上「奠立」自己。她的歷史論述隱約質疑著，是否毫無疑義地接受的奠基基礎，是否會如「被壓抑者回來了」(return of the repressed)般運作；根據排外性的實踐，奠立政治運動的穩定政治身分，可能無異地爲基本教義運作產生的不穩定性所脅。

[6]我在文中持續使用的詞**異性戀母模**用以表意該文化可感知性(cultural intelligibility)的約束，把身體、性別和慾望自然化。我引用維諦格「異性戀合約」(heterosexual contract)的概念以及——程度上較少的——李其(Adrienne Rich)的「強制性異性戀」(compulsory heterosexuality)概念來描述一霸權的論述／知識論性別可感知性的模式，假定要讓身體一致化並產生意義，必須有一透過穩定性別區分所表達之穩定的性（陽性化表達男性，陰性化表達女性），既相對立且二元化，由異性戀的強制實踐來界定。

務。在質疑「女人」爲女性主義主體的努力過程中，毫無疑問地引述女性範疇，可能預先排除女性主義爲再現政治的可能性。當主體本身建構於排除不順從其規範性要求的他者，把再現延伸至那些主體又有什麼意義？當再現成爲政治唯一的關注焦點，什麼樣的支配與排除關係會在無意中維持著？如果主體的形成發生在權力的範圍內，規律地爲女性主義政治基礎的宣稱所埋沒，那麼女性主義主體的身分不應該作爲前述之政治基礎。很矛盾地，也許當「女人」的主體無處可被認定之時，「再現」對女性主義才有其意義。

II.性／性別／慾望的強制序列

雖然毫無疑問的「女人」統一常被用來建構身分團結，在女性主義主體中，性與性別的區分把其一分爲二。這個性與性別的區分原意在於爭議生理即爲命定的說法，用來支持性別是文化建構的論點，不論性表面上有多強的生物執著性；因此，性別不是性的衍生物，亦不似性般固定不變。這點區分賦予性別對性多元化的詮釋，也因此已經潛在地質疑主體的統一[7]。

如果性別是性化的身體(sexed body)認定之文化意義，性別不會是以任一方式隨著性而動。性／性別的區分推續到邏輯的極限，顯示出性化的身體與文化建構的性別之間徹底的不延續性。且先假定二元之性(binary sex)有其穩定性，不代

---

[7]有關性／性別區分在結構主義人類學的討論以及女性主義對該模式的採用與批評，參照第二章第一節，〈結構主義的論述交流〉。

表「男人」這結構體就特別屬於男性身體，或「女人」只能
用以詮釋女性身體；此外，即使性於結構學和組織上似無疑
問地二元化（這點將受質疑），沒有理由認定性別也應該維
持二元[8]。一個二元化的性別系統認定，隱約地保留對性與性
別模仿關係(mimetic relation)的信念，認爲性別反映出性，或
者受到性的限制。當性別其實爲建構的情況，經由理論詮釋
昭示了性別完全獨立於性之外，性別本身成爲一自由浮動的
人造體，結果是**男人**與**陽性的**可能很輕易地表意一女體爲男
性，而**女人**或**陰性的**亦能輕易表意男體爲女性。

　　這個性別化主體的極端分裂引出一連串的問題。我們
可以指出一個「既定」的性或「既定」性別而不先研究性
和／或性別是如何決定，又透過何種方式決定嗎？「性」到
底是什麼？它是自然的、解剖學的、染色體的或荷爾蒙的？
女性主義批評如何評量宣稱爲我們建立這些「事實」的科學
論述[9]？性有歷史嗎？每個性都有一個不同的歷史，還是多重

[8]有關印第安人妖(berdache)及多重性別安排在美洲原住民文化的有趣研
究，參照威廉斯(Walter L. Williams)的《靈與肉：美洲印第安文化中性
的多樣化》(*The Spirit and the Flesh: Sexual Diversity in American Indian
Culture.* Boston: Beacon Press, 1988)，以及歐特納(Sherry B. Ortner)與懷
特黑(Harriet Whitehead)編輯的《性意義：性意識的文化建構》(*Sexual
Meanings: The Cultural Construction of Sexuality.* New York: Cambridge
University Press, 1981)；有關印第安人妖、陰陽人以及性別二元化的隨
機，詳見凱斯勒(Suzanne J. Kessler)和麥肯納(Wendy McKenna)政治上敏
感而入理的分析，《性別：種族方法論的探索》(*Gender: An Ethnometho-
dological Approach.* Chicago: University of Chicago Press, 1978)。

[9]有很多女性主義研究生物和科學史的領域，評估各種爲了隱含之政治
利益而建立性的科學基礎的歧視過程，詳見哈拔(Ruth Hubbard)和洛
依(Marian Lowe)編輯的《基因與性別》(*Genes and Gender.* New York:
Gordian Press, 1978)，第一、二冊；《海帕提雅：女性主義哲學期刊》

歷史[10]？有沒有歷史來說明性的二元性如何被建立，或有系
譜學可以暴露出二元的選擇是可變的建構？為諸多科學論述
推論而製造出顯為自然事實的性，是否符合了其他政治與社
會利益？如果性不變的本質受到質疑，或許這個叫做「性」
的建構物和性別一般為文化建構；的確，或許它一直就是性
別，結果揭示性與性別的分別其實就是沒有分別[11]。

　　如果性本身屬於性別化的範疇，把性別定義為性的文化
詮釋便沒有意義。性別不該僅僅被視為文化在一個既定的性

(*Hypatia: A Journal of Feminist Philosophy*)1987年秋季第2卷第3期，以及
1988年春季第3卷第1期，兩期有關女性主義和科學的專題，尤其是生物
與性別研究團體(The Biology and Gender Study Group)在後一期（1988年
春季）的〈女性主義批判當代細胞生物學的重要性〉("The Importance of
Feminist Critique for Contemporary Cell Biology)；哈定(Sandra Harding)的
《女性主義的科學問題》(*The Science Question in Feminism*. Ithaca: Cornell
University Press, 1986)；凱勒(Evelyn Fox Keller)的《性別與科學的省
思》(*Reflections on Gender and Science*. New Haven: Yale University Press,
1984)；哈樂威(Donna Haraway)的《靈長類視野》(*Primate Vision*. New
York: Routledge, 1989)；哈定(Sandra Harding)和歐巴爾(Jean F. O'Barr)的
《性與科學探索》(*Sex and Scientific Inquiry*. Chicago: University of Chicago
Press, 1987)；佛斯朵史德林(Anne Fausto-Sterling)的《性別的神話：有關
女人和男人的生物學理論》(*Myths of Gender: Biological Theories About
Women and Men*. New York: Norton, 1979)。

[10]傅柯的《性意識史》顯然促人省思「性」在以現代歐洲為中心的脈絡中
的歷史。有關一個比較細節性的考量，參照拉可兒(Thomas Lacquer)與
蓋拉格(Catherine Gallagher)編輯的《現代身體的營造：十九世紀性意識
與社會》(*The Making of the Modern Body: Sexuality and Society in the 19th
Century*. Berkeley: University of California Press, 1987)，原載於《再現》
(Representations)第14期，1986年春季號。

[11]詳見我的文章〈性與性別的變奏：波娃、維諦格、傅柯〉("Variations
on Sex and Gender: Beauvoir, Wittig, Foucault")，收錄於班哈比Seyla
Benhabib)和康乃爾(Drucilla Cornell)的《女性主義作批判》(*Feminism as
Critique*. Basil, Blackwell, dist. by University of Minnesota Press, 1987)。

之上做意義銘刻（一種司法的概念），性別也必須表意性奠立基礎所憑藉的製造機制。因此，性別之於文化(culture)並不等於性之於自然(nature)，性別同為論述／文化的憑藉，就是這個憑藉把「性化的天然性」(sexed nature)或「天然之性」(natural sex)制定為「先決論述」("prediscursive")，先決於文化之前，為一政治中立、供文化反應的界面。把「性」建構為徹底的非建構體這個重點，將在第二章有關李維史陀和結構主義的討論中再出現。到此為止我們很清楚看到，把性內部穩定性和二元框架有效保住的一個方法，就是把性的二元性訂立在先決論述的領域。性被製造為先決論述這點，應被視為性別表意的文化建構機制產生的效果，然而，性別需要被重新陳述，用以包容製造出該先決論述之性的效果背後的權力關係，並隱藏論述製造的運作本身嗎？

III.性別：當代論辯的循環毀壞

　　人是否具有「性別」，或性別是人重要的屬性，就如「你是什麼性別」這問題所示？當女性主義論者宣稱性別是性的文化詮釋，或性別是文化建構的，這個建構的方式或機制為何？如果性別是建構而成的，可以用不同方式建構嗎？或者這種構成性暗示著某種社會決定論，排除了變化(transformation)與能動性的可能性？「建構」是否意味著某些律法沿著性差異的普遍性軸線而行，藉以繁衍出性別差異？這個性別的建構如何發生？於何處發生？若某個建構無法在構成之前認定一個人類建構者，我們該如何來看它？就

某些方面而言，性別是建構出來的概念，指向某種決定論，就是在依據解剖學區分的身體上銘刻性別意義，而這些身體則被視爲一個堅決執意的文化法令被動的接受者。「建構」出性別的相關「文化」也依此一法律或此套法律的方式爲人理解時，那麼似乎性別是與生物學乃命定的說法一樣決絕與固定。在此情況下，文化——而非生物學——便成爲命運。

就另一方面而言，西蒙波娃在《第二性》(*The Second Sex*)中指出「女人不是生來就是，而是後天形成。」[12]對波娃來說，性別是「建構」的，但她的說法之中隱含一種採用或採取那個性別的媒介、認知(cogito)，而且理論上還可以採用別的性別。性別真如波娃所述那樣多變而具意志性嗎？「建構」在這情況下可否被減縮爲一種選擇的形式？波娃清楚指出人後天「成爲」女人，但一直是在文化的制約下成爲女人；明顯地，這個制約不來自性。波娃的說法並不保證那成爲女人的「人」，必是女的(female)。如果「身體是一種情勢」("the body is a situation")[13]，如她所言，一個總是不曾被文化意義詮釋的身體找不到出路，因此，性無法作爲先決論述的生理事實(facticity)。的確，性就定義上而言，將會被揭示一直都是性別[14]。

---

[12]帕西離(E. M. Parshley)翻譯之西蒙波娃，《第二性》，301頁。

[13]同上，38頁。

[14]詳見我〈波娃《第二性》中的性與性別〉("Sex and Gender in Beauvoir's The Second Sex")一文，刊載於《耶魯法國研究》(*Yale French Studies*)專題〈西蒙波娃：世紀的見證〉(Simone de Beauvoir: Witness to a Century)，第72期，1986年冬季號。

　　建構之意義的爭議似乎挫折於自由意志與決定論傳統的哲學兩極化。因此，質疑思想上某些共通語言學的侷限同時造成以及制約這個爭論的語彙，是合理的懷疑。這些語彙中的「身體」似是個被動的媒介，任文化意義書寫其上，或是個工具，讓採用和詮釋的意志力決定其文化意義；就任一種情況而言，身體都只被比擬爲**工具**或**媒介**，與一套文化意義僅是外部相關。但是「身體」自身就是個建構體，如同無數組成性別化主體這領域的諸「身體群」一般；身體不能說是在劃定性別之前，就擁有性別標誌的表意存在體(signifiable existence)，因此問題就來了：身體至何等程度委身於並透過性別的標誌而**存在**？我們如何重新認知身體不再是被動的媒介或工具，等待著顯爲非物質意志的能力來啓動[15]？

　　不論性別或性受到制定或爲自由身，這個論述的功用——如其後會說明的——意在設定某些限制來分析或保衛某些人道主義的規條，將這些規條置於任何性別分析之前。不管在「性」或「性別」或「建構」本身的意義中，這個難以制定的核心揭示文化可能性可以或不可經由進一步分析而動搖；性別論述分析的限制預設並鎖定文化之內可想像及可實現的性別的概念化。這並不表示任何或所有性別化的可能性可以無窮，但分析的界限顯示出論述制約經驗的限制。這些限制永遠設在霸權文化論述的條件之內，該論述奠定於二元

---

[15]現象學理論諸如沙特、龐蒂(Merleau Ponty)和波娃都傾向於使用**化身／具體表現**(embodiment)這個字。即使把它從神學理論的脈絡中抽出來，這個字仍傾向意喻「特定」身體爲轉世的方式，而且保留了表意的非物質性(signifying immateriality)以及身體本身的物質性兩者之間的外在與二元的關係。

化架構，說著似是普遍性的理性語言。制約因而建築在該語
言架構出來的性別想像領域中。

雖然社會科學家表意性別為一項分析的「原因」或
「範疇」，性別也被用於代表人的生物、語言以及／或文化
差異的標記。以後者的例子而言，性別可被解為一個（已
經）由性劃分的身體認定的表意，但即便如此，該表意的存
在，取決於它與另一個對立表意的**相對關係**。某些女性主義
論者宣稱性別是種「關係」，確切來說，是一套關係，而非
單一屬性。也有人根據波娃理論，主張只有女性性別有做標
記，普遍性的人與男性性別合而為一，因而以女人的性來定
義女人，頌讚男人為超越身體的普遍性人特質的承繼者。

伊瑞葛萊把這個討論複雜化，主張女人在身分本身的
論述中構成一個矛盾，如果尚不是衝突的話。女人是「性」
中的非「一」。在男性持續優勢的語言、陽物理體中心的
語言中，女人構成**無法再現者**(the unrepresentable)，換句話
說，女人代表無法思及的性，語言不存在與無法穿透之處。
在一個依靠一元定義的語言中，女性構成無法制約以及無
法表意的部份；就這方面而言，女人是非「一」的性，是
複數[16]。不同於認同女人被指定為異己的波娃，伊瑞葛萊
主張主體與異己同屬一個封閉性的陽物理體中心表意經濟
(economy of signification)之男性主軸，透過全然排除女性來

---

[16]詳見波特(Catherine Porter)及柏克(Carolyn Burke)翻譯，伊瑞葛萊的《此
性非一》(*The Sex Which Is Not One*. Ithaca: Cornell University Press,
1985)，法文原版為 *Ce sexe qui n'en est pas un* (Paris: Éditions de Minuit,
1977).

實現它全貫性的目標。對於波娃而言，女人是男人的負面，
是男性身分藉以區分自體的匱乏(lack)；對伊瑞葛萊來說，
這個特定的辯證構成一個體系，排除一套完全不同的表意
經濟。女人不但在沙特式表意－主體(signifying-subject)與意
旨－異己(signified-Other)的框架下被錯誤地再現，而且這個
表意的謬誤指出這整個再現結構的不當。因此，非一之性提
供一個出發點，用以批判霸權性的西方式再現，亦批判了架
構該主體概念的實體形上學。

　　而實體形上學究竟爲何，它又怎麼引領有關性的範疇
的思維呢？首先，人道主義有關該主題的理念，傾向於認定
一具有各種重要與不重要屬性的實體者。人道主義的女性主
義立場可能視性別爲人的**屬性**，而該人基本上具有性別化前
的實體(substance)或「核心」，被稱之爲人代表著一種普遍
的理性、道德思慮以及語言的能力。然而，這種對於人的普
遍性概念作爲性別的社會理論的出發點，爲那些持歷史與人
類學立場者所取代，他們理解性別爲特殊脈絡下一種與社會
建構之主體間的**關係**。這個關係或脈絡的觀點指出了該人「
爲」何以及──確切地說──性別「爲」何，而它們總是決
定於相關的建構關係[17]。作爲一變動、視情況而定的現象，
性別不代表一實質體，而爲文化與歷史特定的一套關係中的

---

[17]見史考特(Joan Scott)，〈性別爲有用的歷史分析範疇〉("Gender as a
Useful Category of Historical Analysis")，收錄於《性別與歷史政治》
(*Gender and the Politics of History*. New York: Columbia University Press,
1988)，28-52頁，原載《美國歷史評論》(*American Historical Review*)
，第91卷第5期，1986年。

相對交集點。

　　然而，伊瑞葛萊會說女「性」是語言上的**不存在點**，是文法意指實體(grammatically denoted substance)的不可能性，因此這觀點暴露該實體爲陽性主義論述持久與基礎的幻覺。這個不存在不是在陽性表意經濟之下被劃上標記——這說法反轉了波娃（以及維諦格）認爲女性**被**劃記，而男性沒有的論點。對伊瑞葛萊而言，女性不是內在與負面地在陽性特質中定義自己主體的「匱乏」或「異己」；相反來說，女性脫出再現的要件，正因她既不是「異己」也不是「匱乏」，那些範疇仍然與沙特式主體相關，處身於陽物理體中心主義體制之內。由此，對伊瑞葛萊來說，女性無法如波娃所言爲**主體的標記**；此外，女性無法在任何既定論述中被立論爲男女兩性之間明確的**關係**，因爲論述在此不是個相關的概念。縱然種類龐雜，論述仍構成許多陽物理體中心主義的語言模式。女性如此亦是非一的**主體**，陽性與陰性的關係不能再現於由陽性構成、封閉範圍的意符與意旨的表意經濟中。很矛盾地，當波娃在《第二性》中指出男人無法解決女人的問題，因爲如此他們會同時扮演法官與當事人的角色時，她已經預言了這個不可能性[18]。

　　以上立場的區分絕非分明；每一個都可視爲在社會建構的性別不對稱脈絡之下，去質疑「主體」和「性別」的所在與意義。性別的詮釋可能性也絕非侷限於以上提出的各選項。探索性別的女性主義很有問題地兜著圈子，癥結就在立

---

[18]波娃，《第二性》，xxvi頁。

場方面，一方面認定性別爲人的次要特徵之立場，另一方面
主張人這個在語言內定爲「主體」的概念是陽性主義的架構
和特權，而這等立場把女性性別的結構與意義可能性有效排
除。這些有關性別意義的強烈爭論（的確，不管**性別**到底是
否是爭議詞，或不管論述建構的性確是更爲基本的問題，或
也許問題該是在於**女人們或女人**以及／或**男人們和男人**），
結果在極端的性別不對稱關係之脈絡中建立需求，激進地重
新思考身分範疇。

　　對波娃而言，存在主義的女性憎厭(misogyny)分析中
的「主體」總是男性，與普遍性結合，而區分自身於女性
「異己」並超越人之普遍性規範以外，無可救藥地「特殊」
、被賦予、判定爲內在性(immanence)。實際上，雖然波
娃常被理解爲提倡女權爲存在主體，因而能納入抽象的普
遍性中，她的立場也對該抽象的男性知識論主體的空靈化
(disembodiment)，蘊含了基礎的批評[19]。該主體抽象到背誓
(disavow)社會劃定的賦形(embodiment)，而且更把那背誓與
貶抑的具體表現投射到女性範疇中，實際上把該身體重新
命名爲女性。這項身體與陰性的聯結沿著神奇的相互關係運
作，在之中束縛女性於身體，而完全背誓的男體則矛盾地成
爲一個無實體、似是激進自由的工具。波娃的分析隱約問了
這個問題：陽性透過何種否定與背誓行爲營造出空靈的普遍
性，而建構陰性爲背誓的肉體性？在此，主人－奴隸的辯證
於性別不對稱的非相互情況下，得以完全重新陳述，也預示

[19]參照我的〈波娃《第二性》中的性與性別〉。

了伊瑞葛萊以後稱爲陽性表意經濟，涵蓋存在的主體以及其異己。

　　波娃提議女體應該作爲女人自由的情勢(situation)及工具性(instrumentality)，而不是個界定與限制的要素[20]。影響波娃分析的這個賦形理論，不具批判性地複製笛卡兒式自由與身體的分野，也明顯地因之受限。我雖然之前極力地爭論反面想法，波娃似是主張心靈／身體二元論，儘管她提倡的是該組詞語的綜合[21]。去保留那個區別，可被視爲波娃所低估的陽物理體中心主義的症候。從柏拉圖開始延續至笛卡兒、胡塞爾(Husserl)以及沙特的哲學傳統中，靈魂（意識，心靈）與身體的存在區分不變地支持政治與心靈的從屬與階層關係。心靈不但駕馭身體，而且偶而還幻想著完全逃離自身的

---

[20] 身體作爲既是「情勢」也是「工具性」的規範性理想爲波娃和法儂所支持，前者針對性與性別，後者針對種族。法儂透過身體作爲自由的工具，爲他的殖民分析下結論；於此，自由—以笛卡兒的方式來說—是與有能力質疑的意識相等：「啊，我的身體，永遠造我爲發問者！」（法儂，《黑皮膚，白面具》[*Black Skin, White Masks.* New York: Grove Press, 1967]，323頁，法文原版爲Peau noire, masques blancs. Paris: Éditions de Seuil, 1952）。

[21] 沙特激進的意識與身體之間的存在論分裂，部份源自笛卡兒的哲學傳承。要注意的是黑格爾在《精神現象學》(Phenomenology of Spirit)中「主人－奴隸」章節開端隱約質疑的，即是笛卡兒所做出之區分。波娃對男性主體及女性異己的分析很清地座落於黑格爾的辯證中，以及沙特在《存在與無物》(Being and Nothingness)性虐與被虐一章中對該辯證的重新陳述之中。沙特對於身體與意識的「綜合」可能性的批判，有效地回歸黑格爾企圖克服的笛卡兒問題。波娃堅持身體可爲自由的工具性與情勢，性可爲性別的所在，而性別並非實質性而是自由的模式。表面上看來這是身體與意識的綜合，意識於此可被解爲自由的條件。然而，問題是該綜合體是否需要與維持根本的身體與心靈的存在論區別，而且，以此延伸，是否需要心靈駕馭身體、男性駕馭陰性的階層制。

化身。心靈與陽性特質、身體與陰性特質的文化關聯，在哲學與女性主義的領域中有完備的文獻[22]。結果是任何不具批判性的心靈／身體區分的再現應被重新審思，因其隱含的性別階層諭示著區別是約定俗成地被製造、維持與理性化的。

在波娃的體制中，「身體」的論述建構以及它與「自由」的分別沒能沿著性別的軸線，在軸線上標明理應昭示堅持著性別不對稱的心靈－身體分野。正式來說，波娃論稱女性身體是在男性論述中被畫記，而與普遍性結合的男性身體則沒被作標記。伊瑞葛萊清楚地提出作記號和被畫記的都維持在陽性表意的模式下，居於其中的女體則從可指象的領域中，如是般地被「抹去記號」；用後黑格爾的語彙來說，她被「取消」，但沒被保存。伊瑞葛萊解讀波娃女人「即是性」的主張，將之反轉而稱女人不是她被表意的性，深亦是／encore（且身亦是／and en corps）那個彰示異己模式的男人的性。對伊瑞葛萊而言，那表意陰性的陽物理體中心模式恆常地重現它自我強化慾念的魅影。陽物理體中心主義沒有做出自我限制的語言姿態，給予女人他者性(alterity)或差異性(difference)，而是提供一個蝕去女性並取而代之的名字。

IV.為二元、單一與其外立論

波娃和伊瑞葛萊的論點明顯地在複製性別不對稱的基礎

---

[22]參照史貝曼(Elizabeth V. Spelman)的〈女人為身體：古代與當代觀點〉("Woman as Body: Ancient and Contemporary Views")，刊載於《女性主義研究》(*Feminist Studies*)第8卷第1期，1982年，春季號。

結構上有所分歧：波娃訴諸於一個不對稱辯證所缺乏的互動
性，而伊瑞葛萊表示該辯證本身是為陽性主義表意經濟的單
方面鋪陳之言。雖然伊瑞葛萊藉著揭露知識論、存在論以及
陽性主義表意經濟的邏輯結構，明顯地拓展女性主義批評的
眼界，她的分析力量卻為其全面性的方針所削弱。可能找出
一個一元以及單向的陽性主義經濟，穿越了文化與歷史脈絡
序列中性別差異的發生點嗎？是否拒絕承認性別壓抑的文化
運作本身為一種知識論的帝國主義，而這帝國主義不會因為
文化差異被簡化為同一個男性陽物理體中心主義的「諸多例
子」而得到改善？努力將「異己」文化**收納**入全球化陽物理
體中心主義的多元擴充之中，構成一種挪用的行為，有重複
陽物理體中心主義自我膨脹演出的危險，讓原本可能質疑該
全面性概念的那些差異性，被殖民於單一的標記之下[23]。

　　女性主義批判應該探索陽性主義表意經濟的全面性宣
稱，同時也要能維持對女性主義全面性姿態的自我批判；把
敵人定為單數的努力，是種反轉論述，無批判性地模仿壓迫
者的策略，並沒有提供另一套不同的語彙。這個策略可以依

---

[23]史匹娃非常精闢地闡述這種特別的、作為邊緣化殖民行為的二元解釋。
　在批判哲學認知的知識性帝國主義中很典型的「認知的超歷史自我的
　自我存在」時，她鎖定了在製造知識時創造並審查邊緣的政治，此邊
　緣透過排除的方式，構成該主體所具備之知識－體制的或然可感知性
　(contingent intelligibility)：「我把隱含於編造任何解釋當中對於邊緣性
　(marginality)的禁制稱之為"這般的政治"。從此觀之，特定的二元對立
　的選擇……不只是知性的策略。在每個案例中，它都是中心化的可能性
　條件（附上適當的致歉）以及與之回應的邊緣化。」（史匹娃，〈解
　釋與文化：邊緣性〉[“Explanation and Culture: Marginalia”]，出於《在
　別的世界中：文化政治論文集》[*In Other Worlds: Essays in Cultural Poli-
　tics.* New York: Routledge, 1987]，113頁。）

樣在女性主義以及反女性主義的脈絡中運作說明殖民式的姿
態不全是、或並非無可厚非的陽性化。僅僅舉少數幾個例子
來說，它就能運作影響其他諸如種族、階級、以及異性戀化
的從屬(heterosexist subordination)關係。而且很明顯地——
如我開始條列出的壓迫的種類——認定了它們分別、依序地
共存於一條水平軸線上，而沒有描繪出他們在社會範圍內的
重合。一個垂直線的模型還是一樣不足，壓迫無法被簡要地
排名、隨意連結、依「原創性」(originality)以及「衍生性」
(derivativeness)的平面來分配位置[24]。的確，權力的範圍部份
架構於辯證索求的帝國主義姿態，超越並涵蓋了性差異的軸
線，畫出各交錯的差異值，不論陽物理體中心主義的術語或
任何「壓迫的主要條件」的其他競逐者，都無法簡要地將其
階層化。與其說是個獨一的陽性主義表意經濟策略，不如說
辯證索求以及異己壓迫是眾多之中的一個策略，配置於中心
但非獨自去擴展以及合理解釋陽性主義的範疇。

　　當代女性主義有關基本主義的論辯，以其他方式論及
女性身分的普遍性以及陽性主義壓迫的問題。普遍性的宣
稱基於共同或共享的知識論立足點，可理解為構連的意識
(articulated consciousness)或共享的壓迫結構，或基於似乎
是跨文化結構的女性、母性、性傾向以及／或者**陰性書寫**
(écriture feminine)。本章起始的討論主張這種全面性姿態促生

---

[24]有關反對「壓迫排名」的論述，詳見摩拉加(Cherríe Moraga)〈白人〉
("La Güera")，收錄於安札度亞(Gloria Anzaldúa)和摩拉加編輯的《我背
為橋：激進有色女性文集》(*This Bridge Called My Back: Writings of
Radical Women of Color.* New York: Kitchen Table, Women of Color Press,
1982)。

一些女性評論，宣稱「女人」這範疇具有規範性與排除性，而且引用該範疇之時牽涉的層面，沒有標記出階級與種族特權依然不變。換句話說，堅持該女人範疇的連貫性與統一性實際上已經斥退文化、社會以及政治交集的多樣性，而就是這個交集架構出具體的「女人」序列。

有心人士曾經努力規劃某些聯盟政治體，不要事先認定「女人」的內容是什麼。他們提議一系列的相互對話，讓立場各異的女人們在一個新興的聯盟架構中構連不同的身分。很明顯地，聯盟政治的價值不該被低估，但是聯盟本身的形式，新興而無法預期的立場組合，沒有辦法在事前得到了解。儘管引起聯盟建立的動機是很清楚的民主脈動，聯盟理論家可能無意間會再度置自身於過程的至高裁決者之位，**事先**便聲明聯盟結構的理想形式，以有效確保一致的結果。決定什麼是和什麼不是一個對話的真正形體、什麼組成一個主體－立場、以及——最重要的——何時達到「一致」(unity)的努力，都可能會妨礙聯盟那自我形成、自我設限的動態。

事先以對聯盟「一致」的堅持作為目標，認定了團結(solidarity)——不管代價為何——是政治行動的先決條件。但是哪種政治需要如此預設一致性？或許聯盟必須承認自身的衝突，然後針對原本的衝突採取行動。又或許部份的對話理解牽涉的是接受分歧、分裂、斷片、破碎性，作為常是迂迴的民主化過程一部份。「對話」的本身是文化特殊而且歷史特定的概念，當一個說話者覺得確定交談正在進行，另一個人可能肯定並非如此。支配與限定對話可能性的權力關

係必須先被質疑，否則，對話的模式有再陷入自由派模式的危險，認定說話者佔據同等的權力立場，發言時對什麼構成「協議」與「一致」有一樣的預設，而這些的確都是尋求的目標。事先認定有「女人」這個範疇，只需要被塞進各種諸如種族、階級、年齡、民族以及性傾向的填充物就能夠完整，是錯誤的。認定女人範疇基本的不完整性，使其能永久開放為各層意義的爭論點；那麼該範疇定義上的不完全，便可能作為除去了強制力量的規範性理想。

「一致」為有效的政治行動所必需的嗎？對一致目標未成熟的堅持，是否正是各階級間更苦楚分裂的原因？某些確認的分裂可能促成聯盟行動，正因為女人範疇的「一致」既非預設也不是想望的。「一致」是否於身分層面建立一排除性團結規範，把一系列破壞身分概念疆界的行動排除在外，或把達成破壞作為明確的政治目標？沒有「一致」的預設或目標──因為一致不管在什麼情況下，都只永遠建構在概念的層次──暫時性的一致還可能出現在具體行動的脈絡中，有著釐清身分以外的目的。沒有強制性的期望，冀許女性主義行動必須組織於某種穩固、一致而有共識的身分上，那些行動或可提早開始，而似乎更契合為數不少而對這個範疇的意義永遠都存疑的「女人們」。

這個反基本教義的聯盟政治認定「身分」不是前提，聯盟集結的形式或意義也無法在達成之前就能了解。因為在現有的文化條件中釐清身分樹立一個定義，會在以及透過政治性活動預先把一個正浮現的新身分概念給剔除，所以基本教

義策略不能用既有身分概念的轉型或擴展作爲規範性目標。此外，用以溝通已定身分的共識性身分或共識性對話結構不再組成政治的主體或主題時，那麼身分可能成形或瓦解，視構成該身分的具體實踐而定。某些政治實踐隨機地組成身分，以便達成在眼前之標的；聯盟政治不需要一個擴充的「女人們」範疇，也不須內部多重的自我即時充實其複雜性。

性別的複雜性在其全面性總是延遲的，在任何時刻從不完全如其所是。如此，一個開放的聯盟能依當前目的，在構成與放棄身分之間交替確認；它會是開放的聚集，允許多重交集與分歧，不盲從定義總結的規範終極目的。

V.身分、性與實體形上學

那麼，「身分」意義爲何，認定身分可自我辨識、歷時不變、一致且內部連貫的基礎又爲何？更重要的，這些認定如何充實「性別身分」的論述？認定「身分」的討論進行應該先於性別身分的討論，就只因爲「人」要依照性別可感知性能認可的標準來性別化，方才成爲可爲人感知者，是錯誤的想法。社會學的討論傳統上尋求理解人的概念，是基於一宣稱其存在優先權高於各種角色與功能，而藉此認定其社會能見度與意義的能動性。在哲學的論述中，「人」的概念已得到分析闡述，基於認定人不論在何等社會脈絡之「內」，對外都還能與爲人之定義結構相關，不管該結構屬於意識、語言能力、或道德規範方面。雖然在此不作這類文章的檢

視，本文質詢的前提之一聚集在批判性探究及反轉。鑑於哲學領域中構成「個人身分」問題的部份，幾乎總是集中在什麼樣的內在特質隨著時間建立此人之延續性或自我身分，在此問題則爲：**制約性實踐**(regulatory practices)的性別形成與分化至何程度構成身分、主體的內在一貫性，以致於人的自我認同地位？「身分」到何等程度爲規範性理想，而非經驗的敘述性特質？掌管性別的制約性實踐如何又能管理文化上可感知的身分概念？換句話說，「人」的「一貫性」與「持續性」不是人本質上有邏輯性或可分析的特質，而是社會構成且維持的可感知規範。只要「身分」由性、性別與性傾向的穩定理念所確認，文化上出現的「不一貫」或「不延續」之性別個體，看似像人，卻沒有遵循文化可感知的性別規範對人的定義，因而質疑了「人」的概念。

「可感知」的性別，意指其在某種意義上組織並維持性、性別、性實踐以及慾望之間一貫性關係和延續性。換句話說，不延續及不一貫的魅影——他們自身要在與現存延續性與一貫性規範的相對關係中才有辦法想像——透過一些法則常態地被禁制以及製造，而該法則的建立在於尋求生物性、文化組成的性別、以及兩者透過性實踐而昭示的性慾的「表達」與「效果」之間，畫出隨意而富表達性的連結線。

如傅柯諷刺地定義的，可能有一種性的「眞實」概念，正是由制約性實踐所製造，經由連貫的性別規範的母模而產生連貫的身分。把慾望異性戀化需要而且組織了分明而不對稱的「陰性的」和「陽性的」對立，被

理解為富有表達力的「男性」和「女性」特質。使性別身分成為可感知的文化軸線必需讓特定的「身分」不能「存在」——也就是指那些性別不與性一致，以及那些慾望的實踐不「依照」性或性別而行。「依照」在此脈絡中為政治的繼承關係，由建立與規範性傾向形態與意義的文化法律來建構。的確，正因為某種「性別身分」無法遵循那些文化可感知性的規範，從該領域的觀點來看，它們便只是發展失敗或邏輯上的不可能。然而，它們的執著不去與擴散提供重要的機會揭露文化可感知性領域的侷限與制約目標，並因而在該可感知性的母模條件中，營造對抗及顛覆性的性別失序的軸線。

然而，在考慮這些失序的實踐之前，似乎有必要瞭解「可感知性的母模」。它是單數嗎？由什麼組成的？被認定存在於強制性異性戀與論述範疇之間來建立性的身份概念的特殊連結為何？如果「身分」為論述實踐的**影響**，被建構為性、性別、性實踐以及慾望之間關係的性別身分，至何等程度受一可理解為強制性異性戀的規範性實踐所影響？那個解釋會不會把我們再帶回另一個全面性的架構，而該架構僅只是強制性異性戀取代了陽物理體中心主義，成為性別壓抑的單一理由？

差異性很大的權力體制在法國女性主義和後結構主義理論的光譜上，製造出性的身分觀念。試想那些分歧的立場，例如伊瑞葛萊之說宣稱只有單一之性，亦即陽性，透過並於「異己」的建構中闡述出自我，以及諸如傅柯的立場，假定

性的範疇──不管是男是女──是擴散的性意識制約經濟所造成的。再試想維諦格的論點，性的範疇在強制性異性戀的條件下永遠為陰性（陽性一直沒有被畫記，因而等同於「普遍性」）。不管有多矛盾，維諦格與傅柯都認為性的範疇會自己消失，而確實消融(dissipate)於異性戀霸權的中斷與移位。

在這裡提供的諸多解釋模式指出性的範疇以不同方式被理解，依照權力的領域而為清楚陳述。有沒有可能由它們生產能力方向去思考，並維持這些權力領域的複雜性？就另一方面，伊瑞葛萊的性差異理論提出女人無法在西方文化的傳統再現系統中被理解為「主體」模式，正因為她們構成再現的戀物(fetish)，而因此無法被再現。根據這個本質存在論，女人不可能「存在」，就因為她們為差異的關係、被排除的部份，因之而該領域自行除名。女人亦為「差異」，相對於永遠都已是陽性的主體，無法被理解為簡單的負面或「異己」。如前所述，她們既不是主體也不是異己，而為二元對立經濟的分歧者，本身對陽性的單一闡述而言是個狡計。

然而，這些觀點的中心都是性在霸權語言中為實體的概念，就形上學而言，即是一個可自我辨識的存在體。這個表象由語言踐履性的論述所達成，並且／或是隱藏了基本上不可能「存在」("being")性或性別的事實。對伊瑞葛萊而言，文法不可能為性別關係的真正指引，正因為它支持性別實體模式為二元關係，界於兩個正面而可再現的條件下[25]。從

<hr>

[25]有關女人在陽物理體中心論述中的不可再現性更完整的說明，參照伊瑞葛

伊瑞葛萊眼中看來，性別的實質文法認定男人與女人——如同他們各自的陽性與陰性屬性——是為二元範例，有效地掩蓋陽性、陽物理體中心主義的單一意義與霸權論述，把女性論述消音為顛覆的多重性所在。對傅柯而言，性的實質文法於兩性之間強加人工的二元關係，就如它也在二元的範圍中強加人工的內部一貫性。性的二元制約壓制具顛覆性的性傾向的多重性，而阻其擾亂異性戀、創制性、以及醫學司法(medicojuridical)的霸權。

對維諦格而言，施之於性的二元限制，達到強制性異性戀系統的生殖繁衍目的；她偶也宣稱強制性異性戀的推翻會開創一個真正歸諸於「人」的人道主義，解脫於性的束縛。在別的脈絡之中，她指出一個非陽物中心的情色經濟的增長與擴散可以驅除性、性別以及身分的幻覺。在別的文本中還提及，似乎「女同志」以第三性別姿態出現，承諾將超越強制性異性戀系統強加於性的二元限制。在她辯護「認知主體」(cognitive subject)的論點中，維諦格似乎不與表意與再現的霸權模式做形上學的爭論；的確，有著自決屬性的主體，似乎藉著女同志之名，得到存在選擇之力的復原：「個人主體的到來需要先行毀滅性的範疇……女同志是我唯一所知、超越性範疇的概念。」[26]她沒有依據無可避免的父權象

萊，〈任何"主體"理論都曾為陽性所採用〉("Any Theory of the 'Subject' Has Always Been Appropriated by the Masculine)，收錄於基爾(Gillian C. Gill)翻譯的《另一面女人的反射鏡》(*Speculum of the Other Woman*. Ithaca: Cornell UniversityPress, 1985)。伊瑞葛萊在《性與親屬關係》(*Sexes et parentés*)中對「陰性的性別」的討論，似是修正了這個論點。

[26]維諦格，〈女人不是生來就是〉("One is Not Born a Woman")，載於《女

徵界(patriarchal Symbolic)的法則而批判「主體」為不變的陽性，但提議以同等的女同志主體取而代之，作為語言使用者[27]。

把女人與「性」認同，對波娃以及維諦格來說，是把女人這範疇與她們表面上凸顯性徵(sexualized)的身體特徵結合，因而拒絕予女人如男人所享有之自由與自主。因此，破壞性的範疇即是破壞一個**屬性**(attribute)，亦即性，而性透過部份概述全體(synecdoche)的憎惡女性姿態，取代了人本身的**認知**。換句話說，只有男人是「人」，而性別唯有陰性：

> 性別是兩性之間政治對立的語言指數。性別於此是單數，因為並沒有兩個性別。它只有一個：陰性的，「陽性」不是性別。因為陽性並非陽性的，而是一般的[28]。

性主義論題》(*Feminist Issues*)，第1卷第2期，1981年春季號，53頁。

[27]「象徵界」的概念在本書第二節有更多的討論。它可被解為一套理想化與普遍性的文化法律，掌理親族關係(kinship)以及表意，而且在精神分析結構主義的條件下，掌理性的分別。基於理想化的「父系法」概念，象徵界由伊瑞葛萊重塑為統治與霸權的陽物理體中心論述。有些法國女性主義學者提出陽物或父系法支配以外的語言選擇，用以批判象徵界。克莉斯蒂娃提議「符號驅力」(semiotic)作為一個特定語言的母權空間，而伊瑞葛萊與西克蘇(Hélène Cixous)都談到**陰性書寫**。然而維諦格始終抗拒這個方向，宣稱語言在結構上既不憎恨女性也不是女性主義的，只是發展的政治目所運用的工具。顯然她對先決存在於語言之前的「認知主體」的信念讓她理解語言為工具，不是主體形成之前就存在並為其架構的表意領域。

[28]維諦格，〈觀點：普遍或特殊的？〉("The Point of View: Universalor Particular?")，載於《女性主義論題》(*Feminist Issues*)，第3卷第2期，1983年秋季號，64頁。

因此，維諦格呼籲「性」的破壞，讓女人可以取得普遍性主體的地位。在那個破壞的路上，「女人們」必須同時採取特殊與普遍性的觀點[29]。維諦格的女同志，作為藉著自由來實現具體普遍性的主體，確認而不是挑戰以實體形上學(metaphysics of substance)為前提的人道主義理想的規範式承諾。在這方面，維諦格之所以異於伊瑞葛萊，不僅在於現在已熟悉的本質主義(essentialism)與唯物主義(materialism)的對立[30]，而且也在於對實體形上學的執著，確認人道主義的規範模式為女性主義的框架。藉著維護賦予自由特徵的性別化前之「人」(pregendered "person")，維諦格似乎贊同激進的女同志解放計畫和貫徹「女同志」與「女人」的區分。這個舉動不但確定社會形成之前(presocial)的人類自由的地位，也支持擔負性範疇本身的生產與自然化的實體形上學。

實體形上學在當代哲學論述批評中與尼采聯結。在評論尼采之時，哈耳(Michel Haar)指出有若干哲學存在論受限於某些「存在」與「實體」的幻覺，相信主詞與述語的文法形成能反映實體與屬性存在之前的真實。哈耳論稱這些架構物

---

[29] 「人必須同時採取特殊以及普遍性觀點，至少以此作為文學的一部份，」見維諦格，〈特洛伊木馬〉("The Trojan Horse")，《女性主義論題》，第4卷第2期，1984年秋季號，68頁。

[30] 英文翻譯為《女性主義論題》的法文期刊《女性主義問題》(*Questions Feministes*)，一般維護「唯物主義」的觀點，把實踐、制度以及語言的構成地位視為女性壓抑的「物質基礎」("material grounds")。維諦格本為原先的編輯團隊之一，和普雷撒(Monique Plaza)一樣，維諦格認為性差異具基本主義傾向，因為它從女人的生物事實衍生出女人社會功能的意義，但也因為它支持女人身體的主要表意為母性，因此，給予創制性傾向霸權(reproductive sexuality)意識形態的力量。

構成人工的哲學工具有效地組織簡明、秩序與身分，然而，它們並不能顯示或代表事物的某些真實秩序。對我們來說，這個尼采的批評用於心理的範疇很有啟發性，因這些範疇支配有關性別身分更流行也更理論性的思維。根據哈耳的說法，實體形上學的批判意指對心理人(psychological person)為一實體存在物的概念之批判：

> 透過邏輯的系譜學來摧毀邏輯，也帶來以該邏輯為基礎的心理範疇的毀滅。所有心理範疇（自我，個人，人）衍生於實體身分的幻覺，但這個幻覺基本上訴諸一個迷信，不只欺瞞了一般人、也唬住哲學家，這迷信即是對語言的信仰—更精確來說—對文法範疇之真實的信仰。正是文法（主詞和述語的結構）引發笛卡兒確信「我」是「思考」的主詞，但其實是思想觸及「我」：最終，對文法的信念僅僅表達想做一個人思想「成因」(cause)的意念(will)。主體、自我、個人只是諸多錯誤的概念，因他們把一開始僅存有語言真實的虛構一統性，轉化為實體[31]。

維諦格提出另一個批評，指出人在語言之中受到表意時，無法不帶著性別的標記。維諦格提供一個法文性別文法

---

[31]哈耳(Michel Haar)，〈尼采與形上學語言〉("Nietzsche and Metaphysical Language")，出自艾利森(David Allison)編輯的《新尼采：當代詮釋風格》(*The New Nietzsche: Contemporary Styles of Interpretation*. New York: Delta, 1977.), 17-18頁。

的政治分析，根據她的論點，性別不但指定人，審核其「資
格」，並且組成普遍化二元性別的概念知識體。雖然法文給
所有人以外的名詞性別，維諦格主張她的分析對英文也有影
響。在〈性別的標記〉("The Mark of Gender," 1984)開端，她
寫道：

> 性別的標記，根據文法家的說法，與名詞相
> 關。他們依其功能討論；如果質疑它的意義，他們
> 可能開開玩笑，稱性別為「虛構的性」……只要是
> 相關人的範疇，二者【英文與法文】帶著性別記號
> 的程度相等同。二者的確都臣服於一個原始的存在
> 概念，強制語言把存在體分性……作為處理存在本
> 質的存在概念，加上其他一大團塊屬於同一條思路
> 的原始概念，性別似乎主要屬於哲學[32]。

對維諦格而言，性別「屬於哲學」就是屬於「那套不
證自明的概念體系，沒有它哲學家不能發展出論理的脈絡，
而且，自不待言，是存在於任何思想、任何社會秩序之前，
於自然之中。」[33]維諦格的觀點被有關性別身分的流行論述
所證實，而該論述毫無批判性地把「存在」的變形歸因於
「性別」以及「性傾向」。毫不置疑地聲稱「作為」(to "be")
女人以及「作為」異性戀，是性別實體形上學的症候；對
「男人們」與「女人們」來說，這個宣稱傾向於把性別的概

[32]維諦格，〈性別的標記〉("The Mark of Gender")，《女性主義論題》
(*Feminist Issues*)，第5卷第2期，1985年秋季號，4頁。
[33]同上，3頁。

念置於身分之下,而且導致人**就是**性別,且與他或她的性、自我的心靈感受、以及各種心靈自我的表達──其中最顯著者爲性慾──**為**一之結論。在如此的前女性主義脈絡中,性別很天真地(而不是批判性地)與性搞混了,以作爲具體化自我的團結原則,維持這個團結抗衡「另一性」,而這另一性該是在性、性別與慾望的內部一貫性中維持平行但對立的結構。女人說「我覺得像女人」或男人說「我覺得像男人」的說明預設在任一情況下,這種宣稱都不會無意義或多餘。雖然**賦於**(to be)某種生理結構或許問題不大(雖然我們稍後會考慮這個計畫面臨的重重困難),性別化的心靈傾向或文化身分的經驗被視爲一種成就。因此,「我覺得像女人」爲真的程度,乃至亞理沙·法蘭克林(Aretha Franklin)那定義異己的歌詞所唱的:「你讓我覺得像個渾然天成的女人。」("You make me feel like a natural woman.")[34]達到這個成就需要與對立性別做出區分;因此,一個人有一個人的性別而並不屬於另一性別,這種說法預設並強化性別限制於二元制的那一對性別。

性別可以意指經驗、性、性別與慾望的**結合體**,但只有性於某種意義上被理解爲促成對於性別(於此性別爲自我

---

[34]亞理沙的歌,原本由凱若金(Carole King)作詞,亦質疑性別的天然化(naturalization)。「像個渾然天成的女人」這句子暗示「渾然天成」只能從類比或隱喻達成。換句話說,「你讓我覺得像渾然天成的隱喻」,而沒有「你」,一些不自然的領域就顯露出來。有關亞理沙的宣稱與西蒙波娃「女人不是生來就是,而是後天形成」的比較,詳見我的論文〈波娃的哲學貢獻〉("Beauvoir's Philosophical Contribution"),收於蓋瑞(Ann Garry)和皮爾薩(Marjorie Pearsall)主編的《女人、知識與真實》(*Women, Knowledge, and Reality*. New York: Routledge, 1996)。

的心靈和／或文化的指定物）以及慾望的需求之時，在此慾望是異性戀的，因而經由一個對立的關係區分自身於所慾求的另一個性別。任一性別——不管男人或女人——的內部一致性或統一性，因此需要穩定且對立的異性戀；那個規制化的異性戀需要並製造每一個性別化辭彙的單一意義，構成對立的二元性別系統中性別化可能性的限制。性別的概念預設的不只是性、性別與慾望間的偶然關係，它也暗示慾望反映或表達性別，而性別反映或表達慾望。這三者的形上學統一性，被認定為真正瞭解與表達於針對另一性別的特定慾望之上——也就是以對立的異性戀形式表達。不管是建立了性、性別和慾望間因果關係的延續的自然典範，還是在性、性別與慾望中同時或連續揭發所謂的真正自我的真實表達典範，在此所預設、強調與理性化的，是如伊瑞葛萊所言的「對稱的古老夢想」。

這個性別的草圖讓我們瞭解性別實體化觀點其後的政治理由。強制性與天然化的異性戀的組織化需要並規範性別為二元關係，劃分陽性詞與陰性詞，而且這個區分是由異性戀慾望的實踐來達成的。區分兩個二元對立時刻的行為始之藉以鞏固，性、性別與慾望的彼此內部一致也得到深化。

那個二元關係以及實體形上學據以為本的策略性置換，預設了陰性和陽性、女人和男人是在二元的框架中類比製造，而傅柯隱隱支持這種解釋。在《性意識史》中以及他為《賀邱林·巴爾賓：最近出土的十九世紀陰陽人的回憶錄》

(*Herculine Barbin, Being the Recently Discovered Journals of a Nineteenth-Century Hermaphrodite*)所作簡短而重要的序言中[35]，傅柯指出性的範疇先決於任何性區分的範疇化，是透過具特殊歷史背景的性模式而建構的。這個分明且二元化的性範疇的策略製造，認定「性」爲性經驗、行爲與慾望的「起因」，因而隱藏了該製造機制的策略目標。傅柯的系譜學研究暴露出該似是而非的「起因」(cause)爲「結果」(effect)，是爲一既定性意識體制所製造的，用意在任何性意識論述記述內，建立具基礎與因果關係功能的分明的性範疇，用以制約性經驗。

傅柯爲陰陽人賀邱林・巴爾賓日記所作的序言中指出，這些物化的性範疇的系譜學批判，是意外出自於無法在自然化的異性戀醫學法律言語中得到解釋的性實踐。賀邱林沒有「身分」，但代表了身分的性化之不可能性。雖然男性與女性的生理特質是共同分配於身體內部與其上，這點並不是醜聞的真正來源。製造分明的性別化自我的語言學實踐在賀邱林身上受到侷限，正因爲她／他引發支配性／性別／慾望的規則的合併與解構。賀邱林配置和重新分配二元系統的辭彙，但該重新配置阻擾且增加那些外在於二元自我的辭彙。根據傅柯的說法，賀邱林在性別的二元制中無法依其分類；

---

[35]見麥杜高(Richard McDougall)翻譯，傅柯編輯之《賀邱林・巴爾賓：最近出土的十九世紀陰陽人的回憶錄》(*Herculine Barbin, Being the Recently Discovered Memoirs of a Nineteenth-Century Hermaphrodite.* New York: Colophon, 1980)，法文原本爲《賀邱林・巴爾賓：又名亞利西娜・B・傅柯作序》(*Herculine Barbin, dite Alexina B. presenté par Michel Foucault.* Paris: Gallimard, 1978)，法文本沒有傅柯寫給英譯本的序言。

她／他本身令人不安的異性戀與同性戀重合只是由她／他的
生理構造的不延續性所引發，而不是由其造成的。傅柯採用
賀邱林為例值得置疑[36]，但他的分析隱含了有趣的信念，意
即性的異質性（[sexual heterogeneity]很矛盾地為一自然化的
「異性」－戀["hetero"-sexuality]涵蓋），因為解釋了性的身
分性質範疇(identitarian categories of sex)，而隱含對於實體形
上學的批判。傅柯想像賀邱林的經驗為「只看得見貓的咧齒
大笑，而看不見貓的歡愉世界。」[37][譯註1]笑容、快樂、歡愉
和慾望在此被當成沒有持久實體可以依附的特質，作為自由
浮動的屬性，它們暗示著一個性別化的經驗，無法為實體化
且階級性的名詞(延伸之物 [res extensa])和形容詞（基本及偶
然的屬性）的文法所掌握的可能性。透過對賀邱林倉促的解
讀，傅柯提出一個偶然屬性的存在論，揭示身分的認定為秩
序與階層制的文化限制原則、制約的虛構體。

　　如果可能談及一個「男人」與陽性屬性，並感知該屬性
為此男人快樂但偶然的特質，那麼也可能談及一個「男人」
與陰性屬性——不管其為何——但又維持該性別的完整性。
我們一旦免除「男人」和「女人」為持久實體的優先權，那
麼就不再可能把不諧和的性別特質降為從屬，作為基本上完
整的性別存在論次等與偶發的特色。如果持久實體的概念為
虛構的建構物，由強制性的屬性規制製造出性別序列，那麼
性別作為實體、**男人**與**女人**作為名詞的可行性似乎很可疑，

---

[36]見第二章，第二節。
[37]傅柯編輯，《賀邱林·巴爾賓》，10頁。

為那些無法依從序列或因果之可感知模式的屬性不和諧的演
出所質疑。

　　持久實體或性別化的自我的出現，即心理學家史多樂
(Robert Stoller)所指的「性別核心」("gender core")[38]，是沿著
文化上確立的連貫路線來制約屬性所造成的。結果是該虛構
物之揭示由屬性不受制約的演出所制衡，抗拒為主要名詞及
從屬形容詞的現成框架所同化。當然總是有可能辯稱不和諧
的形容詞反向運作，來重新定義據稱為其修飾的名詞身分，
而因此擴張性別的名詞範疇來包容它們原先排除的可能性。
但是如果這些實體不過是經由屬性規制而偶然創造出連貫
性，實體存在論(ontology of substances)本身好像不僅是人工
的結果，本質上也是多餘的。

　　依此而言，**性別**不是名詞，也不是一套自由浮動的屬
性，因為我們已經看到性別的名詞效果，是踐履性地受到
性別連貫性的規制性實踐所製造與強迫出來的。因此，在傳
承下來的實體形上學論述中，性別被證實為踐履性的──
也就是說，它構成它該有的身分。就這層意義而言，性別
總是一種行動(doing)，雖然不是一個存在於行為之前的主體
行動。從實體形上學之外重新思考性別範疇的挑戰，在於必
須考慮尼采《論道德系譜學》(On the Genealogy of Morals)中
主張的相關性：「'存在'('being')不在於行動、完成、成為
(doing, effecting, becoming)的背後；'行動者'(doer)只是加諸於

---

[38]史多樂(Robert Stoller)，《性別介紹》(*Presentations of Gender*. New
Haven: Yale University Press, 1985)，11-14頁。

行為(deed)的虛構體——行為就是全部。」[39]把此運用到尼采自己不會預期到或能原諒的方面,我們或可做出推論:性別身分不存在於性別表達的背後;該身分由據說是其結果的「表達」本身踐履性地構成。

VI.語言、權力和移位的策略

然而很多女性主義理論與文學認定在行為背後有一個「行動者」。有論點以為沒有行使人(agent)則沒有能動性(agency),也因而沒有潛力引發在社會之內統治關係的改變。維諦格的激進女性主義理論,在有關主體的理論群中佔據一個很曖昧的地位;就一方面,維諦格似是斥退實體形上學,就另一方面而言,她仍抱持著人的主體、個人為形上學的能動性位置(locus of agency)的論點。維諦格的人道主義明顯地預設行為背後有行動者的存在,然而她的理論描繪出性別於文化的物質實踐上踐履性的建構,駁斥那些混淆「原因」及「後果」的解釋之時間性。在一個暗示她與傅柯互文空間的段落(而且揭露兩人理論中的馬克思具體化概念痕跡)中,維諦格寫道:

> 以唯物女性主義觀之,顯示我們視為壓迫
> 原因或起始的實際上只是壓迫者強加上的**記號**;
> 也就是「女人的神話」,加上它在挪用來的意識
> (appropriated consciousness)和女人身體中的物質效

---

[39]考夫曼(Walter Kaufmann)翻譯,尼采(Friedrich Nietzsche)《論道德系譜學》(*On the Genealogy of Morals*. New York: Vintage, 1969),45頁。

果和展現。因此，這個記號並不先於壓迫存在……
性被視為「馬上現有」、「感覺得到現有的」「肉
體特徵」，屬於自然的秩序。但是我們相信為肉體
的與直接的感覺只是個複雜和神話的建構，一個
「想像的成形」。[40]

因為這「自然」的生產運作與強制性異性戀的指令同
調，同性戀慾望的出現對她來說，超越了性的範疇：「如果
慾望能解放自我，它與性的最初刻記毫無相關」。[41]

維諦格以為「性」是組織化異性戀劃上的記號，一個可
以經由實踐有效挑戰該組織而抹除或模糊記號。她的觀點當
然截然異於伊瑞葛萊的論點；後者把性別的「記號」解為運
作於西方哲學系統中的男性霸權的表意經濟一部份，實際決
定了存在學領域鏡射的自我闡述機制。對維諦格來說，語言
在結構上絕不是憎惡女性的器材或工具，但在使用上則是[42]。

[40]維諦格，〈女人不是生來就是〉("One is Not Born a Woman")，48頁。
維諦格把性別的「記號」和自然團體的「想像的成形」之說都歸予奇
優曼(Colette Guillaumin)，因奇氏有關種族標記的作品提供維諦格〈種
族與自然：標記的系統，自然團體與社會關係的理念〉("Race et nature:
Système des marques, idée de group naturel et rapport sociaux"，載於《複
數》[*Pluriel*]，第11卷，1977年)一文中性別分析的類比。「女人的神話」
是西蒙波娃《第二性》中一章。

[41]維諦格，〈典範〉("Paradigm")，收錄於馬爾克斯(Elaine Marks)和史坦波
連(George Stambolian)編輯的《同性戀與法國文學：文化脈絡／批評文
本》(*Homosexuality and French Literature: Cultural Contexts/Critical Texts.*
Ithaca: Cornell University Press, 1979)，114頁。

[42]維諦格顯然不認為語法是語言中父系組織的親族關係所延展或複製，她
拒絕這個層面的結構主義讓她能理解語言為性別中立。伊瑞葛萊的《說

以伊瑞葛萊看來，另一種語言或另一種表意經濟的可能性是
逃脫性別「記號」的唯一機會，因這記號對女性來說什麼都
不是，只是陽物理體中心主義對女性之性的抹滅。伊瑞葛萊
欲揭示介在諸性間似是而非的「二元」關係爲陽性主義的伎
倆來全面排除女性，維諦格論稱像伊瑞葛萊的立場重新鞏
固陽性與陰性的二元對立，而且重新散佈有關陰性的神話概
念。維諦格明顯地取材自波娃《第二性》中對陰性神話的批
判，宣稱：「'陰性書寫'不存在。」[43]

　維諦格顯然習於語言使女人屈從和排除她們的力量。
然而，身爲「唯物主義者」，她視語言爲「另一物質的秩
序」[44]，一個可以極度轉變的組織。語言之位在個人選擇所
維持的具體和偶發實踐與組織中，因此會被做選擇的個人的
集體行動所削弱。她認爲語言學虛構的「性」是強制性異性
戀系統製造與散佈的範疇，用以將身分的製造侷限於異性戀
慾望軸線的沿線上。她的某些作品—有關男同志與女同志、
以及其他獨立於異性戀合約外的立場—提供機會不是推翻
就是擴散性的範疇。然而，在《女同志身體》(The Lesbian
Body)中，維諦格似乎挑起生殖器組織的性意識**本身**的議
題，而呼籲一個選擇性的歡愉經濟(economy of pleasures)，
能同時質疑把女人的主體性建構於女人理應顯著的生殖功

話從不中立》(*Parler n'est jamais neutre*. Paris: Éditions de Minuit, 1985)正
是批評這種人道主義立場──在此非常維諦格式的──宣稱政治與性別
的語言中立性。

[43]維諦格，〈觀點：普遍或特殊的？〉("The Point of View: Universal or
Particular?")，63頁。

[44]維諦格，〈異性戀思維〉("The Straight Mind")，《女性主義論題》
(*Feminist Issues*)，第1卷第1期，1980年秋季號，108頁。

能[45]。　在此，外在於生殖經濟(reproductive economy)的歡愉擴散，指出一個特別女性形式的情色擴散，可以感知爲對生殖器官的繁衍建構的對抗策略。就某種意義而言，《女同志身體》對維諦格來說，可說是對於佛洛伊德《性學三論》(Three Essays on the Theory of Sexuality)的反向解讀，相對於佛氏所言生殖器性意識(genital sexuality)的發展優於以及對立於限制較少、較爲廣泛的嬰兒性意識(infantile sexuality)。只是這「倒過來的」、爲佛洛伊德引述爲「同性戀」的醫學分類，無法「達到」生殖器的規範。在對生殖力作政治抨擊之時，維諦格似乎動用「倒置」("inversion")爲批評解讀的實踐，卻正好穩固了佛洛伊德所言未發展的性意識特質，有效地開創一「後生殖器政治。」[46]的確，發展的概念在異性戀的母模內才能被解讀爲正常化。但是，這是解讀佛洛伊德的唯一方式嗎？維諦格的「倒置」實踐至何等程度貢獻於她亟欲解體的正常化模型呢？換句話說，如果一個比較廣泛而反生殖器的性意識被用以作爲單數、另類對立於性意識的霸權結構，這種二元關係註定要無止境地一再複製至何等程度？什麼樣的可能性能打破對立的二元本身？

　　維諦格和精神分析的對立關係無意製造出的結果，即她的理論認定的正是她想克服的精神分析發展理論，完全「倒了過來」。被認爲存在於性的畫記之前的多形變態

---

[45]歐文(Peter Owen)譯，維諦格著，《女同志身體》(*The Lesbian Body*. New York: Avon, 1976，法文原版爲 *Le corps lesbien*. Paris: Éditions de Minuit, 1973)。

[46]感謝【溫蒂】歐文這句話。

(polymorphous perversity)，被定爲人類性意識的終端[47]。據此，一個可能的女性主義精神分析回應，可能論稱維諦格既沒有充分理論化也低估了**語言**的功能和意義，而「性別的記號」就是在語言中發生的。她視畫記爲偶發、極度多變、甚至非必要的。拉岡理論中原初**禁制**(primary prohibition)的地位，比起傅柯的**制約實踐**(regulartory practice)概念或維諦格的異性戀壓迫系統的唯物主義說法，能更有力而較不隨機地運作。

在拉岡的論述中，誠如伊瑞葛萊的後拉岡式佛洛伊德重新闡釋，性的差異不是保留了實體形上學爲基礎的簡單二元制。陽性的「主體」爲虛構的建構，由禁制亂倫和強制永無止境的異性戀慾望移位之法律所造成。女性從不是主體的標記；女性無法成爲性別的「屬性」。女性爲一匱乏的表意(signification of lack)，爲象徵界(the Symbolic)所意指，而所謂象徵即一套分門別類的語言學規則來有效製造出性的差異。陽性語言學立場經歷了象徵界法律——即父親之法——的基礎禁制所需求的個人化和異性戀化；亂倫的禁忌把母親與兒子分隔，在他們之間豎立親屬關係，是「以父之名」建立的法律。同樣地，申斥女孩對其母與其父之慾望的法律要求她肩負起母性的表徵(emblem of maternity)，重複伸張親屬關係

---

[47]當然，佛洛伊德自己已經區分「性」(the sexual)和「生殖器」(the genital)，這個分別也讓維諦格用來批評他。例如，詳見佛洛伊德的〈性功能的發展〉(The Development of the Sexual Function)，收於《精神分析理論的大綱》，參照史脫拉其(James Strachey)譯本(*Outline of a Theory of Pscychoanalysis*. New York: Norton, 1979)。

的規則。製造出文化上可感知性別的禁制法律便如此組織陽
性與陰性的立場，但是只能透過想像領域中再浮現的無意識
性意識的產生來組織這些立場[48]。

女性主義採用性的差異——不管是反對拉岡的陽物理
體中心主義（伊瑞葛萊）還是對拉岡批判性地再補充——來
爲屬於陰性的立論，但論點不在爲實體形上學的表達，而
是作爲無法再現之虛無，而這虛無則是以排除來奠立表意經
濟的（陽性）否決所造成。陰性作爲那系統內被揚棄／排
除者，構成批判的可能性以及該霸權概念規劃的中斷。羅絲
(Jacqueline Rose)[49]和蓋樂普(Jane Gallop)[50]以不同方式強調性
差異建構的地位、該建構潛在的不穩定性、以及禁制同時組
織性身分和暴露該建構立足不穩的雙重重要性。雖然維諦格
與其他唯物女性主義者在法語的脈絡中會爭論，說性的差異
是一套不經思考地複製具體化的性兩極化，這些批評忽略了
關鍵的無意識層面，因無意識作爲被壓抑性意識的原地，在
主體論述中會再出現爲其連貫性的不可能性。如羅絲清楚指
出的，一個連貫的性身分沿著分明的陰性／陽性軸線來建
構，是註定要失敗的[51]；該連貫性由於壓抑之物(the repressed)

---

[48]本書第二章部份對拉岡的立場有更深入分析。

[49]羅絲(Jacqueline Rose)，《視覺領域的性》(*Sexuality in the Field of Vision.* London: Verso, 1987)。

[50]蓋樂普(Jane Gallop)，《閱讀拉岡》(*Reading Lacan. Ithaca*: Cornell University Press, 1985)；《引誘女兒：女性主義與精神分析》*The Daughter's Seductio*n: Feminism and Psychoanalysis. Ithaca: Cornell University Press, 1982)。

[51]「精神分析與社會學分析對性別的解釋的差別〔對我來說是裘朵羅(Nancy Chodorow)作品最大的瓶頸〕，在於對後者來說，規範的內在化被

的偶然重現被阻斷，不只顯示「身分」是建構出來的，也揭露建構出身分的禁制爲無效（父親的律法不應該被理解爲決定性的神旨，而是持續不斷的失敗者，爲對他唱反調者鋪路）。

唯物主義者和拉岡學派（以及後拉岡）立場的差異，在他們進行規範性爭論，辯及是否有在法律之「前」或之「外」以無意識模式存在、可取回的性意識(retrievable sexuality)，或「後」於法律的後生殖器性意識之時，分別浮上檯面。很矛盾地，多形變態的規範性比喻可解爲同時概括兩種學派看另類性意識的觀點。然而，有關限制該「法律」或那「一套法律」的方式，並沒有結論。精神分析批判在規範性性別關係母模內，成功地給予該「主體」建構一個解釋——又或許也是實體的幻覺。維諦格在其存在－唯物主義的模式中，假定作爲主體的人，有社會形成前(presocial)及定性別化之前(pregendered)的完整性。就另一方面來說，拉岡的「父親之法」以及伊瑞葛萊學說中陽物理體中心主義對單一邏輯的操縱，帶著一神論的獨一性記號，或許比居領導地位的結構主義對該說法的認定還較不統一、較無文化普遍性[52]。

認定大約可行，而精神分析的基本前提和確實的出發點則是其不可行。無意識經常揭露身分的'失敗'。」（羅絲，《視覺領域的性》，90頁）

[52]或許結構主義單一的「法律」概念很清楚回應舊約誡法並不奇怪。「父親之法」因此爲後結構主義者批評，透過法國學者重新引用尼采的方式來批判，也是可以感知的途徑。尼采指責猶太－基督教的「奴性道德」(slave morality)，指其置法律於單一且禁制條件下；另一方面，權力意志指定正面而多重的法律可能性，有效暴露單一「法律」爲虛構而且具壓抑性的概念。

　　但是這爭論似乎也轉向闡述一個顛覆性性意識的時間性比喻，而該性意識繁盛於法律強加其上**之前**，在法律被推**翻之後**，或是它自身在法律管治期間經常性地挑戰法律權威。在此重述傅柯似乎不失明智，他宣稱性意識與權力是共同延伸之時，隱約斥責主張顛覆性或解放性性意識獨立於法律之外的說法。我們可以延伸該論點，指出在法律「之前」與「之後」是論述以及踐履性制定的時間模式，於規範性架構的條件下被提出，主張達成顛覆、不穩定或移位所需要的性意識能逃避對於性的霸權禁制。對傅柯來說，那些禁制無異且無意地有生產性，因在那些禁制內以及經由它們所找到和製造的「主體」，沒有辦法接觸到某種意義上「外於」、「先於」或「後於」權力本身的性意識。權力，而不是法律，包含了不同關係中的司法（禁制的和規範的）以及生產（無意地有繁衍性的）的功能。因此，在權力關係的母模內浮現的性意識不是法律本身純粹的複製或拷貝、陽性主義身分經濟的依樣重複。在製造中它們偏離原來的目的，無意地活絡「主體」的可能性，不僅是超越文化可感知性的疆域，實際上還有效地拓展文化可感知的疆界。

　　後生殖器性意識的女性主義規範已成為女性主義性理論家重要的批評目標，其中有些採取特別為女性主義和／或女同志的傅柯解讀。這種解放性意識於異性戀建構的烏托邦概念──一個超越「性」的性意識──不承認權力關係以其方式持續地、甚至在「解放」的異性戀或女同志的條件下，去建構女人的性意識[53]。一個特殊、極度異於陽物性意識

---

[53]參照魯賓，〈思考性：激進性意識政治理論的筆記〉("Thinking Sex:

(phallic sexuality)的女性性歡愉的概念,也受到同樣的批評。
如伊瑞葛萊般偶發的努力,從女性特殊的生理結構去衍生特
殊的女性性意識,有一段時間是反基本主義論點的中心[54]。

Notes for a Radical Theory of the Politics of Sexuality"),收於凡斯(Carole
S. Vance)編輯之《歡愉及危險》(P*leasure and Danger*. Boston: Routledge
and Kegan Paul, 1984),267-319頁。《歡愉及危險》一書中,亦可參照
凡斯的〈歡愉及危險:談性意識政治〉("Pleasure and Danger: Towards
a Politics of Sexuality"),1-28頁;厄克斯(Alice Echols)的〈本我的馴服:
女性主義性政治,1968-83〉("The Taming of the Id: Feminist Sexual
Politics,1968-83"),50-72頁;何立堡(Amber Hollibaugh)的〈對未來的慾
望:對歡愉與激情的極度期望〉("Desire for the Future: Radical Hope in
Pleasure and Passion"),401-410頁。何立堡和摩拉加(Cherríe Moraga)的
〈同我們一起在床上打滾的:女性主義的性沈寂〉("What We're rollin
Around in Bed with: Sexual Silences in Feminism"),及厄克斯的〈新女性
主義的陰與陽〉("The New Feminism of Yin and Yang"),二者皆收於史尼
特(Ann Snitow)、史丹索(Christine Stansell)和湯普森(Sharon Thompson)
編輯的《慾望之力:性意識政治》(*Powers of Desire: The Politics of
Sexuality*. London: Virago, 1984);《異端邪說》(*Heresies*),1981年第
12期,「性專題」(the "sex issue");沙麿(Samois)編輯之《走向權力》
(Coming to Power. Berkeley: Samois, 1981);英格理(Dierdre English)、
何立堡和魯賓的〈談性:性意識與女性主義的對話〉("Talking Sex: A
Conversation on Sexuality and Feminism"),載於《社會主義評論》
(*Socialist Review*),第58期,7月-8月,1981年;柯爾(Barbara T. Kerr)
和昆塔那利(Mirtha N. Quintanales)的〈慾望的複雜性:性意識和差
異的對話〉("The Complexity of Desire: Conversations on Sexuality and
Difference"),載於《情況》(*Conditions*, #8);第3卷第2期,1982年,52-71
頁。

[54]或許伊瑞葛萊最具爭議性的主張,論及陰戶的「兩瓣接觸的唇」結構構
成女人非單一性與自發性慾的歡愉,存在於陰莖剝奪該歡愉的插入動
作把這二元性「分開」之前。參照伊瑞葛萊,《此性非一》。和普雷撒
(Monique Plaza)與德爾非(Christine Delphy)一樣,維諦格指出伊瑞葛萊對
解剖學特殊性的價值肯定本身是沒有批判性的生殖論述的複製,把女性
身體畫記、分割爲人工的「部份」像是「陰道」、「陰唇」和「陰戶」
。在瓦撒學院(Vassar College)一堂演講中,維諦格被問及她有沒有陰道,
而她回答沒有。

回歸生物學作爲特殊女性性意識或意義的範疇，似乎擊潰生
物學不是命定的女性主義前提。但是，不管女性性意識在此
是透過生物學論述得到闡述以達純粹的策略目的[55]，或者女
性主義其實回歸到生物基本主義，以女性性意識特徵爲極度
相異於陽物性意識組織，還是很有問題的論點。那些無法辨
識自身性意識、或者不了解自己的性意識爲局部建構於陽物
經濟語彙中的女人們，便在該理論的條件下潛在地排除，被
視爲「認同男性」或「沒有受到啓蒙的」。的確，在伊瑞葛
萊文本中，有關性意識是文化建構、或只是在陽物的語彙中
文化建構的觀點，時常不是很清楚。換句話說，特別屬於陰
性的歡愉是「外於」文化、是文化的前史還是其烏托邦的願
景？依此，在當前性意識的建構條件下掙扎協調的概念又有
何用？

　　女性主義理論和實踐中認同性意識(pro-sexuality)運動的
有效論辯，說性意識總是建構於權力和論述的條件下，在這
之中，權力是經由異性戀與陽物文化的常規而得到局部的了
解。因此，在這些條件下建構（不是決定）的性意識的出
現，在女同志、雙性戀和異性戀的脈絡中，並非負面意義的
男性認同的跡象。那並不是批評陽物理體中心主義或異性戀
霸權的計畫失敗，好似政治批判可以有效瓦解文化建構出來
的女性主義批評家的性意識。如果性意識由文化建構於現存
的權力關係中，那麼「先於」、「外於」或「超於」規範性
意識的認定，在文化上並不可能，而且是政治上不實際的

---

[55]有關這個詮釋非常有力的一個論點，詳見福斯(Diana J. Fuss)，《基本來
說》(*Essentially Speaking.* New York: Routledge, 1989)。

夢想，延遲了在權力之條件下重思性意識與身分顛覆可能性的這個具體的當前任務。這個重要的任務認定在權力母模之內運作，當然是異於無批判性地複製支配關係。它提供的重複法律的可能性，不是要鞏固、而是去換置法律本身。我們可能發展出陽物權力關係之內的性意識概念，而不是發展出「男性」作爲性意識的緣由與其必然意義的「男性認同」性意識；陽物權力關係會再現且重新分配其陽物主義的可能性，憑藉的正是在性意識的權力領域中無可避免的顛覆性「認同」的運作。依羅絲所言，如果「認同」被揭示爲幻影般的(phantasmatic)，那麼建立一個展示幽幻結構的認同必是可能的。如果沒有對文化建構性意識的極度否認，剩下的問題就在如何承認而且「執行」身陷其中的建構。是否有某種方式的重複並不會構成單純模仿、複製以及鞏固法律（應該從女性主義字彙中被剔除已經不合時宜之「男性認同」概念）？在各種掌理性別化生活突發和偶然重合的文化可感知母模中，存在什麼性別形態的可能性？

在女性主義性理論的條件下，性意識內的權力動力，顯然並不只是鞏固或增強異性戀或陽物理體中心的權力體制。在同性戀脈絡之中「存在」的所謂異性戀成規，以及特別同志的性差異論述的擴散——諸如作爲性風格歷史身分的「女同志Ｔ」或「女同志婆」之例——無法解釋成原爲異性戀身分的虛幻再現；它們也不能被感知爲同性戀性意識與身分之內，所存在之異性戀建構毀滅性的執著。異性戀建構在同性戀和異性戀性文化中的重複行爲，很可能是性別範疇無可避

免地去自然化(denaturalization)與流通(mobilization)之所在。
異性戀建構在非異性戀框架內的複製，揭示了所謂的原版異
性戀(heterosexual original)，其實完全是架構出來的。因此，
同性戀之於異性戀並非拷貝之於原版，而是拷貝之於拷貝。
「原版」的戲謔重複──這點會在本書第三章最後一節討
論──揭露出原版只不過是自然和原始**意念**的諧擬[56]。縱使
異性戀建構循環為可以處理性別(do gender)的權力／論述定
點，還是有這種問題：何種再次循環的可能性存在？何種處
理性別的可能性透過誇飾、不和諧、內部混亂和擴散來重複
與移置給予它們本身動力的建構？

要考慮不只是存在於異性戀、同性戀和雙性戀實踐內部
與之間的曖昧和不連貫被壓制、在壁壘分明又不對稱的陽性／
陰性二元的具體框架中重新敘述，而且這些性別混亂的文化
形態是作為這些具體化的干涉、暴露和移位場域。換句話
說，性別的「統一性」是制約實踐的結果，透過強制性異性
戀尋求讓性別身分一致。藉著排除性的生產裝置，該實踐的
力量是要來限制「異性戀」、「同性戀」和「雙性戀」的相
對意義，以及它們交集與重新表意的顛覆所在地。異性戀主

---

[56]如果我們要沿用詹明信諧擬(parody)和混雜(pastiche)的區分，同性戀身分
較宜解為混雜。詹明信主張作為拷貝的諧擬，存有對於它原版的同情；
而混雜駁斥「原版」的可能性，或者，在性別的案例中，揭露了「原
版」是失敗的嘗試，因為它想「拷貝」的是一個無法成功複製的幻影
般的理想。詳見詹明信，〈後現代主義以及消費社會〉("Postmodernism
and Consumer Society")，收於佛斯特(Hal Foster)編輯的《反美學：後現
代文化論文集》(*The Anti-Aesthetic: Essays on Postmodern Culture. Port
Townsend*, WA: Bay Press, 1983)。Aesthetic: Essays on Postmodern Culture.
Port Townsend, WA: Bay Press, 1983)。

義和陽物理體中心主義的權力體制，欲以經常重複體制的邏輯和形上學來自我增強，而它們被自然化的存在體不意味重複本身該被終止——好像真能終止似的。如果重複註定要持續以作為身分的文化複製機制，那麼在此的關鍵問題為：什麼樣的顛覆性重複可能質疑到身分的規範性實踐本身？

如果沒有「人」、「性」或「性意識」藉以依靠，脫出有效為我們製造和規範那些概念可感知性的權力和論述關係之母模，那麼在建構身分的條件下能有效反轉、顛覆或移位的可能性為何？什麼可能性**由於**性與性別的建構特質而存在？傅柯對於製造性範疇的「規範性實踐」之確實特質無明確表示，維諦格似乎把該建構全責歸給有性生殖和作為其工具的強制性異性戀，此外尚有其他論述合併製造出原因不明或無一致性的範疇虛構。加入生物科學的權力關係並不容易削減的，在十九世紀出現的醫學法律聯盟已經散播無法事先預期的範疇虛構。這個建構性別的論述地圖的複雜性，似乎保住這些論述和規範性結構無意與孿生交會的承諾。如果性和性別的規範性虛構本身是意義多重爭議之點，那麼它們建構的多重性本身就提出擾亂它們單一姿態的可能性。

很明顯地，本書計畫不在於傳統哲學之內畫出一個性別的**存在論**，把**身為**女人或男人的意義都在現象學範圍內清楚詮釋。在此的推論，以為性別之「存在」是種**效果**(effect)，是以存在論模式劃出其政治建構範圍的一個系譜學調查對象。主張性別是建構出來的，並不在於申論它的虛幻性或人工性，把這些辭彙作為與「真實」(the "real")以及「真正」

(the "authentic")二元對立。這個研究是爲性別存在論的系譜學，尋求理解二元關係可信度的論述製造，以及指出某些性別的文化形態取代了「真實」，透過合適的自我自然化來鞏固與強化它們的霸權。

如果波娃那個女人不是生來就是、而是後天**形成**的說法有其真實性，依此推之，**女人**本身是個還在進行式的辭彙，還在形成，是一個無法確認何時起始或結束的建構。作爲進行中的論述實踐，它可能被介入以及重新表意。甚至在性別似乎凝聚爲最具體的形式之時，這個「凝聚」本身是堅持與隱伏的實踐，爲各種社會目的所支持與制約。對波娃而言，絕不可能最終成爲女人，好似有個**終極性**(telos)主導文化薰陶(acculturation)與建構的過程。性別是身體重複的風格化，一套在高度嚴苛的規制框架內重複的行爲，經長時間凝聚而製造出實體的表象，像自然的存在體。性別存在論的政治系譜學如果成功的話，會解構性別的實體表象顯示其爲建構之行爲，鎖定並解釋在諸多監視性別的社會表象力量所設定的強制性框架下的行爲。要揭露偶發行爲所製造的自然需求表象——一個至少自馬克思以來就爲文化批判部份的行動——任務之外現在又多了額外負擔，要顯示只有經由性別化的表象才可爲人感知的主體概念，該如何承認爲各種性別物化所強制排除的可能性，而這性別即是構成自身偶發的存在體。

* * * * * *

下面一章檢視某些精神分析結構主義解釋性差異的觀點和性意識的架構，關注性意識對於這裡概略說明的規範性

體制所作的質疑，以及性意識在那些體制不受批判地被複製時所扮演的角色。性的單一性，性別的內在連貫性，以及性和性別的二元框架一直被視爲規範性虛構，鞏固並自然歸化(naturalize)男性中心與異性戀壓迫合併的權力體制。最後一章視「身體」的概念本身爲一套疆域，同屬個人及社會，受到政治化表意並予以維持，而不是現成等待表意的表層。性作爲內部性情和身分的「真理」的說法不再可信，性實爲踐履性扮演(performatively enacted)的表意（因此不「存在」），從它自然歸化(naturalized)[譯註2]的內部與表面釋放出來，能觸發性別化意義的諧擬擴散和顛覆性演出。本文因而持續透過那些自然歸化與具體化的性別概念，來思考是否有可能顛覆與換置它們及其支撐的男性霸權和異性戀主義權力，去製造性別混亂，但不是經由設想未來烏托邦的策略，而是透過動搖、顛覆性混亂、與散佈那些作出基本的身分幻覺而把性別定位的構成性範疇，去達成目標。

【譯註】

1. 典出《愛麗絲夢遊仙境》(*Lewis Caroll, Alice's Adventures* in Wonderland, 1865)，書中的柴郡貓(Cheshire Cat)能隨意現形隱形，於書中一幕逐漸消失至貓形完全無法辨識，只剩一張咧開大笑的嘴浮在空中。

2. 這裡的naturalize意指「使之自然化」（相對於人工）以及移民、融入文化熔爐的「歸化」；既暗諷人工建構之性／別總帶著「渾然天成」(natural)表象，同時指出權力體制「歸化」性／別，施以體制律法規範制約。故試以「自然歸化」譯之。

第二章　禁制、精神分析
和異性戀母模的製造

異性戀思維持續肯定亂倫——而不是同性戀
——代表其主要禁制。因此，異性戀思維想
到同性戀，只把它當成異性戀。

　　　　　　　——維諦格，〈異性戀思維〉

女性主義理論偶會思及原點(origin)，即所謂「父權」建立之前的時間點，而這個嘗試或能提供一個想像觀點，藉以建立女性受到壓迫的歷史偶然性(contingency)。是否有先於父權之前的文化存在，而其是否為母權或母系結構，是否父權有起始之時，也因此會結束，都是論辯的議題。可以感知這些問題背後的批判欲力，意在證明支持父權制必要性的反女性主張，構成了**歷史**偶然現象的物化與自然歸化。

雖然訴諸父權之前的文化邦國，意圖在揭示父權的自我物化，父權之前的計畫證實為一不同種類之物化。最近，有若干女性主義學者提出有關女性主義本身某些物化建構的反思批評。「父權」的概念威脅要成為普遍性概念，想壓倒或削減在不同文化脈絡中性別不對稱的明確闡述。女性主義欲把自己與抵抗種族和殖民壓迫的掙扎一體相連，在此很重要的，便是抗拒殖民知識論的策略，以跨文化父權概念的議題凌駕於不同的支配形態之上。闡述父系法律為壓抑與制約結構，也需要從這個批判角度來重新思慮。女性主義再訴諸想像之過去之時必須要小心，不要在揭發陽性權力自我物化的主張之時，去倡導一個尚有政治疑義的女性經驗的物化。

壓抑性或屈從人的法律在自我辯駁時，幾乎總是以同樣的故事為底，那不外乎法律來臨**之前**如何又如何，以及法律如何以目前和必要之形式出現等說辭[1]。編造源頭的做法，傾

---

[1]在我寫這一章的同時，我同時在教授卡夫卡的〈刑罰殖民地〉("In the Penal Colony")，其中有有關刑求器具的描述，因而為當代權力領域提供很有趣的類比，特別對於陽性權力而言。重述歷史、把該器具納入傳統之重點收藏，是本敘事體一再挫折無法完成的嘗試。源頭無

向以必要與單線化的敘事來敘述法律之前的事務狀況，敘事
於法律制定達到高峰，也據此證明其正當性。源頭的故事因
此爲敘事體內策略性對策，藉著單一而權威性的說法去敘述
一個不可考的過去，使得法律的制定看來似乎爲歷史定論。

　有些女性主義學者在早於司法建立前的過去中找到烏
托邦未來的蛛絲馬跡，於其中發掘出顛覆或叛亂的潛力，允
諾造成法律的毀滅以及新秩序的建立。但如果這想像出來的
「之前」，無可避免地在史前敘事語彙中出現，爲的就是把
現存法律狀況合法化，或者，選擇性地讓法律延伸的想像未
來也合法，那麼這個「之前」，不管它支持女性主義還是反
女性主義，永遠都已染上當前與未來利益的自我辯解捏造的
色彩。女性主義理論中這個「之前」的說法，在它束縛未來
以求把理想過去的概念物化，或當它支持——即使只是無
意地——去物化一個文化確立之前原汁原味的女性範疇，都
頗具政治疑義。倚賴一原始或真正的陰性特質是個懷舊而狹
隘的理想，對於要提出性別爲複雜文化建構之解釋的當前需
求，棄之於不顧。這個理想不只傾向於迎合文化上的保守目
標，也構成女性主義中排除性的實踐，正好助長了該理想要

法重拾，而指引回歸原點的地圖因時間久遠已不可識讀；或可解釋該地
圖的說著不同的語言，也沒有翻譯可參照。的確，該機制本身無法全盤
被了解；它的零件又無法組合爲可想見的整體，讀者被逼要想像它的零
碎狀態，不能觸及它完整的理想概念。這似乎爲傅柯那個「權力」已經擴
散到無法以系統化整體的方式存在的概念，做了一個很好的文學演繹。德
希達質詢卡夫卡〈法律之前〉（見德希達的〈法律之前〉，收錄於烏朵夫
(Alan Udoff)編輯，《卡夫卡與當代政治演出：百年紀念閱讀》脈絡中，
很有問題的法律權威性。他強調壓抑透過敘事體重述法律存在之前情況，
極度不適當。重要的，是不可能透過追溯至有法律存在之前，來闡述對該
法律的批判。

克服的分裂狀況。

從恩格斯(Engels)、社會女性主義、某些以結構主義人類學爲基礎的女性主義等立場所作的推測之中，曾有論者多方努力去追溯建立性別階層(gender hierarchy)的歷史或文化的時間或結構。採用隔絕這類結構或關鍵時期的方式，是爲了要駁斥某些反動理論把屈從女人的行爲予以自然歸化或普遍化。這些理論代表非常程度的努力，提供普遍性壓抑態勢的批判轉移，部份構成了當代理論領域中進一步質疑壓迫的所在地。然而，需要探究的問題，在於這些強而有力的性別階層批判是否採用預設的虛構，而這虛構本身即蘊含具有疑義的規範性理想。

李維史陀的結構主義人類學，其中包括尚有爭議的自然／文化區分，爲某些女性主義論者用以支持並澄清性／性別的區分：這個立場說明原有一自然或生物性的女性，其後被轉化爲社會地位屈居下屬的「女人」，結果則是「性」之於自然或「生的」(raw)，就有如性別之於文化或「熟的」(cooked)之辨。如果李維史陀的理論架構爲真，就有辦法追溯性轉化爲性別的過程，所憑藉的即是找出文化穩定的機制，以非常規律方式影響轉變的親族關係的交換法則(exchange rules of kinship)。據此觀點，「性」由於在文化上與政治上未定，因此存在於法律之前，似乎提供文化的「素材」(raw material)，而該素材只有透過以及臣服於親族關係法則之後，才開始產生意義。

然而，這種性作爲物質、性作爲文化表意工具的概念，

是一種論述形式，用以作為自然／文化之分以及這個區分所支持的統治策略的自然歸化基礎。文化與自然的二元關係倡導階層的關係，這個階層讓文化自由地「強加」意義於自然之上，因而把自然變成可無限擷取供自身之用的「異己」，確保統治模式中意符的理念性(ideality)以及表意的結構。

人類學家史塔生(Marilyn Strathern)和麥柯瑪(Carol MacCormack)已經指出文化／自然的論述規律地把自然比為女性，必然屈從於總是被比擬為男性、主動而且抽象的文化之下[2]。這個例子如同存在主義的憎惡女性辯證，都把理性和頭腦與陽性特質和能動性連結，而身體和自然被視為陰性的沈默真實性，等待對立陽性主體的表意；這例子所顯示的也與憎惡女性辯證一般，物質性和意義為相互排除的語彙。建構與維持這個二元分別的性政治，實際上為自然的論述製作所隱藏，更確切地說，隱藏性政治的，是毫不置疑儼然為文化基礎的自然化之性。結構主義的批評者如葛爾茲(Clifford Geertz)，指出結構主義普遍化的架構降低「自然」的文化形態多元性。認定自然為單數和先決於論述之前(prediscursive)，分析之時便無法問諸如此類的問題──在既定文化脈絡中「自然」的條件是什麼？目的又是什麼？二元性究竟有必要嗎？性／性別以及自然／文化的二元論是如何並透過彼此相互建構與自然歸化？它們為那個性別階層制效力，又為何種屈從關係的物化？如果性被指明帶有政治性，

---

[2]詳見史塔生(Marilyn Strathern)和麥柯瑪(Carol MacCormack)編輯的《自然、文化與性別》(*Nature, Culture and Gender*. New York: Cambridge University Press, 1980)。

那麼「性」——大多被認為原生未加工(raw)——其實永遠都是已經「加工過」("cooked")，而結構主義人類學據以為核心的區分似乎站不住腳[3]。

可理解地，想在法律建立之前找出一性化之自然天性(sexed nature)，似乎源自一個更加基礎的計畫，視父系法律並非普遍為真以及取決一切。的確，如果建構的性別就是現有的憑據，那麼似乎沒有「外部」可言，沒有在文化之前的「之前」作為知識依靠，可視為另類的知識出發點來好好評估現有的性別關係。找出將性轉化為性別的機制，意味著建立的不只是性別的建構性、性別之不自然與不必要的地位，還有在非生物邏輯下壓迫人的文化普遍性。這個機制是如何形成的？可以找到它或只能去想像？相對於以生物學奠立普遍性壓迫的立場，該機制表面的普遍性指定，是否比較不那麼物化？

唯有當性別建構機制暗示著該建構的隨機性時，這「建構性」**本身**，對於擴大可能有的性別形態範圍的政治計畫，才能有實質上的幫助。然而，如果這時浮現為女性主義規範性目標者，是身體的生命超越於法律之外、或是尋回存在於法律之前的身體，這種規範實際上把女性主義的焦點偏離當代文化掙扎的具體條件。的確，下列有關精神分析、結構主

---

[3]有關這些論題較詳盡的討論，參照哈拉威(Donna Haraway)《猿猴、賽柏格與女人：自然的再創造》(*Simians, Cyborgs, and Women: The Reinvention of Nature*. New York: Routledge, 1991)中一章，〈馬克思字典中的性別：一個字的性政治〉("Gender for a Marxist Dictionary: The Sexual Politics of a Word")。

義、以及它們制定性別禁制的地位與權力的章節，正是集中於法律的概念上：法律的存在地位爲何——在運作上它是否屬於司法、壓迫性和削減性，還是它無意創造了自己文化移位(cultural displacement)的可能性？先決於構連(articulation)之前的身體構連會踐履性地自我衝突至何等程度，而孳生取代自身的替代選擇？

I.結構主義的論述性交換

結構主義論述傾向於視法律爲單數，這是依據李維史陀的論點，說有一普遍性結構，藉以制約存在於所有親族關係系統中的交換行爲。根據《親族關係的基本結構》(The Elementary Structures of Kinship)，同時鞏固與區分親族關係的交換客體爲**女人**，經由婚姻制度從一個父系宗族被視爲禮物交到另一個宗族中[4]。新娘、禮物、交換客體構成打開交換管道的「記號與價值」，不但有**功能性**目的來促進貿易，而且執行**象徵性**或**儀式性**目的，來鞏固透過交換行爲而分化的宗族之內部連結和集體身分[5]。換句話說，新娘的功能與男

---

[4]魯賓在〈交易女人：性的「政治經濟學」筆記〉("The Traffic in Women: Notes on the 'Political Economy' of Sex")中對這個過程有詳細討論，收錄於瑞特(Rayna R. Reiter)編輯的《女人人類學》(*Toward an Anthropology of Women*. New York: Monthly Review Press, 1975)。她的論文在本章稍後是重點，她引用毛思(Mauss)《有關禮物的論文》(*Essay on the Gift*)中新娘作爲禮物的概念，揭示女人們作爲交換物如何有效鞏固和定義男人間的社會聯繫。

[5]參照李維史陀，《親族關係的基本結構》(*The Elementary Structures of Kinship*. Boston: Beacon Press, 1969)中的〈親族關係原則〉("The

人的族群間有相關性，她自己沒有身分，也不因交換而從一個身分轉到另一個身分。她正是透過身爲男性身分的不存在點來**反映**它。全數爲男性的宗族份子透過婚姻得到獨享的身分，而婚姻於此則爲一象徵性區分的重複行爲。異族通婚區分與連結特定父族氏名的男人們；父系傳承透過儀式性地排除女人，以及相對地引進女人而得以穩固。作爲妻子，女人們不但穩固**氏名**（功能性目的）的複製，而且促成男人宗族間象徵性的交流。作爲父名交換的發生點，女人們是、也不是父名的記號，她們被排除於意符之外，而該意符正是她們自身所承接之父名。婚姻中的女人不具身分的資格，只能作爲相對性的語彙，同時區分與連結不同的宗族於一共同但內部有所區別的父系身分之下。

李維史陀解釋的親族關係結構系統，訴諸一個似可架構人類關係的普遍性邏輯。雖然李維史陀在《憂鬱的熱帶》(*Tristes tropiques*)中說明，他離開哲學領域是因爲人類學提供了比較具體的文化組織來分析人類生活，他依然把該文化組織同化爲一全面性邏輯架構，實際上他的分析又回歸他聲稱要脫離的抽離脈絡的哲學架構。雖然李維史陀作品中有關普遍性的認定可能引發若干質疑（如人類學家葛爾茲在《在地知識》[*Local Knowledge*]中提出的問題），在此這些問題相關普遍性邏輯內身分認定的地位，以及在身分邏輯所敘述的文化現實下，該邏輯與女人從屬地位兩者之間的關係。如果交換的象徵性本質也是它普遍性的人類性格，而如果該普遍性結構分發「身分」給男人、附屬和相對性的「否定」或

Principles of Kinship")一章。

「缺乏」給女人，那麼這個邏輯可能為被它自身條件排除的一個立場或若干立場所挑戰。別的親族關係邏輯選項會像什麼呢？身分邏輯系統至何等程度總是會要求建構不可能的社會身分，來佔據一無名、遭排除、但亦為先決條件、而隨後為該邏輯本身所隱藏的關係？在此伊瑞葛萊劃除陽物理體中心經濟的動力顯得格外分明，正如女性主義內部一股主要的後結構主義脈動，質疑是否陽物理體中心主義的有效批評，需要如李維史陀所定義的象徵界的移位。

在結構主義之內，語言的**整體性**及**終結**(closure)同樣受到認定與質疑。雖然索緒爾(Saussure)以為意符與意旨間的關係是主觀的，他把這主觀關係置於一必定為完成式的語言系統中。所有語言學條件預設語言學的結構整體性，要讓任一個字能示義，須預設並隱約喚回結構之全體。這個疑似萊布尼茲(Leibniz)視語言為系統化整體性的觀點，實際上壓抑意符與意旨分歧的時刻，把該主觀時刻於整體性的領域中做出關聯並使其劃一。後結構主義與索緒爾的歧異、與李維史陀所言身分交換的結構的分歧，駁斥整體性和普遍性的主張以及有關二元對立結構的認定，後者隱約運作以終結語言和文化表意持續性的曖昧與開放性[6]。結果是意符與意旨的不

---

[6]參照德希達，〈結構、記號和遊戲〉("Structure, Sign, and Play")，收於麥克錫(Richard Macksey)和多耐特(Eugene Donato)編輯之《結構主義爭議》(*The Structuralist Controversy*. Baltimore: Johns Hopkins University Press, 1964)；〈語言學和文法論〉("Linguistics and Grammatology")，收於史匹娃翻譯的《文法論》(*On Grammatology*. Baltimore: Johns Hopkins University Press, 1974)；〈延異〉("Différance")，收於巴斯(Alan Bass)翻譯的《哲學的邊緣》(*Margins of Philosophy*. Chicago: Chicago University Press, 1982)。

搭調成爲語言運作無限的**延異**(différance)，致使所有指涉性
(referentiality)有無限移位的潛力。

對李維史陀而言，陽性文化身分的建立乃經由公開行
爲來區分父系宗族之別，這個關係的「差異」是很黑格爾的
——亦即它同時區分與連結。但是樹立於男人以及女人（區
分男人之間差異的也是女人）之間的這個「差異」，則完全
脫出這個辯證之外。換句話說，社會交換的區分時刻似爲男
人間的社會連結，是一個男性之間同時特殊化與個人化的
黑格爾式統一[7]。就抽象層面而言，這是個差異性身分，因
爲兩方氏族都保留相似的身分：男性，父權，以及父系。他
們背負著不同的氏名，在這包容一切的男性文化身分中把自
己特殊化。但是何等關係定女人們爲交換品，從一個父姓換
到另一個？什麼樣的區分機制以此方式分配性別功能？李維
史陀的黑格爾式經濟那分明、男性居中的反對論預設而且排
除什麼樣的區分**延異**？如伊瑞葛萊所言，這個陽物理體中心
經濟主要依靠不明顯、但永遠被預設而且被拒認(disavowed)
的**延異**經濟。事實上，父系宗族間的關係基於同性社交
(homosocial)的慾望（伊瑞葛萊一語雙關稱之爲男／同性戀
[hommo-sexuality])[8]，是爲一受到壓抑因而被輕視的性傾向，
有有關男人間的關係，而最終相關男人間的連結，但透過異

---

[7]參照李維史陀，《親族關係的基本結構》，480頁；「交換——以及其後
所表達的異族通婚法則——有自身的社會價值。它提供把男人們束縛在一
起的憑藉。」

[8]伊瑞葛萊原著，基爾(Gillian C. Gill)翻譯的《另一面女人的反射鏡》
(*Speculum of the Other Woman. Ithaca*: Cornell University Press, 1985)，
101-103頁。

性交換與女人的分配而得以發生[9]。

在一段揭露陽物理體中心經濟的同性情色潛意識文章中，李維史陀為亂倫禁忌和同性情慾連結的鞏固提供了串連：

> 交換──以及其後的異族通婚法則──不只是物品的交換。交換──以及其後所表達的異族通婚法則──有自身的社會價值。它提供把男人們束縛在一起的憑藉。

禁忌繁衍出異族通婚之異性戀，被李維史陀視為非亂倫異性戀的人工成就，擷取自禁制而源自較自然且不受制的性意識（佛洛伊德在《性學三論》也支持同樣的說法）。

然而，男人之間建立的互動性，先決條件是男人和女人之間極度非互動的關係，以及女人彼此之間非關係的關係。李維史陀惡名昭彰的宣稱，說「象徵思維的出現，必然需要女人──如同文字般──作為交換過的物品」，暗示李維史陀以一個透明觀察者的回顧立場，從認定的文化普遍性架構引發的必然性。但是「必然」(must have)似乎只能是個踐履性功能的結論；由於象徵出現的時刻不可能為李維史

---

[9]可參考賽菊克的《男人之間：英國文學與同性社交慾望》(*Between Men: English Literature and Homosocial Desire.* New York: Columbia University Press, 1985)，以參照李維史陀有關親族關係內互動結構的敘述。賽菊克精闢的論點，提出浪漫詩歌中對女人們的曲意逢迎注目，其實意在轉移目標並同時闡述男人的同性社交慾望。女人們在這方面是詩意的「交換物」，以明顯、表面的論述客體身分，作為男人間無法承認之慾望關係的媒介。

陀所目睹，他臆測一個必然的歷史：報告因而變成指令。他的分析促使伊瑞葛萊反思如果「物品聚集在一起」會有什麼事發生，並揭露一個另類性經濟(alternative sexual economy)預期之外的能動性。她最近的作品《性與親屬關係》(*Sexes et parentés*)[10]，提供批判性的註解，說明男人間的互動交換建構如何預設兩性之間在該經濟體系內無法明述的非互動性，以及女人、陰性化、女同志性傾向的無法言喻性(unnameability)。

如果有一個被**排除**於象徵界之外的性範疇，具有潛力揭示象徵界的影響與其說是全面性不若是霸權的，那麼必定有可能在該經濟體系內或外鎖定這個被排除的範疇，並且針對其所在位置而爲策略性干預。以下有關結構主義法律與解釋性差異建構之敘事的重新解讀，主要關注該法律認定的固定性與普遍性，並透過系譜學的批判，試著揭露無意中自破陣腳的創制性(generativity)的法律力量。「法制」("the Law")是否單向與不變地製造出這些立場？它能製造出有效質疑法律本身的性形態，或那些質疑無可避免地幻影化？該法律的**創制性**可列爲可變的或甚至顛覆性的嗎？

禁止亂倫的法律是這個禁止同族通婚的親族關係經濟核心。李維史陀主張亂倫禁忌的中心性，是結構主義人類學和精神分析間的重要聯繫。雖然李維史陀承認佛洛伊德的《圖騰與禁忌》(*Totem and Taboo*)在經驗論方面已不足採信，他

---

[10]伊瑞葛萊，《性與親屬關係》(*Sexes et parentés*. Paris: Éditions de Minuit, 1987)。

認為斥駁的行動本身，反而是支持佛氏理論的矛盾證據。對李維史陀而言，亂倫不是社會事實，而是普及的文化幻想。李維史陀認定了慾望主體的異性戀陽性特質，主張「對母親或妹妹的慾望、父親的謀殺與兒子的懺悔，無疑地，不與任一事實或一連串佔據既定歷史地位的事實連結。但或許他們象徵性地表達一個古老而持續的夢想。」[11]

在試著肯定精神分析洞悉潛意識亂倫幻想的卓見之時，李維史陀提到「這個夢的魔法、它塑造男人們思想的力量並不為所知……它引發的行為永遠沒有發生，因為文化在任何時候任何地方都大力反對。」[12]這非常聳動的聲明讓人洞察出的不只是李維史陀顯著的否認力量（「永遠沒有發生」的亂倫行為！），還有認定該禁制有效性的中心困難度。那個禁制存在並不表示它能運作；更正確地說，它的存在似乎暗示慾望、行動、確為普及社會實踐的亂倫正是由該禁制的色情化所造成的。亂倫慾望的幻影化不代表它亦不可以是「社會事實」。問題其實是這等幻影如何產生與構成它們禁制的結果？進一步說，禁制是有效背誓的社會信念——在此透過李維史陀症候化的闡述——如何因之清出一個社會空間，讓亂倫實踐可自由不受限地於其中重複？

對李維史陀而言，針對母子之間異性戀亂倫行為的禁忌以及該亂倫的幻想，同被建立為文化的普遍性真理。亂倫的異性戀如何被建構為表面上自然、早於人工製作之前

---

[11]李維史陀顯然失去機會分析既為幻想也是社會實踐的亂倫，而這兩者並不相斥。

[12]李維史陀，《親族關係的基本結構》，491頁。

(pre-artificial)的慾望母模，而慾望如何被塑成異性戀陽性的專利？在這基礎的結構主義框架之內，異性戀與陽性的性能動性(masculine sexual agency)兩者的自然歸化是從未得到解釋、但總獲得認定的論述建構。

拉岡學派採用李維史陀的論述，主要集中於亂倫禁制以及文化複製中的異族通婚法則，於此文化主要被視爲一套語言學的架構與表意。對拉岡而言，禁制男孩與母親亂倫結合的法制引發親族關係的結構，亦即一系列高度制約、透過語言造成的力比多移置(libidinal displacements)。語言結構——集體感知爲象徵界(the Symbolic)——儘管在運作之時有不同的發言代理(speaking agents)，還是維持一存在的完整性，然法制在每一初始進入文化的語彙之內，會重申並劃分自己本位。論述只會在不滿的狀況下出現，而不滿則由亂倫禁制設立於其中；原始的**極樂**(jouissance)由於構成主體的最初壓抑而喪失。記號因之出現、取而代之，也同樣在意符前面被攔下來，試圖要恢復的，是自己所表意的無法恢復的歡愉。以該禁制爲基礎的主體，發言只爲了移置慾望，以轉喻(metonymic)替代那無法取回的歡愉。語言是欲求不滿的沈澱和另類成就，從未真正滿足的多樣文化生產的昇華。語言無可避免地表意失敗是禁制的必然結果，禁制建立語言的可能性，並點出它指稱姿態的虛榮。

II.拉岡、西維葉和扮裝的策略

詢問拉岡語彙中性別以及／或者性的「存在」，就是搞混拉岡語言理論的目的。拉岡駁斥西方形上學給予存在論的優勢，並堅持「'存在'爲何／有何？」這問題該附屬於「'存在'如何透過父系經濟的表意實踐被組織與分配？」這個先決問題之下。存在的存在論明述、否定、以及它們的關係，被視爲由父系法律及其區分機制建構的語言所決定。一件事物要帶有「存在」特色並隨存在的態勢所動，只有當它處在如象徵界這般的表意架構內，才能置自身的存在於存在論之前(pre-ontological)。

因此，沒有任何有關存在論**本身**的探索、沒有任何通到存在的路，是不需要先透過探索陽物的「存在」，由於把性差異作爲自身可感知性先決條件的法制(the Law)，授權表意陽物。「作爲」(to be)陽物和「擁有」(to have)陽物意指在語言內不同的性立場／位置(positions)，或非立場（說真的，不可能的立場）。「作爲」陽物即是作爲異己慾望的「意符」，並**看似**該意符。換句話說，就是作爲客體、（異性戀化）男性慾望的異己，但也代表或反映該慾望。這構成了男性自我詳述發生的場域，而不是陰性他者性(feminine alterity)中陽性特質的限制。對女人們而言，「作爲」陽物因而反映陽物的力量，表意該力量，作爲陽物的「化身」，提供它可插入的地點，透過「作爲」它的異己、不存在、匱乏、它身分的辨證確認來表意陽物。拉岡宣稱缺乏陽物的異己**就是**陽物本身，明確指出權力由女性非有之立場來操控，「擁有」陽物之陽性主體需要異己來確認，而因

此成爲「延伸」意義的陽物[13]。

這個存在論式的特徵敘述，預設了存在的表象或效果總是由表意結構所造成。象徵界的秩序就由相互排除的「擁有」陽物（男性立場）以及「作爲」陽物（矛盾的女性立場）的立場，來創造文化可感知性。這些立場的相互依賴度令人想起黑格爾所述主人與奴隸間沒有互動性的結構，特別相關的是主人不預期對奴隸存有依賴，是藉著這個對照來建立他自己的身分[14]。然而，拉岡把這齣戲投射在幻影的領域中。在這個「作爲」和「擁有」分離的二元語彙中，每一個建立身分的努力都回歸無可避免的「缺乏」與「喪失」作爲它們幻影建構的基礎，也指出象徵界(the Symbolic)以及真實界(the real)的不可捉摸性。

如果對於象徵界的理解，是無法完全證實爲真實的文化普遍性表意結構，我們可以很合理地問道：何者（人或物）在這個跨文化事業中表意何者（人或物）？然而，這個問題侷限於預設一主體爲意符，一客體爲意旨的框架中，也就是哲學思維內的傳統知識二元論(epistemological dichotomy)，先決於結構主義主體移位的說法。拉岡對這個表意體系提出

---

[13]作爲陽物即是「化身」陽物作爲它插入之處，但也代表一個回歸的保證，回到個人分化之前的極樂(preindividuated jouissance)，亦即對於母親的關係不作區分。

[14]我寫了一整章討論拉岡採用黑格爾的主人與奴隸辯證，名爲〈拉岡：慾望的不透明性〉("Lacan: The Opacity of Desire")，詳見我的《慾望的主體：二十世紀法國的黑格爾反思》(*Subjects of Desire: Hegelian Reflections in Twentieth-Century France*. New York: Columbia University Press, 1987)。

質疑。他置兩性關係於某種條件下，藉以暴露出說話者的「我」為壓抑的陽性化本質，那是一套擺出獨立自主、自我奠基的主體姿態，但它的連貫性被性的立場——即是那些在身分形成過程中受到該主體排除的性立場——所質疑。對拉岡而言，主體開始存在——也就是說主體開始作為語言內自我奠基的意符——的特定條件，取決在對於個人分化之前的亂倫歡愉的原初壓抑，而這歡愉與（現在受到壓抑的）母體相關。

陽性主體只是看似創造意義並由而表意。該主體似是自我奠定的自主性試著隱藏壓抑之實，這個壓抑同時作為自身基礎卻又動搖自身根本的無限可能。但是意義構成的過程需要女人反映出陽性力量，並隨處再確認它幻覺般自主事實的力量。這個任務很讓人困惑，至少可以這麼說，當女人反映陽性主體／意符自主力量的要求成為建構該自主性的基本條件時，這個極度依賴基礎實際上阻擾了它應該要發生的作用。但進一步而言，這個依賴性雖然被否認，也為陽性主體所**追求**，因為女人作為再確認的記號**就是**被取代的母體，徒勞而熱切地允諾追回個人分化之前的極樂。由此，陽性特質的衝突似乎就在於要求自主性的全面認同，因為這個自主性也會導致回歸那些壓抑與個人分化實施之前的全面歡愉。

女人被說「是」陽物，是指她們維持力量去反映或再現自我奠基的陽性主體「真實」，這個力量如果被抽回，陽性主體立場的基礎幻覺就會瓦解。要「作為」陽物，反映及保證鮮明的陽性主體立場，女人們必須成為、必須「作為」

（就「作出好像如此」的意義而言）男人正好不是之物，然後於男人的匱乏中建立他們的基本功能。因此，「作為」(being)陽物，永遠是「作為是為了」(being for)，尋求再確認與增強身分的陽性主體，透過認可「作為是為了」陽性主體者而達到目的。拉岡強烈駁斥**男人**表意**女人**或**女人**表意**男人**的概念。建立「作為」以及「擁有」陽物之間的區分和交換的是象徵界，亦即父系法。當然，這個失去互動性的模式，部份的喜劇層面在於男性和女性兩方的立場都是被表意的，意符屬於象徵界，那是永遠無法為任一方以超出表徵形式(token form)呈現的領域。

作為陽物即是為父系法所表意，同時為其客體與工具，而且，以結構主義的語彙來說，是它權力的「記號」與保證。因此，女人作為父系法藉以延伸自身力量及出現模式之構成或表意的交換客體(object of exchange)，被稱之為陽物，也就是陽物持續散播的表徵。但是「作為」陽物必是不令人滿意的，以致女人無法全面反映法律；有些女性主義學者認為這需要女人揚棄自身慾望（事實上為雙重放棄，根據佛洛伊德所宣稱奠立陰性特質的「兩波」壓抑）[15]，亦即是該慾望的徵收(expropriation)，便為不欲成為任何事物而僅僅為反

---

[15]佛洛伊德認為女性特質的達成需要雙重的壓抑：「女孩」不但需要轉移對母親的力比多執著至父親身上，還要把這個慾望從父親移轉到較可接受的目標上。有關一個拉岡理論幾乎為神話式的說明，參照波特(Catherine Porter)翻譯，寇夫曼(Sarah Kofman)的《女人之謎：佛洛伊德作品中的女人》(*The Enigma of Woman: Woman in Freud's Writings*. Ithaca: Cornell, University Press, 1985)，143-148頁；法文原版為*L'Enigme de la femme: La femme dans les textes de Freud*(Paris: Editions Galilée, 1980).

映物的慾望,符合陽物普及需求的保證者。

就另一方面而言,男人被說是「擁有」陽物(Phallus),然而從來不「是」陽物,因為陰莖(penis)不與法制等同,而且永無可能完全象徵法制。因此,任何努力去佔住「擁有」陽物的立場必然或者前提上已經不可能,結果為「擁有」及「是」兩個立場,以拉岡的話來說,最終被理解為喜劇的失敗,然而卻被強迫闡釋和演繹這些一再重複的不可能性。

但一個女人如何「出現」為陽物,代表與確認陽物的那個匱乏呢?根據拉岡的說法,是透過扮裝(masquerade)而做到,其憂鬱效果對如是之女性立場而言很重要。在他早期論文〈陽物的意義〉("The Meaning of the Phallus")中,他提及「兩性關係」:

> 且說這些關係會圍繞著存在和擁有打轉,他們談及陽物這意符,因而有衝突之實,在某一方面惠予該意符的主題真實感,就另一方面而言,會使被表意的關係不真實化[16]。

在這句子之下幾行,拉岡似乎提及陽性主體的「真實」表象以及異性戀的「不真實」。他也似乎提及女人的立場(括號內為我的插語):「從取代'擁有'的'似是'的介入來

---

[16]拉岡,〈陽物的意義〉,收錄於米契爾(Juliet Mitchell)和羅斯編輯,羅斯翻譯的《陰性化性意識:拉岡和佛洛伊德學派》(*Feminine Sexuality: Jacques Lacan and the École Freudienne.* New York: Norton, 1985),83-85頁。自此之後,該文章的頁數指引會直接見於本文中。

看【無疑地，取代是必要的，因爲女人被說是沒'有'】，在一方面用以保護它，而另一方面則隱藏它的匱乏。」雖然句中沒有文法性別，拉岡似乎在敍述以「匱乏」爲特色的女性立場，因此需要隱藏，而且在某個不明的意義下需要保護。拉岡接著陳述這個情勢製造的「效果，爲兩性理想或典型的行爲表現，直至並包括性交，都是完全挺進喜劇領域的。」（84頁）

　　拉岡繼續爲這異性戀喜劇作說明，解釋女人被迫「似乎作爲」(appears as being)陽物之舉無可避免地爲**扮裝**[譯註1]。這個詞語很重要，因爲它暗示著衝突的意義：就一方面而言，如果「存在」──陽物的存在論明述──就是扮裝，那麼它似會把所有存在都削減爲表面形式、存在的表象，結果所有性別存在論都可能被降級爲表象的遊戲。就另一方面而言，扮裝暗示有一「存在體」或陰性特質的存在論明述**先決於**扮裝，有一陰性慾望或要求被隱藏、可能會洩漏，這的確可能造成陽物理體中心表意經濟最終的阻擾和移位。

　　在拉岡分析的曖昧性結構中至少可以分辨出兩個非常不同的任務。就一方面來說，扮裝可以被理解爲性存在論的踐履性製品(performative production)，一個使自己看來很像是「存在」的表象；就另一方面而言，扮裝可被解讀爲陰性慾望的否認，預設某些先決性的存在陰性特質，規律地不爲陽物經濟再現。伊瑞葛萊於此提到「扮裝……是女人所爲……以能加入男人的慾望，但條件是必須放棄她們自身的慾望。」[17]

---

[17]伊瑞葛萊，《此性非一》(*Ce sexe qui n'en est pas un*. Paris: Éditions de

第一項任務會引起對性別存在論的批判性反省，以爲諧擬的
建構（解構），而或許，會探索「表象」和「存在」間遊走
不定的區分鬆動的可能性，那是性存在論「喜劇」層面的極
端化，而拉岡只有片面論及。另一個任務會引發除去扮裝的
女性主義策略，以求恢復或釋放在陽物經濟的範圍內被壓抑
的僅存陰性慾望[18]。

　或許這些方向選項不是像表面上看來那樣相互排除，
因爲表象在任何時刻總會變得比較可疑。拉岡的論點和西
維葉(Joan Riviere)論文〈女性特質作爲扮裝〉("Womanliness
as a Masquerade")對於扮裝意義的反思，在他們對扮裝到底掩
蓋住什麼的詮釋上，有很大的差別。扮裝是否必須爲被否定

Minuit, 1977)，131頁。

[18]女性主義文學有關扮裝的討論範圍廣闊，在這裡把有關扮裝的分析，限
制於相關表達與踐履性問題。換句話說，這裡的問題在於是否扮裝隱藏
了一個可能被感知爲真正或真實的陰性特質，或扮裝是否爲陰性特質及
其「真實性」爭議製造的憑藉。有關女性主義採用扮裝的較完整討論，
見佟恩(Mary Ann Doane)，《所欲之慾望：1940年代的女性電影》(*The
Desire to Desire: The Woman's Film of the 1940's.* Bloomington: Indiana
University Press, 1987)；〈電影和扮裝：女性觀眾理論〉("Film and
Masquerade: Theorizing the Female Spectator")，載於《銀幕》(Screen)，
第23卷，3-4號，1982年9月－10月，74-87頁；〈女人的賭注：拍攝女
性身體〉("Woman's Stake: Filming the Female Body")，載於《十月》
(*October*)，第17卷，1981年夏季號。史匹娃提出一鞭辟入中的女人
即爲扮裝的解讀，引用尼采與德希達，詳見她的〈移位以及女人的
論述〉("Displacement and the Discourse of Woman")，收錄於庫普尼克
(Mark Krupnick)編輯的《移位：德希達與德希達之後》(*Displacement:
Derrida and After.* Bloomington: Indiana University Press, 1983)。亦可參照
羅素(Mary Russo)的〈女性怪異：狂歡節與理論〉("Female Grotesques:
Carnival and Theory")，編寫中的論文，威斯康辛大學米耳瓦奇校區
(University of Wisconsin Milwaukee)二十世紀研究中心(Center for Twentieth-
Century Studies)，1985年。

的陰性慾望的結果，因之作爲匱乏，然而卻必須以某種方式
出現？扮裝是否**屬於**該匱乏之否定結果，目的在作爲陽物而
出現？扮裝是否建構陰性特質爲陽物的反映，以便僞裝雙性
戀的可能性，否則可能擾亂異性戀化陰性特質的完美建構？
扮裝是否如西維葉所示，把侵略和報復的恐懼轉化爲引誘與
調情？它是否主要用來隱瞞或壓抑一既定的陰性特質、一個
會產生對陽性主體不從異數的陰性慾望，暴露陽性特質必然
的失敗？或者扮裝爲陰性特質本身**最初**建立的憑藉，身分形
成的排除性實踐，藉之有效排除陽性而將其安置於陰性性別
立場疆域之外？

拉岡在上述引語後繼續說：

> 這個說法聽來雖然很矛盾，但女人會放棄她陰
> 性特質的部份精髓—尤其是所有透過扮裝得來的屬
> 性—以求成爲陽物，也就是對異己慾望的意符。她
> 期望以己身所非之物爲人所欲所愛。但她發現自身
> 慾望的意符，在她求愛對象的身體中。當然我們不
> 該忘記被賦予這表意功能的器官，產生戀物(fetish)
> 的價值。(84頁)

如果這未明言的「器官」，推測爲陰莖（就像希伯來文
的雅未【Yahweh】，從不說出來），是個戀物，爲什麼我
們如此容易忘記它，像拉岡所認定的？什麼是那個必須被放
棄的「陰性特質的精髓」？是否，再一次地，它是未明言的
部份，一旦被放棄就成爲匱乏？或者是否就是那個必須放棄

的匱乏，讓她能被視為陽物本身？這個「精髓部份」的不可明喻性是否就如屬於男性「器官」的不可明喻性，總是有被忘記的危險？那個健忘性是否正是在女性扮裝的中心構成壓抑？是否認定的陽性特質必須被放棄，為的是現身為具確認能力的匱乏(the lack that confirms)，而因此是為陽物，或者它是個陽物的可能性，必須被否定以便成為具有確認能力的匱乏？

拉岡澄清自己的立場，提到「面具的功能……支配身分確認，藉此拒絕的愛可得到解決」(85頁)。換句話說，面具是憂鬱的合併策略一部份，戴上既失客體／異己的屬性，在此失落為拒絕的愛的結果[19]。面具「支配」以及「解決」那些拒絕，意味著挪用(appropriation)是個策略，透過它，那些拒絕自身也被拒絕──這個雙重否定透過吸收實際上失落兩次的憂鬱，藉以加強身分結構。

很重要的一點，在拉岡把對面具的討論和女同性戀的說明做了連結。他宣稱「女同性戀的導向，如觀察所示，隨著失望而行，對愛的需求這方面因失望而增強」(85頁)。誰是觀察者，而什麼被觀察了，在此都很方便地被略過，但是拉岡視他的評論對有興趣看的人來說都是理所當然。從「觀察」得知的是女同性戀的基礎失望，這失望則喚起經由扮裝支配／解決的拒絕；也還「觀察」到女同性戀受制於強化的理想化境地，犧牲慾望來達成對愛的追求。

---

[19]在本章下一節，〈佛洛伊德和性別的憂鬱〉，我試著陳述憂鬱的中心意義，憂鬱即是訴諸亂倫禁忌被背誓的憂傷所造成的結果，而該禁忌透過組織某些背誓失落的形式，來奠立性立場和性別。

　　拉岡繼續這個段落對「女同性戀性意識」的討論，提出之主張我在之前約略引述過：「這些意見應該被認可，藉著回歸面具的功能，【亦即】支配身分確認，藉此，愛之拒絕可望得到解決」，而如果女同性戀被感知為失望的**結果**，「如觀察所示」，那麼這個失望必須出現，而且要明顯地出現，以便能被觀察到。如果拉岡認定女同性戀由對異性戀的失望而起，如觀察傳言而示，對觀察者而言，異性戀起於對同性戀的失望，不是也一樣明顯嗎？是否被「觀察」到的是女同性戀的面具，若是這樣，什麼樣明顯的表現提供證據確定「失望」、「取向」(orientation)、以及為（理想化）愛的需求所換置的慾望？或許拉岡所指，明顯觀察到的是女同志的去性化(desexualized)地位、拒絕的體內化(incorporation)而看似無慾[20]。但我們可了解這結論為異性戀化和陽性的觀察觀點必然之結果，而在此被塑造為異性戀的陽性觀察者，很明顯地被拒絕了，只因性意識被認定為異性戀的，女同志性意識就被當做對性意識本身的拒絕。的確，這個說法不正是令觀察者失望的拒絕的後果，而他的失望被否認與投射出來，轉為有效拒絕他的女人們的主要特徵？

　　在典型的代名詞混淆之處，拉岡沒有說清楚誰拒絕誰。然而，作為讀者，我們該了解這自由浮動的「拒絕」，以一重要方式與面具連結。如果每個拒絕最終是對其他某些現在或過去連結的忠誠，拒絕同時也是保存。面具因而隱藏這失

---

[20]很重要的一點，是拉岡文本對女同性戀的討論近乎對冷感的討論，就好似以轉喻來意指女同性戀構成對性意識的否定。在本文中對「否定」運作之進一步討論，已作出明白規劃。

落,但透過隱藏來保存(且否定)這失落。面具有雙重的功能,即是雙重的憂鬱功能。藉著體內化的過程戴上面具,亦即一種銘刻、而後佩戴憂鬱的身分確認於身上;實際上,這是在被拒絕的異己模式內的身體表意。每個拒絕都經由採用而被支配,都是失敗,而拒絕者成為被拒絕者身分的部份,更確切地,是被拒絕者心靈的垃圾桶。失落的客體從不是絕對的,因為它在心靈/肉體的疆界中被重新分配,而疆界會被延伸至包容那失落。這點在更廣闊的憂鬱軌道中找出性別體內化的過程。

西維葉的論文〈女性特質作為扮裝〉[21]發表於1929年,介紹女性特質(womanliness)為扮裝的概念,這是攻擊性及衝突解決方面的理論。這個理論第一眼看似與拉岡的扮裝分析中性立場的喜劇大為分歧。論文起始,談到瓊斯(Ernst Jones)的女性性類型學發展的異性戀與同性戀形式,評論非常中肯。然而她把重點放在模糊異性戀和同性戀疆界的「中度類型」(intermediate type)上,而隱約質疑瓊斯分類系統的敘述能力。在一個和拉岡簡單提及的「觀察」能相通的說法中,西維葉訴諸世俗的感知(perception)或經驗來認可她對這些「中度類型」的強調:「在日常生活中,各類型的男人和女人經常遇見在發展上主要是異性戀者,卻明白地表現出屬於

---

[21]西維葉,〈女性特質作為扮裝〉("Womanliness as a Masquerade"),收錄於布爾金(Victor Burgin)、唐納(James donald)和卡布藍(cora Kaplan)編輯的《幻想的形成》(*Formations of Fantasy.* London: Methuen, 1986),35-44頁。該文初次發表於《國際精神分析期刊》(*The International Journal of Psychoanalysis*),1929年第19卷。自此後,凡提到該論文頁碼即出現在正文內。亦可參照奚斯(Stephen Heath)精闢的論述,〈西維葉與扮裝〉("Joan Riviere and the Masquerade")。

另一性的強烈特色」（35頁）。在這裡最明顯的是控制和架構這個屬性混合感知的分類系統。很明顯地，西維葉對於什麼表現自身那一性的特徵，以及那些明顯的特徵如何去表達或反映一種表面的性取向，一開始就採取一套很固定的概念[22]。這個感知或觀察不但假定了特徵、慾望和「取向」之間的相互關係[23]，而且透過這個直覺行為本身創造出統一性。西維葉認定的性別屬性和自然歸化的「取向」間的結合，似乎為維諦格稱之為「想像形成」(imaginary formation)的性之一例。

然而，西維葉質疑這些自然歸化的類型，透過訴諸精神分析說明，在「衝突間戲」("interplay of conflicts")中找出混合性別屬性的意義（35頁）。很重要的是她把這種精神分析理論，與把女人身上看似「陽性」屬性的存在縮減為「極端或

[22]有關此等平庸推論的當代論斥，詳見牛頓(Esther Newton)和華騰(Shirley Walton)的〈誤解：更精確的性辭彙〉("The Misunderstanding: Toward a More Precise Sexual Vocabulary")，收錄於凡斯(Carole Vance)編輯的《歡愉和危險》(*Pleasure and Danger*. Boston: Routledge, 1984)，242-250頁。牛頓和華騰區分色情身分、色情角色以及色情行為，並說明極端的不延續性可能存在於慾望的形式和性別的形式之間，以致色情喜好無法直接從社會脈絡的色情身分介紹中推論出來。雖然我覺得她們的分析很有幫助（而且勇敢），但我不知道這種範疇是否特定用於論述脈絡中，以及是否那種性意識的片段化、分割為組合的「部份」，是否只在作為反策略來駁斥把這些語彙縮減為一的不當，才有其意義。

[23]性「取向」的概念為胡克斯(Bell Hooks)在著作《女性主義理論：從邊緣到中心》(*Feminist Theory: From Margin to Center*. Boston: South End Press, 1984)中恰如其分地質疑。她主張物化對所有被指定為慾望目標的某一性成員們送出錯誤的開放訊息。雖然她斥責這個字是因為它質疑所敘述者的自主性，我要強調「取向」本身很少──如果還有的話──是固定的。顯然地，它會依時間而改變，而且對於絕非單一性的文化重述保持開放性。

基礎傾向」的理論，做了對照。換句話說，獲得這些屬性以
及異性戀或同性戀取向的達成，是經由衝突的解決所致，目
標在壓制焦慮。西維葉引用費倫茲(Ferenczi)以建立與她的解
釋互為類比的說法：

> 費倫茲指出……同性戀男人誇大他們的異性戀
> 意識來「護衛」他們的同性戀傾向。我會試著證明
> 想有陽性特質的女人可能會戴上女人味的面具，來
> 避開焦慮，以及男人報復的恐懼。（35頁）

什麼是同性戀男人據說要展示的「誇大」形式的異性
戀，並不是很清楚，但這裡要注意的現象，可能只是同性戀
男人看來可能與他們異性戀的兄弟並無兩樣。這種缺乏明顯
區分方式或表象、可被診斷為症候化的「防禦」，只因主角
的同性戀男人，不符合分析家從文化刻板印象歸納和支持
的同性戀概念。拉岡式的分析可能論稱所謂同性戀男人「誇
大」任何歸為異性戀的屬性，是嘗試著要「擁有」陽物，牽
涉主動和異性戀慾望的主體立場。同樣地，「想有陽性特
質的女人們」的「面具」可被解釋為棄絕「擁有」陽物的努
力，用以避開那些必須透過閹割才能達成的報復。西維葉說
明對於報復的恐懼，是女人取代男人這幻想的結果，或更精
確地說，取代父親的幻想的結果。在她審視的個案中──被
認為是自傳性的個案──和父親的競爭意識並沒有強過對母
親的慾望，如同預期地，但卻強過父親在公共論述中作為說
話者、演說者、作者的地位──也就是說，作為一個符號的

使用者，而不是符號客體，交換的物件。這個閹割的慾望可能被感知爲放棄女人作爲符號之地位的慾望，以求出現爲語言之內的主體。

的確，西維葉那同性戀男人和戴面具女人的比喻，以她的看法，不是男性和女性同性戀的比喻。陰性特質的持有者，是「想有陽性特質」、但卻恐懼因陽性特質的公開表現而招致報復後果的女人；大約來說，陽性特質的持有者，爲尋求隱藏——不是從別人面前，而是從自己眼前藏起來——表面的陰性特質的男同性戀。女人心知肚明地戴上扮裝的面具，意欲隱藏她的陽性特質於她想閹割的男性觀衆之前。但同性戀男人被說是誇大他的「異性戀傾向」（意謂一種可以讓他混充爲異性戀的陽性特質？）作爲不自覺的「防禦」，因爲他不能承認自己的同性戀傾向（或者，如果他是分析師也不會承認？）。換句話說，同性戀男人無意識地自我報復，同時欲求與恐懼閹割的結果。男同性戀不「知道」他的同性戀傾向，雖然費倫茲和西維葉顯然很清楚。

但是西維葉知道她所敘述扮裝的女人的同性戀意識嗎？當論及她自己建立的類比對應之時，那個「想有陽性特質」的女人只在支持男性身分認證的條件下才是同性戀，但不是在性傾向或慾望方面。西維葉再次引述瓊斯的類型學，彷若它是陽物的護盾，她制定了一個「防禦物」來指定女同性戀這階層爲無性的，被感知爲扮裝的類型：「他的第一群同性戀女人，雖然對其他女人沒有興趣，仍希望從男人處得到對她們陽性特質的'認可'，並要求與男人們平起平坐，或換句

話說，成爲男人本身」（37頁）。跟拉岡一樣，在此女同志被表意爲無性的立場，正如拒絕性意識的立場。爲使稍早與費倫茲的類比更完整，這個敘述似乎引發有關女同性戀意識**爲性意識**的「反彈」，於此被解爲「同性戀男人」的自發結構。但是，與針對女性之性慾無關的女同性戀意識敘述，無法去清楚地解讀。西維葉想讓我們相信這奇特的類型異常，無法被縮減爲受壓抑的女同性戀意識或異性戀意識。被隱藏的不是性意識，而是憤怒。

一個可能的詮釋，是扮裝的女人想有陽性特質，以便以男人身分和男人們進行公共對話，成爲男性同性情色交換的一部份。正因爲男性情色交換欲表意閹割，她畏懼刺激同性戀男人「防禦」動機的同樣報復。的確，或許女性特質作爲扮裝，本在偏離男同性戀意識——作爲霸權論述的前提，即伊瑞葛萊所指之「男／同性戀」(hommo-sexuality)。不管怎樣，西維葉讓我們覺得這種女人維持男性身分，不是要在性交換中佔據一個立場，而是要競逐一不存在的性目標，或至少沒有她願意名之的目標。

西維葉的文本提供一個方式再思考這問題：扮裝時被面具掩蓋的是什麼？西維葉在一關鍵段落提出分歧於瓊斯侷限性的分類系統分析，指出「扮裝」不只是「中度類型」的特色，而是所有「女人味」(womanliness)的中心：

讀者現在可能會問我如何定義女人味，或我從

> 何處畫線區分真正的女人味與'扮裝'。然而，我的
> 建議不是說真有如此的區分；不管是極端或是表面
> 的，它們都是一樣的事物。（38頁）

這個拒絕假定有一先決於模仿行爲的陰性特質以及面具的論點，爲奚斯(Stephen Heath)在〈西維葉和扮裝〉中提出，以佐證「真正女人味是如此的模仿行爲，**就是扮裝**」的概念。奚斯倚賴力比多爲陽性的認定特徵，做出結論說陰性特質爲該性慾的否定，「基礎陽性特質的掩飾。」[24]

陰性特質成爲一個支配／解決陽性身分確認的面具，因爲陽性身分確認在認定的異性戀慾望母模中，會製造對女性客體（也就是陽物）的慾望；因此，戴上陰性特質的面具可能揭示對女同性戀、以及被拒絕的女性異己的誇大內化之拒絕──這是一種奇怪的保存和保護方式，護著的是強制性異性戀諄諄心靈教誨之下，那種負面的憂鬱與自戀範圍中的愛。

西維葉可能被解讀爲畏懼自身的陽物主義(phallicism)[25]──也就是說，畏懼自己在演講、寫作中不慎暴露陽物身分，更確切地，畏懼寫作這陽物主義──這個她在論文中同時隱藏與喚起的陽物主義。然而，這可能與她自身的陽性身分較無關連，而牽涉到作爲其特色的陽性異性戀慾望，那是

---

[24]奚斯〈西維葉和扮裝〉，45-61頁。

[25]奚斯指出，身爲知識女性的的西維葉要爭取得到精神分析機構認可所要面對的情勢，與她在文中描述的受精神分析者有強烈平行傾向──若非最終的認定相同。

她藉著成為自己禁止去愛的對象，試著同時去否認與喚起的慾望。這裡所遭遇困境的製造母模，把所有欲求女人的任何性或性別的主體都設為源自陽性、異性戀的立場。力比多為陽性的說法，是認定所有可能的性意識的源頭[26]。

在此性別和性意識的類型學需要讓位給性別文化生產的論述說明。如果西維葉所分析的是沒有同性戀意識的同性戀，可能因為那個選擇已經拒絕她；這禁制的文化存在於論說空間中，決定和區分她為說話者和她主要的男性聽眾。雖然她害怕她的閹割願望被知悉，她否定對於一般的慾望對象有所質疑，而她所承認的陽性身分確認如果沒有這慾望對象，會缺乏認定和主要的記號。的確，她的說法預設侵略性的主導性高於性意識、閹割和取代陽性主體的慾望———一個公認深植於競爭意識的慾望，但對她來說，該慾望在換置的行為中磨損了自己。但可以問的有幫助的問題是：這種侵略性支持什麼樣的性幻想，而它授權於什麼樣的性意識？雖然佔據語言使用者立場的權利，是受精神分析者侵略性的表面目的，我們可以問是否不是沒有排斥陰性化事物之實、在語言之內為這個立場鋪路，而且無異地再出現為陽物－異己，幻影般地確認說話主體的權威？

那麼我們可能要重思陽性特質與陰性特質概念本，二者在此被建構為深植於無法解決的同性戀投注(homosexual cathexes)之中。同性戀意識的憂鬱拒絕／支配在內化同性慾

---

[26]羅絲，參照米契爾和羅斯編輯的《陰性化性意識》(*Feminine Sexuality*)，85頁。

望目標之時達於極點，再出現於分明界定之性「本質」的建構，這些本質需要並組織與己身相對之物，也藉著排除達成目的。假定雙性戀的首要地位或力比多的主要特徵屬於陽性，仍無法解釋這些不同「首要性」的建構。某些精神分析解釋以為，當陽性為雙性戀心靈組成的一「部份」時，所謂陰性特質是基於排除陽性化部份。這種二元共存得到認定，壓抑與排除便介入而從二元中塑出分明的性別「身分」，結果是身分總是已經存在於雙性戀傾向中，但這雙性戀經壓抑被分割為其組成之部份。就某種意義而言，這文化的二元限制表現出文化來臨之前的雙性戀(precultural bisexuality)態度，進入「文化」時期則與之切割為眾所熟悉的異性戀。然而，從一開始，對性意識的二元限制即顯示，文化不可能比它所要壓抑的雙性戀來得晚：它構成可感知的母模，依此母模，原初的雙性戀才可以想像。被認為心靈基礎並據說之後被壓抑的「雙性戀」，是一個宣稱先決於所有論述的論述製造，由規範性異性戀的強制性和生產性排除實踐而達成。

拉岡式的論述中心點在「一個疆界」的概念，是一個主要或基礎的分裂，讓主體內部分開而且建立性的二元制。但是為什麼獨獨把陷入二元分立作為重心？在拉岡的語彙中，似乎區分永遠是法律的**效果**，而不是法律行動之前的條件。羅絲說道，「對兩性而言，性意識必須觸及破壞它基礎區分的表中不一，」[27]在此她指出透過壓抑引起的性區分，無異地為身分的策略本身所破壞。但不是先決於論述的二元性破

---

[27]羅絲〈引言－II〉("Introduction-II")，參照米契爾和羅斯編輯的《陰性化性意識》，44頁。

壞了性區別領域內每個立場的單一姿態嗎？羅絲很有說服力地提到「對拉岡而言，如我們所見，沒有先決於論述的真實（'如何回到論述之前的真實，若不是有特殊論述之外的憑藉？'SXX，33頁），現有而且可以追溯的法律之前並沒有空間。」對於伊瑞葛萊爲陽物經濟以外的女性書寫爭取空間的努力，羅絲的間接批評就是再加上一句，「而且語言之外並沒有陰性的存在。」[28]如果禁制創造出性意識的「基本區分」，而且如果該「區分」因其劃分的人工性而表中不一，那麼一定有個區分**抗拒**區分的行爲，一個心靈的二元性或內含的雙性戀，來破壞每個分割的努力。把這個心靈二元性視爲法制的**效果**爲拉岡明示之目的，但是他理論中的抗拒觀點也是如此。

無疑地，羅絲主張每個認同就是因爲把幻影作爲理想而必招致失敗時，的確有其道理。任何一個制定發展過程的精神分析理論，如果預設既定的父子或母女認同的達成，就是錯把象徵界與真實混爲一談，而錯失了不可共量性(incommensurability)的重要論點，而未能揭露「認同」(identification)和「作爲」及「擁有」陽物的戲劇都是不變的幻影[29]。然而，決定幻影的領域、規範象徵界和真實的不可記量性的規則爲何？光說這齣戲劇對西方、晚期資本主義家

---

[28]同上，55頁。

[29]羅絲批評沙福昂(Moustapha Safouan)的作品，特別是他沒有理解象徵和真實的無法共量性那個部分，參照他的《佛洛伊德教條中的陰性性意識》(*La sexualité feminine dans la doctrine freudienne*. Paris: Éditions de Seuil, 1976)。我很感激維德(Elizabeth Weed)和我討論拉岡的反發展動力(anti-developmental impetus)。

庭有其效用，而或許在某些仍須再定義的時代，某些其他的象徵界體制會支配性存在論的範圍，是明顯不夠的。把象徵界體制化爲不變的幻影，這「不變」(invariably)晃入「無可避免」(inevitably)的領域，便繁衍出促使文化停滯的性意識敘述。

在解讀拉岡時，能感知先決論述前提的不可能性，所提出的批評就能把法制概念化爲兼具禁制性與生產性。生理學或生理傾向的語言在此沒有出現是好現象，但二元限制仍然運作以框架和規劃性意識，並預先限制它對「真實」抵抗的形式。畫出受制於壓抑的領域之時，排除已經比壓抑先行運作─也就是說，限定法制和臣服於它的對象。雖然可以說對拉岡而言，壓抑藉由禁制和父系法製造被壓抑者，這個論點無法解釋他作品中對失去的極樂盈滿的濃郁鄉愁。的確，這個損失無法被理解爲損失，除非那個無法追回的歡愉沒有指定一個被禁制法排除於當前的過去。我們無法從奠基主體的立場得知那過去，這並不表示該過去不會在主體論述裡再浮現爲隙縫(fêlure)、不延續、轉喻的滑動性(metonymic slippage)。如同真正的本體真實(noumenal reality)對康德而言存在，極樂存在於司法建立之前的過去，無法由口述語言得知，然而，這不表示這個過去沒有真實性。這個過去的不可及性，如當代語言以轉喻滑動所指示的，確認原始的豐盈爲最終的真實。

更進一步的問題浮現：能相信一個需要順從無法實行的法制、而且無法依該法制本身和其文化再規劃的形貌做

彈性調整的象徵界說法嗎？由象徵界設定的方式強制人人有性(become sexed)的法令總導致失敗，而且在某些情況下，會揭露出性身分本身的幻影性質。象徵界宣稱要在當前與霸權的形式下成爲文化可感知者，有效地鞏固那些幻影的權力，以及各種身分認證失敗的戲劇。其他的選擇並不是代表身分認證應該成爲可行的成果。對於法制之前的「失敗」、謙卑和限制卻似有著浪漫化、甚或宗教的理想化傾向，使得拉岡式的敘述在意識形態上顯得可疑。無法達成的司法命令以及「法律之前」無可避免的「失敗」之間的辯證，讓我們想起舊約聖經裡的神和祂那些順從卻得不到報償的僕人的屈辱。性意識現在把那種宗教性的欲力具體爲對愛要求的形式（被視爲「絕對」的要求），這個要求有別於需求和慾望二者（一種全然凌駕於性意識之上的狂喜超越【ecstatic transcendence】），給予象徵界更多的可信度，使其對人類臣民而言就如無法觸及但決定一切的神祇。

拉岡理論裡的宗教悲劇結構有效破壞任何文化政治的策略，來爲慾望的戲劇配置另類的想像。如果象徵界保證它命令的任務失敗，或許它的目的像舊約中神的目的一般，都是完全非目的論的——不在於完成某個目標，而在完成順從與受難，藉以加強「臣民」在「法律之前」的限制感。當然，這個戲劇的喜劇層面，在身分實現永遠都不可能的事實公開時，也流露了出來。但即使這個喜劇，也是受奴役於自稱無法克服的神祇而有的反向表達。

拉岡理論必須被解爲一種「奴隸道德」。拉岡的理論，

在採用尼采《論道德系譜學》(On the Genealogy of Morals)的
卓見加以重新規劃後,如何使得神、無法觸及的象徵界,被
恆常構築自身無力感(powerlessness)的權力(權力意志)轉為
無法觸及者[30]?把父系法賦形為無可避免且不可知的權威,
在這權威之前被定了性的主體必然失敗,這點必須被解讀
為神學刺激所引起的動機,以及對於神學(而又超越神學之
外)的批評。保證失敗的法律之建構是奴隸道德的症候,背
誓了它用以建構永遠不可能的「法制」的生產性力量。創造
出反映這無可避免的臣服虛構體的力量是什麼?把權力維持
在自我否定的範圍內的文化風險為何,而權力如何能從作為
該權力的掩飾(dissimulation)和自我屈從(self-subjection)的禁
制法陷阱中,重新被要回來呢?

III.佛洛伊德和性別的憂鬱

雖然伊瑞葛萊主張陰性特質的結構和憂鬱「相應

---

[30]有關尼采的奴隸道德分析,參照考夫曼(Walter Kaufmann)翻譯,尼采
《論道德系譜學》(*On the Genealogy of Morals*. New York: Vintage, 1969)。
在這裡以及其他作品中,尼采論及神是權力意志所創造出來之自我貶低
的行為,要從這個自我臣服的建構中回復權力意志是有可能的,要透
過重新要回那製造出神的思想和(很矛盾的)人類的無能之高度創造力。
傅柯的《規訓與責罰》明顯地以《論道德系譜學》為本,最明顯者為
〈第二篇論文〉("Second Essay")和尼采的《日出》(*Daybreak*)。他對生
產及司法權力的區分也清楚地深植於尼采對意志的自我臣服的分析。以
傅柯的話來說,司法法律的建構為生產法律的結果,但在這個建構中生
產力量建立起自己的隱匿與從屬性。傅柯對拉岡(參照賀禮翻譯之《性
意識史,第一冊,序》81頁)以及壓抑假設的批判,一般集中於司法法
律過分決定性的地位。

對」[31]，克莉斯蒂娃在〈貝里尼所說的母性〉(Motherhood According to Bellini)和《黑太陽：沮喪和憂鬱》(*Soleil noir: Dépression et mélancolie*)[32]中把母性和憂鬱歸爲一體，仍然很少有人嘗試去理解異性戀框架之下，在性別製造過程中的同性戀的憂鬱否認／保存(melancholic denial/preservation)。佛洛伊德把憂鬱症的機制分解爲「自我形成」和「個性」要素，但有關憂鬱症對性別的中心地位，僅只言及而已。在1923年的《自我與本我》(*The Ego and the Id*)中，他闡述哀悼的結構爲自我形成的初期結構，這議題在他1917年的論文〈哀悼與憂鬱症〉("Mourning and Melancholia")中已可見端倪[33]。佛洛伊德論稱，在失去所鍾愛的人時，自我據云會把

---

[31]伊瑞葛萊，《另一面女人的反射鏡》，66-73頁。

[32]參照克莉斯蒂娃的《語言中的慾望：文學與藝術的符號學探索》（羅笛亞斯【Leon Roudiez】編輯，*Desire in Language: A Semiotic Approach to Literature and Art*. New York: Columbia University Press, 1980)；《黑太陽：沮喪和憂鬱》(*Soleil noir: Dépression et mélancolie*. Paris: Gallimard, 1987；英譯本爲羅笛亞斯翻譯，(*Black Sun: Depression and Melancholia*. New Yrok: Columbia University Press, 1989)。克莉斯蒂娃在後者中對憂鬱的解讀，部份是基於克萊恩(Melanie Klein)的作品。憂鬱是弑母的欲力，針對女性主體而因此與被虐狂(masochism)的問題相聯結。在該文本中，克莉斯蒂娃似乎接受原初侵略性(primary aggression)的概念，根據原始侵略對象以及他們拒絕犯下最深切想望的謀殺方式，來區分不同的性。陽性的立場因之被瞭解爲外在導向的虐待狂(sadism)，而陰性是內在導向的被虐狂。對克莉斯蒂娃而言，憂鬱是種「官感的悲傷」("voluptuous sadness")，似與藝術創造的昇華相聯結。這昇華的最高形式似乎集中於受難之源頭。結果是克莉斯蒂娃結語會促而稍具爭議性，頌揚充分闡述人類行動的悲劇結構現代主義傑作，而譴責後現代主義嘗試肯定——而不是受苦於——當代的心靈破碎。有關憂鬱在〈貝里尼所說的母性〉("Motherhood According to Bellini)中扮演的角色，參照本文第三章第一節，〈克莉斯蒂娃的身體政治〉。

[33]有關佛洛伊德對於哀悼和憂鬱症、它們跟自我和性格形成的關係，以及

那個人融入自我的結構中而帶有其屬性，並透過神奇的模仿
行為「維持」那人。失去所欲求和愛的那個人，透過一特殊
的認同行為把那人包容在自我的結構中，而得到補償：「因
此，藉著進入自我中，愛能逃避滅絕」（178頁）。這個認
同不只是暫時或偶發的，而是成為一個新的身分結構；事實
上，經由他人屬性的永久內化，他人成為自我的一部份[34]。
在因為失落而瓦解的矛盾關係中，那個矛盾變得內化而成自
我批判或自我貶低的傾向，而他人在這之中的角色現在則為
自我佔據和指使：「自戀地與客體認同因此成為色情投注
(erotic cathexis)的替代品，結果是儘管與所愛者有了衝突，
這個情愛關係仍不須被放棄」（170頁）。之後，佛洛伊德
清楚表示內化和維持失去所愛的過程，對自我的形成與其
「對象選擇」(object-choice)有決定性影響。

在《自我與本我》中，佛洛伊德提及〈哀悼與憂鬱症〉
中敘述的內化過程並談到：

他對戀父/母情結(Oedipal conflict)選擇性的解決方式之討論，參照佛洛
伊德，〈自我與超我（理想自我）〉("The Ego and the Super-Ego (Ego-
Ideal)")，見西維葉翻譯，史塔拉其(James Strachey)編輯之《自我與本
我》(*The Ego and the Id*. New York: Norton, 1960。原出版於1923年)。我
很感激史瓦柏(Paul Schwaber)建議我參考這章。有關〈哀悼與憂鬱症〉
("Mourning and Melancholia")的引文，詳見由立浮(Philip Rieff)編輯的
佛洛伊德(Sigmund Freud)，《一般心理學理論》(*General Psychological
Theory*. New York: MacMillan, 1976)，在本文其後亦會出現。

[34]有關「認同」的有趣討論，見沃海姆(Richard Wollheim)的〈認同和想
像：心靈機制的內部架構〉("Identification and Imagination: The Inner
Structure of a Psychic Mechanism")，收錄於沃海姆編輯的《佛洛伊德：
論文選集》(*Freud: A Collection of Critical Essays*. Garden City: Anchor
Press, 1974)，172-195頁。

藉著【在那些受苦的人之中】設定一已經失去
而後在自我之內再建立起來的對象——也就是一個被
認同所取代的投注對象——我們成功地解釋憂鬱症的
痛苦混亂。然而,在那之時我們沒能完全察覺這過
程的重要性,而不瞭解它是如何平常以及如何地典
型化。自此以來,我們已經感知這種替代對於決定
自我的形式有其重要角色,以及它對於建立被稱之
為「個性」之物,具有重大的貢獻。(18頁)

然而,隨著〈自我與超我(理想自我)〉["The Ego and
the Super-Ego (Ego-Ideal)"]這章的進行,所敘述的不只是
「個性」,亦是性別身分的獲得。在主張「可能這個認同是
本我可以放棄其對象的唯一條件」時,佛洛伊德指出憂鬱症
的內在性策略並不與哀悼的工作**對立**,但可能是讓自我能熬
過喪失與他人重大情感維繫的唯一方式。佛洛伊德接著主張
「自我的個性是被拋棄的投注對象之沈澱物,因而含有那些
選擇對象的歷史」(19頁)。這個把失去的愛內化的過程對
性別形成有其相關性,我們可以想到在各個功能中,亂倫禁
忌引發對自我的情愛對象之喪失,而自我透過把禁忌的慾望
對象內化而從失落中恢復。在禁制的異性戀結合例子中,被
拒絕的是對象,而不是慾望的模式,以致慾望偏離該對象而
轉至另一性的其他對象。但是在禁制的同性戀結合例子中,
很清楚地是慾望和對象兩者都需要放棄,而因此任憑憂鬱症
的內在性策略影響。因此,「小男孩藉著與父親認同來應付
父親」(21頁)。

　　在第一個男孩－父親認同的形式中，佛洛伊德推測該認同的發生沒有先前的投注對象（21頁），意味著這個認同並非失去的愛或禁制兒子去愛父親的結果。然而，佛洛伊德稍後確實認定主要的雙性戀為個性和性別形成過程中的複雜要素。依據雙性戀那一套力比多性向(libidinal disposition)的認定，沒有理由去否認任何兒子對於父親原始的性愛，但佛洛伊德卻明顯地將其否決。然而男孩對母親還維持原初的投注，佛洛伊德表示雙性戀於是在男性和女性行為中顯示出來，男孩據此行為嘗試著引誘母親。

　　雖然佛洛伊德引介戀母情結來解釋為什麼男孩必須拒絕母親、並採用矛盾的態度面對父親，他隨後表示，「甚至有可能把對雙親的關係所顯現的矛盾完全歸咎於雙性戀，而這不像我之前所說明的，是從認同競爭意識結果發展出來的」（23頁，注釋1）。但是什麼決定這種案例中的矛盾？很明顯地，佛洛伊德意在建議男孩必須選擇的不只兩個對象的選擇，而是兩種性立場，陽性的和陰性的。那麼，男孩通常選擇異性戀則不是恐懼被父親閹割的結果，而是恐懼閹割——亦即恐懼在異性戀文化之內，男同性戀與「女性化」產生聯想。事實上，必須被懲罰和昇華的不主要是對母親的異性戀色慾，還有同性戀投注，必須把它附屬於文化上核准的異性戀之下。的確，如果主要是雙性戀而不是戀母戲劇的競爭意識，製造了男孩對陰性特質的拒絕以及他對父親的矛盾性，那麼投注於母親的首要性變得加倍可疑，以此推之，作為男孩對象投注(object cathexis)之原初異性戀亦如是可疑。

　　不論男孩對母親的拒絕原因爲何（我們將處罰人的父親視爲競爭對手，還是禁止自己作爲慾望對象的慾望對象？），拒絕成爲佛洛伊德稱之爲性別「鞏固」的奠定時刻。要放棄視母親爲慾望對象，男孩不是透過與她的認同而把失落內化，就是移置他的異性戀依戀，在此情況下他對父親的依戀加強，而因此「鞏固」他的陽性特質。如同鞏固的比喻所表示，很明顯地有些許部份的陽性特質可在心靈地圖、脾性、性潮流和目標中找到，但它們四散而無組織，不爲異性戀目標選擇的獨一性所約束。的確，如果男孩棄絕目標和對象兩者，而因此也棄絕異性戀投注，他把母親內化而建立一個女性超我，消溶、分解陽性特質，鞏固女性力比多性向以取而代之。

　　對年輕女孩而言，戀父情結(Oedipal complex)也可以是「正面」（同性認同）或「負面」（異性認同）；因亂倫禁忌而失去父親，可能不是造成與失去對象的認同（鞏固陽性特質），就是與對象的目標偏離，而在此情況中異性戀勝過同性戀而找到一替代的對象。在他有關年輕女孩的負面戀父情結的簡短結語中，佛洛伊德提到女孩性向中的陽性特質和陰性特質的強或弱，決定會形成什麼樣的認同因素。很重要的是當佛洛伊德在其主張的中途插入「——不管那可能包含什麼——」的連字號疑慮時，他承認了對於到底什麼是陽性或陰性的性向(disposition)仍有所困惑（22頁）。

　　這些讓佛洛伊德自己明顯失敗的原初性向爲何？這些性向是否爲一無意識力比多組織的屬性？由於戀父／母衝突

(Oedipal conflict)而建立起來的各種認同究是如何運作以加強或削減這些性向？「陰性特質」的那一層面可被我們稱為性向，而哪一個是認同的結果？確實，是什麼讓我們無法瞭解雙性戀「性向」為一系列內化的**結果**或**產物**？進一步而言，我們如何在一開始就認出「陰性」或「陽性」性向？什麼跡象使該性情能為人所知，而我們認定「陰性」或「陽性」性向至何等程度為異性戀對象選擇的先決條件？換句話說，雖然認定原初雙性戀(primary bisexuality)，我們仍然在一開始就採用異性戀的慾望母模，而這點至何等程度會左右我們解讀對父親的慾望為陰性性向的證據？

以陰性或陽性**性向**為底的雙性戀概念化，把異性戀目標作為它們特意的相關連結，暗示著對佛洛伊德而言，**雙性戀是在單一心靈中兩個異性戀慾望的巧合**。事實上，陽性性向從不是導向以父親作為性愛(sexual love)的對象，陰性性向亦非以母親為對象（年輕女孩可能為如此，但那是在她棄絕她天性中的「陽性」性向之前）。在拒絕母親為性愛對象之時，女孩因其需要而放棄其男子習氣，而很矛盾地，結果「確定」了她的陰性特質。因此，在佛洛伊德的原初雙性戀理論中，並沒有同性戀意識，只有異性相吸。

但佛洛伊德給我們證明此等性向的證據為何？如果沒有辦法區分透過內化而得來的陰性特質以及絕對的天生性向，那麼所有特定性別相吸為內化結果的結論是否該預先排除？在什麼樣的基礎上性向的性意識和身分被歸於個人身上，而我們在一開始能給予「陰性特質」和「陽性特質」什麼意

義？從充滿問題的內化作爲出發點，讓我們先考慮內化的認同在性別形成中的地位，其次，內化的性別相互吸引力與內化認同的自我處罰性憂鬱症間的關係。

在〈哀悼與憂鬱症〉中，佛洛伊德詮釋憂鬱者自我批判的態度爲失去情愛對象的內化結果。正因爲那個對象已失，即使關係仍然維持矛盾和沒有解決，對象被「帶入內部」自我，於此爭執神奇地再續，如心靈兩部份的內部對話。在〈哀悼與憂鬱症〉中，失去的對象在自我之中被建立爲批判性的聲音或力量，原先對該對象的憤怒反轉過來，以致內化的對象現在能嚴責自我：

> 如果耐心傾聽眾多紛紜的憂鬱者的自我控訴，最終無法避免有這種印象，這些控訴之中最劇烈的常常不是可以直接施及患者本身，但經過稍微修飾則像更適用於他人，一個患者所愛的人，所愛過或應該要愛的人……這些自我責備是針對一個被移至患者自我中的情愛對象（169頁）。

憂鬱者拒絕接受對象的失落，而內化就成爲神奇地復活失去對象的策略，不僅因爲失落的痛苦，而且因爲對該對象的矛盾感要求對象被維持著，直到差異得到解決爲止。在此篇早期的論文中，佛洛伊德視悲傷爲性慾投注從對象的撤回，以及該投注成功轉到一個新的對象身上。然而，在《自我與本我》中，佛洛伊德修改這哀悼和憂鬱的區別，主張和

憂鬱症相關的認同過程可能是「能讓本我放棄它的對象之唯一條件」（19頁）。換句話說，與失去之所愛認同這典型的憂鬱症特色，成爲哀悼進行的先決條件。這兩個過程，原先視爲相對的，現在被理解爲哀傷過程中內部相連的層面[35]。在其較晚期的觀點中，佛洛伊德說明失落的內化是補償性的：「當自我認定對象的特徵時，它強迫自己，就是說，在本我的失落上說：『瞧，你也能愛我——我與那對象是如此相像』」（20頁）。嚴格來說，放棄該對象不是對投注的否定，而是其內化，而因此是種保存。

自我和它失落的愛永久共存的心靈的類型學到底爲何？很明顯地，佛洛伊德把自我與理想自我的永恆伴侶概念化，而那永恆伴侶是作爲不同種類的道德行動力。自我內化的失落重建爲這道德審查(moral scrutiny)的能動性一部份，原先對於其對象所感到的外在形式之憤怒與責難的內化。在內化的行爲中，無可避免地爲失落本身所提升的憤怒和責難，被轉向內部而且維持在那中；換句話說，自我建構一個方式來反對自己。的確，佛洛伊德警告了這個理想自我的超級道德(hypermoral)可能性，推至極致之時，會引發自殺的動機[36]。

---

[35]亞伯拉罕(Nicholas Abraham)和脫羅克(Maria Torok)舉出哀悼與憂鬱症重合的例外，詳見以下注釋123。

[36]有關贊同作爲處罰機制的超我以及理想自我間應有分別的精神分析理論—— 顯然佛洛伊德在《自我與本我》中沒有做出區分——可參照沙瑟潔史密傑爾(Janine Chasseguet-Smirgell)的《理想自我：一篇有關理想疾病的心理學論文》(*The Ego-Ideal, A Psychological Essay on the Malady of the Idea*l. New York: Norton, 1985，由Paul Barrows翻譯，Christopher Lasch作序)，法文原版爲L'ideal du moi。她的文本用了一個天真的性意識發展模式，把同性戀降格而且規律性地挑起有

內部理想自我的建構也牽涉了性別身分的內化。佛洛伊德提到理想自我(ego ideal)是戀父／母情結的解決法，而因此為成功地鞏固陽性和陰性特質的工具：

> 然而，超我不只是本我最早的對象選擇的沈澱物：它也呈現一個富有活力的反應－形成(reaction-formation)反對這些選擇。它和自我的關係不因為訓誡而疲乏：「你應該像這樣（像你的父親。）」它也包含了禁制：「你不可以像這樣（像你的父親）─也就是說，你不可以盡做他所做的事，有些事是他的特權。」(24頁)

理想自我因此作為內部核准與禁忌的能動性，根據佛洛伊德的說法，這個能動性透過慾望的適當再引導和昇華，可以鞏固性別身分。以父母親為戀愛對象的內化必然受意義反轉的折磨；父母親不但被禁止為戀愛對象，而且被內化為**禁制**或保留(withholding)的戀愛對象。理想自我的禁制功能因此運作來禁止、或實際壓抑對父母親的慾望表達，但也開拓了一個內部「空間」來**保存**那份愛。由於戀父／母困境的解決方案可為「正面」或「負面」，對異性至親的禁制可能導致認同那位失去至親之性(sex)，或是對該認同的拒絕而結果偏離異性戀慾望。

作為一套核准和禁忌來把關的理想自我，規範與破壞陽性和陰性的認同。因為認同代替了客體關係(object relations)，

關女性主義和拉岡的論戰。

而且認同為失落的結果，性別認同便為一種把禁制對象之性內化為禁制的憂鬱症。這個禁制批准和規範分明的性別身分，以及異性戀慾望的法則。戀父/母情結的解決影響了性別認同，所本的不只亂倫禁忌，還有在亂倫禁忌之前的同性戀禁忌。結果造成與同性戀情愛對象的認同，因而內化同性戀投注的目標和對象。因憂鬱症而有的認同是保存無法解決之對象關係的模式，而在同性的性別認同案例中，無法解決的對象關係都不變地為同性戀。的確，性別吸引力愈堅決和穩固，原本的失落就愈無法解決；依此嚴格的性別界限無可避免地隱藏了原始之愛的失落，而這愛沒有得到承認，就沒有辦法解決。

但很明顯地，不是所有性別認同都基於成功地落實對同性戀的禁忌。如果陰性和陽性的性向是有效把該禁忌內化，而如果同性對象失落的憂鬱從融入的行為找到出路，事實上透過理想自我的建構而**成為**該對象，那麼似乎證實了性別身分主要是構成身分的禁忌之內化。進一步來說，這個身分為該禁忌持續的施加來建構並維持，不只在符合分別的性範疇的身體風格(stylization)方面，並且在性慾的「性向」("disposition")[譯註2]建構上也是如此。性向的語言從一個動詞形式（**to be disposed—感覺願意**）轉移為名詞形式，在過程中凝聚（**to have dispositions—有了性向**）；「性向」的語言因此觸及一個虛假的基礎主義，是易感的結果，透過禁忌的效果成形或被「鎖定」。因此，性向不是心理的原初性事實(sexual facts)，但是製造出文化以及同謀、重新評估的理想

自我行為強加的法律效果。

憂鬱症者經由於各種不同方式失去所愛對象：分離、死亡、或一情感聯繫的破裂。然而，在戀父／母情況下，失落由**禁制**所斷定，附帶一套處罰。那麼，作為戀父／母困境之「解答」的性別認定憂鬱症，必須被理解為內在道德指令之內化，從外界施加的禁忌得到其結構和力量。雖然佛洛伊德沒有明白地為其辯解，但似乎同性戀的禁忌必然**早於**異性戀的亂倫禁忌；同性戀禁忌事實上製造了異性戀「不適性」(indisposition)，戀父／母情結因之成為可能。帶著亂倫的異性戀目標走進戀父／母戲劇的年輕男孩和年輕女孩，已經為禁制所約束，被安排於("dispose")分明的性愛方向。因此，佛洛伊德假定為原始或性生活的構成事實之性向，是內化來製造與規範分明的性別身分和異性戀的法律效果。

這些性向不是基礎，它們是一種過程，目的在隱藏自己的系譜源來。換句話說，「性向」是一頁強加的性禁忌歷史的痕跡，而這歷史不見經傳，禁忌又試圖使其無法辨識。從性向的假定起始以獲取性別的敘事體，有效地排除敘事的出發點，不讓它暴露敘事體實為禁忌本身自我擴張的策略。在精神分析的敘事體中，性向被禁忌訓練、鎖定以及鞏固，而該禁忌稍後以文化之名壓制不受拘束的同性戀投注造成的紛亂。從視禁忌法為該敘事體起始時刻的敘事角度看來，這法律以「性向」的形式製造出性意識，並在隨後虛假地再現，以轉化這些明為「自然」的性向成為文化上可接受的異族通

婚的親族關係。法律系譜建構出那個現象，卻在建構之後宣
稱自己只負責引導或壓抑，爲了隱藏該系譜法律執行了第三
個作用：這法律形態在一個以心理事實爲出發點的因果關係
敘事體中，建立己身爲邏輯延續性的原則，排除了以更激進
系譜學，去探尋性意識和權力關係的文化根源的可能性。

　　反轉佛洛伊德隨性的敘事體，以原初性向爲法律影響
的確實意義爲何？在《性意識史》第一冊中，傅柯批評認定
原始慾望的壓抑假設（不是拉岡語彙中的「慾望」，而是
極樂），維持了壓抑性法律這方面的存在完整性(ontological
integrity)以及時間上的前置性(temporal priority)[37]。根據傅柯
的說法，這法律隨後使該慾望沈寂，或轉爲次要、必然使人
不滿之形式或表達（換置）。傅柯論稱，被認爲同是原始和
壓抑的慾望，爲抑制性法律本身的效果。結果法律製造出
壓抑性慾望的空想，使它自己的擴張策略理性化；在此以及
別處，司法律法與其說是施行壓抑的功能，不若該被重新構
思爲有生產性或生產力的論述實踐——談到論述因爲司法律
法製造出壓抑慾望的語言學虛構，用以維持它自己作爲目的
論工具(teleological instrument)的立場。所論之慾望帶有「壓
抑」的色彩，其程度乃至於法律構成其脈絡框架；的確，法
律如此認同並激化「壓抑慾望」，散佈該辭彙，並實際上爲
了稱之爲「壓抑慾望」的自覺和語言的陳述經驗騰出空間。

　　亂倫的禁忌以及隱含的同性戀禁忌，是個壓抑性的法

---

[37]參照傅柯，《性意識史，第一冊》，81頁。

令,認定在「性向」概念之內有一原始慾望,該性向之原始
同性戀力比多的方向性受到壓抑,而製造出換置了的異性戀
慾望現象。這幼兒發展後設敘事體(metanarrative)的特殊結構
以性的性向為先決於論述、時間上為初期、存在上分明的驅
力(drive),具有其目的,而因此在出現於語言和文化之前就
有意義。進入文化範疇使該慾望偏離其原本意義,結果慾望
在文化之中必為一系列之移置。因此,壓抑性法律有效製造
異性戀,並不只作為負面或排除的密碼,也是批准令與——
更切題地——論述法律(law of discourse),區分可言者於不可
言者(限定並建構不可言者的範圍),合法的於不合法的。

IV.性別的複雜性與認同的限制

前述拉岡、西維葉及佛洛伊德《自我與本我》的分析,
提供不同版本互別苗頭,說明性別認同如何運作——更確切
地說——是否有辦法來「運作」。性別的複雜性和不和諧,
能為多種文化上不和諧之認同的多重性和交集來解釋嗎?
或者,是否所有認同的建構是透過排除質疑那些認同的性意
識?在第一個問題中,多重認同可以構成變動和重疊認同之
非層級形態,質疑任何單一性別屬性的首要性。在拉岡的理
論框架中,認同被認為固定於「作為」和「擁有」陽物的二
元分裂(binary disjunction)之內,結果是被排除的二元變數陰
魂不散,繼續干擾任一者的連貫姿態。被排除的變數是受到
排除的性意識,挑戰主體故步自封的自負,並挑戰主體所謂

了解它慾望來源與對象的宣稱。

　　大體而言，關心精神分析的認同問題的女性主義論者常把重心放在母系認同的問題，尋求從母系認同以及／或牽涉該認同和困難之觀點的母系論述(maternal discourse)，來闡釋女性知識論立場。那方面很多論述都極度重要且明顯地有影響力，但也因而佔據正在形成的女性主義理論經典(canon)的霸權地位。此外，這個論述傾向於強化該二元、異性戀化的框架，把性別刻定爲陽性和陰性的，而排除男同志和女同志文化特色中那種顛覆和諧擬交集(subversive and parodic convergences)的適當敘述。然而，克莉斯蒂娃非常偏頗地(very partial)處理該母系論述(maternalist discourse)，有關她那偏頗的符號驅力(the semotic)爲象徵界的母系顛覆的敘述，在下一章會詳細探討。

　　什麼樣顛覆的批判性策略和來源是至此討論過的精神分析論述的結果？似乎訴諸無意識作爲顛覆的來源有其道理，但先決條件爲父系法被理解爲嚴苛和普遍性的決定論，使得「身分」成爲固定和幻影化之事物。即使我們接受身分的幻影化內容，沒有理由假定確立該幻想條件的法律，對歷史的變易和可能性無動於衷。

　　相對於預先固定身分的象徵界之奠定法律，我們可以重新思索構成認同的歷史，而不預設一既定的奠定法。雖然父權法的「普遍性」在人類學的範圍中可能被質疑，很重要的一點，是該法律在任何既定歷史脈絡中維續的**意義**，不若

拉岡式解釋表面承認的單一以及決定性有效。應該有可能提供一圖示標明各色各樣的認同方式，是如何順服或無法順服文化上強加的性別完整性標準。自傳性敘事體的構成認同(constitutive identifications)，總是在敘述中有所偏祖地製造出來的。拉岡主張我們不能說自己根源的故事，正因爲語言把說話主體從它言語的壓抑性慾源頭前阻擋住；然而，父系法建立主體的奠定時刻似乎以後設歷史(metahistory)的方式運作，我們不只能夠而且應該把故事說出來，即使主體的奠定時刻、法律的制定，都像無意識般早先於說話的主體。

源自精神分析理論的有關認同的另類觀點，提出多重和共存的認同製造性別形態內部的衝突、合流和新的不和諧，質疑父系法之下陽性與陰性的配置之固定性。事實上，多重認同的可能性（不是最終可簡化爲固定在陽性和陰性的立場內主要或奠基的認同）指出法制(the Law)並非決定性，以及「該」法律("the" law)可能不是單數。

截至目前爲止，有關認同意義或顛覆可能性的論辯沒有釐清到底那些認同位在何處。據云保存了認同的內部心靈空間，只在我們能感知該內部空間爲另一個心靈作用的幻想地點時，才有其意義。心理學家樹佛(Roy Schafer)在論稱「體內化」(incorporation)是種幻想而不是過程時，似乎與亞伯拉罕(Nicholas Abraham)和脫羅克(Maria Torok)看法一致；置入對象的內部空間是想像出來的，而且是在可以招喚和把這空間物化的語言之內來想像[38]。如果經由憂鬱來維持的認同被

---

[38]樹佛(Roy Schafer)，《精神分析的新語言》(*A New Language for Psycho-*

「體內化」了，那麼會留下一個問題：這體內化的空間在何處？如果不是如字面所言在身體裡面，或許是在身體**之上**如其表面表意，以致身體本身必須被解釋爲體內化的空間。

亞伯拉罕和脫羅克曾論稱內攝(introjection)爲一過程，以達成哀悼的工作（目標於此不但失去，而且被承認爲失去）[39]。就另一方面而言，體內化更適切地屬於憂鬱，背誓或被中止的哀傷的狀態，而對象以某種方式神奇地被維持於「身體內」。亞伯拉罕和脫羅克指出，哀悼典型的失落體內化建立一**空白空間**(empty space)，照字義上解釋爲空口

Analysis. New Haven: Yale University Press, 1976)，162頁。另外可參照榭佛在其著作《內化的各層面》(Aspects of Internalization. New York: International University Press, 1968)中較早期的幾種內化的區分—內攝(introjection)、體內化(incorporation)、認同(identification)。有關內化(internalization)和認同(identification)這些辭彙的精神分析史，詳見麥思納(W. W. Meissner)的《精神分析的內化》(Internalization in Psychoanalysis. New York: International University Press, 1968)。

[39]亞伯拉罕和脫羅克的這段討論乃基於〈服喪**或**憂鬱，內攝－體內化，後設心理學真實及幻影〉("Deuil ou mélancholie, introjecter-incorporer, réalité métapsychologique et fantasme")，收錄於《果皮及果核》(L'Écorce et le noyau. Paris: Flammarion, 1987)。這討論的部份英文見於亞伯拉罕和脫羅克，〈內攝－體內化：哀悼**或**憂鬱症〉("Introjection-Incorporation: Mourning or Melancholia")，收錄於樂柏維其(Serge Lebovici)和偉多拉克(Daniel Widlocher)編輯的《精神分析在法國》(Psychoanalysis in France. New York: International University Press, 1980)，3-16頁。亦可參照兩位作者的〈幽靈筆記：佛洛伊德後設心理學補充〉("Notes on the Phantom: a Complement to Freud's Metapsychology")，收錄於梅爾札(Françoise Meltzer)編輯之《精神分析之（諸）試驗》(The Trial(s) of Psychoanalysis. Chicago: University of Chicago Press, 1987)，75-80頁；以及〈精神分析的詩學：失落的目標－我〉("A Poetics of Psychoanalysis: 'The Lost Object-Me'")，載於《實質》(Substance)，43卷，1984，3-18頁。

(empty mouth)，成為言語和表意的條件。力比多從失落對象成功移置，透過同時表意及移置該對象的文字(words)的形成而達成；這個原本對象的移置本質上為隱喻性的活動(metaphorical activity)，以文字「比擬」空白並超越它。內攝被感知為哀悼的工作，但是體內化，因其意指失落的**神奇**解決方式，帶有憂鬱特質。內攝建立隱喻的可能性，而體內化為反隱喻性，正因為它主張失落為極度不可名狀之物；換句話說，體內化不只是無法講出或承認失落，還侵蝕了比喻表意本身的條件。

如同拉岡派的觀點，對亞伯拉罕和脫羅克來說，拒絕母體是象徵界之內的表意條件。他們更論及這原初的壓抑奠立個人化和重要言語的可能性，於此言語必為隱喻性的，也就是意指的慾望對象永遠都在移置。事實上，作為戀愛對象的母體的失落，被理解為建立了空白空間，而文字便從這空間中發源而出。但是這失落的拒絕——憂鬱——無法為文字所換置；的確，母體的位置被建立於身體內，用他們的話來說就是「密碼化」，而且在那兒得到永久居所，作為死亡以及正在死去的身體部份，或為各種幻影佔據或者附身。

當我們視性別身分為憂鬱的結構時，選擇「體內化」作為認同達成的方式有其道理。的確，根據以上計畫，性別身分的建立，是透過對失落的拒絕而在身體內自設密碼，實質上決定生人相對於死體。作為反隱喻性的活動，體內化把失**落落實於**身體之**上**或其**內**，而看似身體的現實性(facticity)，即身體承受「性」為字面上真實的憑藉。歡愉和慾望在既定

「性感」帶("erotogenic" zones)的局部化和／或禁制，正是那種散佈身體表面的性別區分的憂鬱。失去歡愉的對象解決之道，是經由該歡愉的體內化以及以下的結論，說歡愉的決定和禁制都經由性別區分法律的強制效果。

當然，亂倫禁忌比同性戀禁忌包含更廣，但是在藉以奠立異性戀身分的異性戀亂倫禁忌中，失落承受一如哀傷。然而，在藉以奠立異性戀身分的同性戀亂倫的禁制案例中，失落由憂鬱的結構來維持著。佛洛伊德論稱，異性戀對象的失落造成該對象移置、但不是異性戀的目標移置；就另一方面來說，失去同性戀對象則必失落目標**以及**對象。換句話說，對象不只失落，而且慾望完全被否定，諸如「我從未失去那人且從未愛過那人，的確從來未曾感覺到那種愛意。」通過全面性的否認軌道，能更安全地守住那份愛的憂鬱保存。

伊瑞葛萊的論點，說佛洛伊德作品中的憂鬱結構和已發展陰性特質(developed femininity)的結構很相似，指的是具完全發展陰性特質、構成「兩波」壓抑("double wave" of repression)的對象和目標二者的否定。對伊瑞葛萊而言，對閹割的體認引發年輕女孩「極度無法再現的'失落'。」[40]憂鬱症因而為女人精神分析的規範，取決於她表面上想有陰莖的慾望，而這慾望則便利地不再能被感受或知道。

伊瑞葛萊那充滿嘲諷引言的解讀，正確地揭露佛洛伊德文本中，明顯充斥著對於性意識和陰性特質的發展性宣稱。如她所示，該理論有其他可能的解讀，超出、反轉和移置佛

---

[40]伊瑞葛萊，《另一面女人的反射鏡》，68頁。

洛伊德陳述之目標。試想同性戀投注、慾望和目標一同的否決──爲社會禁忌驅使、經發展階段得致的否決──造成憂鬱的結構，有效地關閉該目標和對象於肉體空間內、或由持久否決所建立的「地穴」("crypt")之內。如果同性戀的異性戀否決造成憂鬱症，而且如果憂鬱症經由體內化來運作，那麼所背誓的同性之愛透過培養定義相反的性別身分來保存。換句話說，背誓的男性同性戀意識在強化或鞏固的陽性特質中達到高點，視陰性特質爲無法想像且無法名之。然而，承認異性戀慾望導致一個從原始至其次的對象換置，正是佛洛伊德認定爲一般哀傷的特色，亦即力比多的脫離(detachment)與再附著(reattachment)。

很明顯地，對一個無法想像異性戀慾望的同性戀者而言，大有可能透過憂鬱的體內化結構、一份不被承認或不爲哀悼的愛之認同和具體化，來維持異性戀意識。但是在此，顯然異性戀拒絕承認對於原初同性戀的依附(attachment)，是被禁制同性戀意識的文化所強加的，與憂鬱同性戀的例子並無同等軌跡可循。換句話說，異性戀憂鬱的文化建立與維持，爲穩定性別身分所要求的代價，而該性別身分則透過與其對立的慾望來維繫。

但是什麼樣的表面和深度語言適切地表達這憂鬱的體內化效果？這問題的初步解答可以在精神分析的論述內找到，但是較全面的了解見於本書最後一章，思考性別於演出之中，踐履性地構成它自身內部固定性的表象。然而，於此視體內化爲幻想的主張，暗示認同的體內化爲字面化的幻想

(fantasy of literalization)或把**幻想字面化**(literalizing fantasy)[41]。身體的字面化正是透過憂鬱結構的本質，隱藏了系譜來歷，而於「天然事實」的範疇下毛遂自薦。

維持著字面化的幻想意味著什麼？如果性別分野隨著亂倫禁忌以及之前的同性戀禁忌而至，那麼「成爲」("becoming")一個性別是一個費力的**自然歸化**過程(process of becoming naturalized)，需要在訂定性別意義的基礎上區分身體歡愉和身體部份。歡愉據云存在於陰莖、陰道和胸部，或自它們散發出來，但這種敘述與已經被建構或自然歸化爲特定性別的身體相對應。換句話說，身體的某些部份成爲可預見的歡愉集中點，正因爲它們與特定性別身體的規範性理想相呼應。歡愉在某些意義上爲性別的憂鬱結構所決定，該結構中有些器官於歡愉之前如槁木死灰，另一些則是如獲新生。哪些歡愉能存活，而哪些會死去，往往是看身分形成發生的性別規範母模內，哪些歡愉切合身分形成之法定實踐[42]。

---

[41]參照樹佛，《精神分析的新語言》，177頁。在這章及他較早作品《內化的各層面》中，樹佛清楚表示內化空間的比喻爲幻影的建構，但不是過程。這點明顯地與亞伯拉罕和脫羅克提出的主張「體內化僅僅是再確認自我的幻想」("內攝－體內化"，5頁)有趣地不謀而合。

[42]很明顯地，這是維諦格《女同志身體》(*The Lesbian Body.* New York: Avon, 1976，【彼得】歐文[Peter Owen]譯本)的理論基礎，書中提出異性戀化的女性身體受到區劃分隔(compartmentalized)且對性無反應。透過女同性戀做愛去支解(dismembering)和憶起(remembering)該身體的過程，演出一場「反轉」("inversion")，揭露所謂整合(integrated)的身體實爲完全分解(disintegrated)且去情色化(deeroticized)，而「表面上」分解的身體在身體的整個表面仍可以感受性歡愉。很重要地，這些身體沒有穩定的表面，因爲強制性異性戀的政治原則是去決定可作爲整體、已完成和獨立

變性人常宣稱性歡愉和身體部份之間的極度不延續性。很多時候歡愉所需必須身體部份的想像參與，不管是我們實際上可能不擁有的附肢(appendage)還是開口(orifices)，或者，類似地，歡愉可能需要想像誇大或縮小的一套身體部份。當然，慾望的想像地位並不限於變性身分，慾望的幻影性質揭露了身體並不是其範圍或成因，而是其**場合**(occasion)與**對象**(object)。慾望的策略，部份為欲求身體本身的變貌(transfiguration)。的確，為了能欲求，可能必須去相信一個改變的身體自我(altered bodily ego)[43]，在想像的性別規則中可能套得進有能力欲求的身體需求中。慾望的想像條件，總是超越它憑藉(through)或在其上(on)運作的肉體。

永遠都已是文化符號的身體，對自身引發的想像意義設限，卻從來未能免於想像的建構。幻想出來的身體無法相對於真實的身體去理解，只能相對於另一個文化上組織出來的

分別的身體。維諦格的敘事體（亦即為反敘事體）質疑了那些文化上建構的身體完整性概念。

[43] 身體表面為投射的概念，部份在佛洛伊德的「身體自我」("the bodily ego")觀念中討論到。佛洛伊德的宣稱「自我首先而且先決地為身體自我」（《自我與本我》，16頁），主張有一身體的概念決定自我的發展。佛洛伊德接著上述句子再說：「【身體】不只是表面存在體，它本身即為表面的投射。」有關佛洛伊德觀點有趣的討論，參照沃海姆(Richard Wollheim)的〈身體自我〉，收錄於沃海姆和霍普金斯(James Hopkins)編輯之《有關佛洛伊德的哲學論文集》(*Philosophical Essays on Freud.* Cambridge: Cambridge University Press, 1982)。有關「皮膚自我」("the skin ego")的精闢說明——但很可惜沒有考慮到它本身對性化之身體說法的隱含意義——參照安慈耳(Didier Anzieu)，《我－皮膚》(*Le moi-peau.* Paris: Bordas, 1985)，英文翻譯本見圖納(Chris Turner)所譯之《皮膚自我：自身的精神分析理論》(*The Skin Ego: A Psychoanalytic Theory of the Self.* New Haven: Yale University Press, 1989)。

幻想被理解──那個宣稱自己「確鑿」("literal")與「真實」("real")的幻想。「真實」的限制在身體的自然歸化異性戀過程(naturalized heterosexualization)中形成,於此肉體的事實便作為原因、慾望來反映該肉體性無從制止的結果。

慾望和真實的體內化──也就是說,相信慾望為身體的部份,像是引起快感和慾望的「確實的」陰莖、「確實的」陰道──正是那種具有憂鬱異性戀症候特色的確實幻想。在憂鬱異性戀底部被背誓的同性戀意識,再浮現為不證自明的性生理事實,於此「性」指定生理、「自然身分」以及「自然慾望」的模糊結合。失落被否決與體內化,而這個轉變的系譜完全被忘卻和壓抑。有性之別的身體表面因而出現為自然(歸化)的身分與慾望的必要符號。同性戀的失落被拒絕,而愛意在身體部份中維續著或加上密碼(encrypted),在顯為生理特徵的性事實中字面化。在這裡我們看到一般字面化的策略,作為遺忘的形式,而在字面化的性生理學案例中,「忘卻」了想像,也連帶著忘了可想像的同性戀。在憂鬱的男異性戀案例中,他不曾愛過別的男人,他是男人,可以訴求經驗論的事實找到例證。但是生理特徵的字面化不但無法證明什麼,而且是歡愉的確實限制,把歡愉侷限於尊為男性身分符號的那器官。對父親的愛被儲存在陰莖中,為無動於衷的否認所保護著,被集中於陰莖的慾望便以該持續的否認為其結構和任務。的確,女人作為對象必定表示他不但不曾感到同性戀的慾望,而且從未為其失落而傷悲。確實,

女人作爲符號必定有效地移置以及隱藏異性戀之前的歷史，
用以神化天衣無縫的異性戀。

V.重畫禁制為權力

雖然傅柯的基礎主義系譜學批判，爲以上的李維史陀、
佛洛伊德和異性戀母模的解讀做出若干指引，還是需要更精
確地感知精神分析、壓抑性的司法法律如何製造與繁衍它
試圖控制的性別。女性主義論者被性差異的精神分析解說所
吸引，部份是因爲伊底帕斯以及前伊底帕斯(pre-Oedipal)動
力似乎提供一個方式來追溯性別的原初建構。禁止和批准階
層以及二元性別立場的亂倫禁忌，可以重新被構思爲具生產
價值的力量，偶然製造出若干性別的文化形態嗎？亂倫禁
忌是否受制於傅柯所提出的壓抑假設的批判？女性主義對該
批判的配置該爲如何？這種批判會發動一個計畫，攪亂異性
戀母模強加於性／性別的二元限制混淆了嗎？很明顯地，
對李維史陀、拉岡和佛洛伊德最有影響力的女性主義解讀之
一爲魯賓在1975年出版的〈交易女人：性的'政治經濟學'〉
("The Traffic in Women: The 'Political Economy' of Sex")[44]。雖
然傅柯沒有出現在該文章中，魯賓有效地爲傅柯式批評準備
舞台。魯賓自己稍後把傅柯用在她激進的性理論[45]作品中，

---

[44]見第二章，注釋4。自此之後引用該論文的頁數直接出現於本文中。

[45]魯賓，〈思考性：激進性意識政治理論的筆記〉("Thinking Sex: Notes
for a Radical Theory of the Politics of Sexuality")，收於《歡愉及危險》，
267-319頁。魯賓在1979年的西蒙波娃《第二性》會議上發表的權力和
性意識介紹，觸發我自己思路上有關女同志性意識的建構地位重大的轉
變。

回顧這一點──我們不禁要問，她那篇有影響力的論文，被置於傅柯的框架下可能如何被重寫。

　　傅柯對禁制法文化生產可能性的分析，顯然取自既存的昇華(sublimation)理論，爲佛洛伊德在《文明與其不滿》(*Civilization and its Discontents*)中所闡述，而馬庫色(Marcuse)在《愛慾與文明》(*Eros and Civiliza-tion*)中再詮釋過。佛洛伊德和馬庫色都指認昇華的生產性效果，論稱文化加工品(cultural artifacts)和制度是昇華了的情色的結果。雖然佛洛伊德視性意識的昇華爲製造一般的「不滿」，馬庫斯很柏拉圖式的把情色從屬於理性法則(Logos)之下，於昇華的行爲中看到了人類精神最令人滿意的表達。然而，傅柯與這些昇華理論斷然決裂，站在生產性法律這邊，而不假定有一原始慾望；這法律的運作經由它自己系譜學敘事體的建構而鞏固正當，有效掩蓋自身其實深入權力關係。因此，亂倫禁忌不會壓抑原初性向(primary dispositions)，但有效地創造出「主要」(primary)和「次等」性向的分野，來敘述與複製合法異性戀以及不合法同性戀的分別。的確，如果我們視亂倫禁忌的效果主要爲生產性的，那麼奠立「主體」並存續爲自己慾望法律的禁制，成爲身分──特別是性別身分──藉以構成之憑藉。

　　魯賓在強調亂倫禁忌同爲禁令和通行證時寫道：

　　　亂倫禁忌強加異族通婚和結盟的社會目標於性
和繁衍的生物事件之上。亂倫禁忌把性選擇的世界

分為被允許與禁制的性伴侶的範疇。（173頁）

因為所有文化都尋求自我複製，而且因為特定的親族團體社會身分必須被保存，異族通婚被建立起來，而且被作為先決條件，異族異性通婚(exogamic heterosexuality)亦如是。因此，亂倫禁忌不但禁止同一親族脈系成員的性結合，而且還牽涉對同性戀的禁忌。魯賓又提到，

> 亂倫禁忌預設一先要、但比較少清晰表達的同性戀禁忌；禁制**某些**異性戀結合的禁忌中面，也包含**非**異性戀結合。性別不只為與單一之性的認同，它也要求性慾導向另一性。分娩的性分化牽涉性別的二個方面—它把人造為男性與女性，而且它把他們造為異性戀。（180頁）

魯賓認為精神分析——特別是其拉岡式化身——補充了李維史陀親族關係的敘述。她特別以轉變生物性男女之分與階層的性別規範性文化機制「性／性別系統」，為文化機構（家庭、「交易女人」之殘存形式、強制的異性戀）規定，並經由架構和推進個人心靈發展的法律所灌輸。因此，戀父／母情結對文化的禁忌提出例證並做出執行，結果造成分明的性別認同和隨之而來的異性戀性向。魯賓在論文中，進一步主張在生物性的男性和女性轉變為定性別的男人和女人之前，「每個小孩都擁有所有人類表達力可及的性可能性。」（189頁）

　　去找出和敘述一「先於法律」之性意識，作爲原初雙性
戀或爲一理想而且不受拘束的多形態(polymorphousness)，
意味著其實法律先於性意識。法律限制了原始之豐盈性
(originary fullness)，禁制某一套先於刑罰(prepunitive)之性可
能性而容許其他的項目。但是如果我們把傅柯的壓抑假定批
判應用於亂倫禁忌，即壓抑的典範之法，那麼看來這法律製
造了被容許的異性戀和逾越的同性戀**這兩者**。二者確實都是
結果，在時間和存在本質上都在法律之後，而性意識先於法
律的幻覺本身，爲法律所製造。

　　魯賓的論文維持著對於性和性別的區分，認定據法律
之名而定的「性」區別分明而時序先要的存在真實，也就是
說，它其後被轉爲「性別」。這個性別取得的敘事體需要某
種事件的時間排序，認定敘事者所處之地位，使其「知曉」
什麼是先於以及後於法律。但是敘述在語言之內發生，而嚴
格來說，則居於法律之後，爲法律的結果，因此由延後或回
顧的觀點來進行。如果這語言爲法律所架構，而法律爲語言
列爲範例、甚或在語言之內制定，那麼敘述、敘事不但不能
得知自身之外爲何——也就是說，先於法律者爲何——而且
那「先於」的敘述會永遠爲「後於」所用。換句話說，敘事
不僅要求接觸一定義上（因其語言性[linguisticality]的緣故）
把它自身排除在外的「先於」，而且「先於」的敘述發生在
「後於」的範圍內，因而成爲削弱的法律，進入的是自身不
存在之點。

　　雖然魯賓主張性可能性(sexual possibilities)無邊無際的

宇宙早於戀父／母的小孩存在，她並不贊同原初雙性戀的說法。的確，雙性戀是養育小孩實踐的結果，在該實踐中兩性的雙親都在場參與小孩的照顧，而且對男人與女人而言，對陰性特質的揚棄不再是性別身分的先決條件（199頁）。當魯賓呼籲「親族關係革命」("revolution in kinship")之時，她預見了連根拔除交易女人的行為，這些跡象不但顯見於當代制度化異性戀之中，也清晰見於異性戀條件下制約和建構性意識與性別身分的殘餘心靈規範（心靈的制度化）中。隨著異性戀強制性格的鬆弛，以及行為與身分的雙性戀與同性戀文化可能性的同時浮出枱面，魯賓預見性別本身將被推翻（204頁）。若性別為生物上多重性戀(polysexuality)的文化轉移為文化制令的異性戀，而且異性戀使用了分明和層級化的性別身分來完成目標，那麼同性戀強制性特質的瓦解，對魯賓而言，意指性別本身因之而瓦解。不管性別是否能徹底根除，而性別的「瓦解」如何為文化可想像之物，都是她分析中很引人深思但沒得到澄清的問題。

　　魯賓的主張基於兩個可能性，即法律可以被有效推翻，以及去文化詮釋性化方式不同的身體，理想上可以不訴諸性別的不一致來進行。強制性異性戀的系統可能會改變，也的確已經改變過，而女人的交易(exchange)——不論是哪種殘餘的形式——不會總是決定異性戀的交流(exchange)，這點似乎很清楚；就這層而言，魯賓指出李維史陀的那惡名昭彰地無歷史性結構主義(nondiachronic structuralism)中憎惡女性的含意。然而是什麼導引她做下性別僅僅是強制性異性戀之

功能、而沒有該強制性地位身體的領域不會爲性別化的詞語
所畫記等結論呢？很明顯地，魯賓已經想見一個另類的性世
界，一個被歸於幼兒發展的烏托邦階段、「先於」法律並允
諾在法律滅絕或擴散之後會再出現。如果我們接受傅柯和德
希達對知悉或指出該「先於」的可行性之批判，我們如何修
正這獲取性別的敘事體？如果我們拒絕先於亂倫禁忌的理想
性意識的假定，而且如果我們也拒絕接受結構主義主張亂倫
禁忌具文化永續性的前提，性意識和法律之間存在什麼關係
來敘述性別？我們需要訴諸一個法律建立之前、比較快樂的
國度，用以聲稱當代的性別關係及性別身分的處罰性製造是
壓抑的嗎？

　　傅柯在《性意識史，第一冊》中對壓抑假設的批判主張
(a)結構主義的「法律」可能被理解爲一種**權力**的形成，一個
特殊的歷史形態，以及(b)法律可能被理解爲製造或產生它據
稱要壓抑的慾望。壓抑的對象不是它視爲表面對象的**慾望**，
而是權力本身多重的形態，而該多重性會移置似是司法或壓
抑法的普遍性和必要性。換句話說，慾望和其壓抑是鞏固司
法結構的機會；慾望的製造和禁止爲儀式的象徵性姿態，司
法模式藉此運用和鞏固自身權力。

　　亂倫禁忌即司法法律，據云是透過強制性認同的機制，
同時禁制亂倫慾望以及建構某些性別化的主體性。但有什麼
來保證這法律的普遍性或必要性？很明顯地，有人類學的論
辯在確認與爭辯亂倫禁忌的普遍性[46]，而有第二級的論辯討

---

[46]有關亂倫的決定論說法，詳見（或者，確切地說，不要看）謝佛(Joseph
　Shepher)編輯的《亂倫：生物社會觀點》(*Incest: A Biosocial View.*

論普遍性的宣稱可能對社會過程的意義意味什麼，若真有什麼的話[47]。宣稱法律的普遍性不是說它跨文化也以相同方式運作，或者它以某種單方面的方式來決定社會生活。的確，把普遍性歸屬於法律可能只暗示它在社會關係發生的支配性框架中運作。確實地說，宣稱法律在社會生活中的普遍性存在，不等於宣稱它存在於所涉社會形式之每一層面；最小限度，這代表著它存在與運作於每一個社會形式之某處。

在此，我的任務不在於顯示有些文化中沒有這般的亂倫禁忌運作，而是強調該禁忌的繁衍性、它在何處運作，而不只是談它的司法地位。換句話說，這禁忌不只以某些形式來禁止和指定性意識，而且它無意中製造了各種替換的慾望和身分，沒有事先受到限制，除了它們在某種意義上是「替代」以外。如果我們延伸傅柯對亂倫禁忌的批評，那麼該禁忌與對母親／父親的原始慾望可被歷史化，用以抗拒拉岡那公式化的普遍性。這禁忌可被理解為製造和維持對母親／父親的慾望，以及該慾望的強制性移置。永遠被壓抑及禁止的「原始」性意識的概念為法律所製造，而該法律隨後又運作將之禁制。如果母親為原始的慾望，而這點對廣泛的後資本主義居家者(post-capitalist household dwellers)都為是，那麼它就是個在該文化脈絡條件下同時被生產與禁制的慾望。換句

London: Acadaemic Press, 1985)。

[47]詳見羅沙多(Michele Z. Rosaldo)的〈人類學的使用與濫用；有關女性主義和跨文化了解的省思〉("The Use and Abuse of Anthropology: Reflections on Feminism and Cross-Cultural Understanding")，載於《符號：文化和社會中的女人期刊》(*Signs: Journal of Women in Culture and Society*)，第5卷第3期，1980年。

話說，禁制亂倫結合的法律也同是促成它的法律，已經無法把壓抑從司法亂倫禁忌的生產功能中隔離出來。

很明顯地，精神分析理論一直承認亂倫禁忌的生產功能，也就是製造異性戀慾望以及分明的性別身分。精神分析也很清楚亂倫禁忌並不完全是以它意欲方式運作和製造出性別與慾望。負面的戀父／母情結的例子只是其中一個，指出亂倫禁忌顯然對雙親中異性的那方比同性那方約束力更強，而被禁制的那位異性至親則成為認同的對象。但是這個例子如何在亂倫禁忌的概念化中重新被敘述為兼具司法與創制性呢？對於被禁止而成為認同對象那位至親的慾望，為同一個權力機制所同時製造與拒絕。但那是為了什麼目的？如果亂倫禁忌規範分明性別身分的製造，而且如果該製造過程需要禁制以及容許異性戀，那麼同性戀的出現，則為必須被製造以便於壓抑的慾望。換句話說，為了讓異性戀能維持完整為一分明的社會形式，它**需要**一個可理解的同性戀概念，也需要該概念的禁制，使其成為文化上之不可感知者。從精神分析看來，雙性戀以及同性戀主要為力比多的性向(libidinal dispositions)，而異性戀是基於這二者逐步的壓抑所費力產生的結果。這個教義似乎有顛覆的可能性，而雙性戀和同性戀二者在精神分析學說的論述建構中，有效地斥退其文化之前的地位(precultural status)。以上對雙性戀性向之語言的討論，正是切合重點的案例[48]。

---

[48]佛洛伊德著，史脫拉其(James Strachey)譯，《性學三論》(*Three Essays on the Theory of Sexuality*. New York: Basic Books, 1962)，第7頁。

實際上，被說是「外於」象徵界、作爲顛覆所在的雙性戀，是內在於組織性論述語彙的建構，被建構爲「外在」然而十足「內在」，不是超越文化的可能性，而是具體的文化可能性，被拒絕、再敘述爲不可能。在既存文化形式內「無法想像」且「無法言述」者，不一定是被排除於該形式內可感知性的母模之外；相反地，它被邊緣化，而非被排除，它是招來恐懼的文化可能性，或者，至少也失去認可。不被社會認可爲有效的異性戀就是失去一種可能的社會身分，或許也得到一種極度不爲容許的身分。這「無法想像」之物因而全然在文化之內，但是全然排除於**主流**文化之外。假定雙性戀或同性戀「先於」文化，因而把該「前置性」("priority")鎖定爲先於論述(prediscursive)的顛覆來源，是有效地從文化的語彙中禁制該顛覆性，很矛盾地禁制本欲捍衛(defend)及防衛(defend against)的那個顛覆性。我會在克莉斯蒂娃的例子中論證，說明顛覆因而成爲一個徒勞的姿態，只能表現在去現實化(derealized)的美學模式中，無法被詮釋入其他文化實踐。

在亂倫禁忌的案例中，拉岡論稱慾望（相對於需求）經由法律得以建立。要作爲在象徵界的語彙中「可感知」的存在，同時需要慾望的制度化以及其不滿足，亦即壓抑與母體相關的**原始**歡愉和需求導致的必然結果。全面歡愉在慾望中陰魂不散，如此遙不可及，是法律建立前的歡愉無可追回的記憶。拉岡明白表示先決於法律的歡愉，是幻想出來的，在慾望永無止境的幻影中一再重現。但是，被禁制於確實恢

復原始歡愉以外的這個幻影，在什麼意義上是爲「原始」幻
想(fantasy of "originality")所構成的，而這「原始」幻想可能
或不可能呼應確實的力比多狀態？的確，這種問題至何等程
度可在拉岡理論的範圍內決定？移置或代替只能在對照與
原型(original)的關係時才能被理解，但在這個案例中，所謂
的原型無法找到或得知。猜測的原點總是從回顧的角度來猜
測，而該角度則認定理想的特質。這個充滿歡愉之「彼方」
("beyond")的神聖化，是經由喚出基本上不會改變的象徵界
秩序而建立的[49]。的確，我們需要解讀象徵界、慾望、性差
異制度(institution of sexual difference)的戲劇爲自我支撐的表
意經濟，運用權力在文化可感知性的條件下把可以和不可以
想見之物畫記。策動區分文化「之前」者和「之間」者，在
一開始就把文化可能性取消。爲這個說法基礎時間性的「出
現順序」，引出主體的分裂、慾望的隙縫(fêlure)來質疑敘事
體的連貫性，也同樣在時間陳列的層面重建起連貫性。於
是，這個敘事策略盡全力想追回原點，在無可追回的原點和
永遠脫位的現在的分別間周旋著，所憑藉乃無可避免地會延
遲的顛覆。

---

[49]杜斯(Peter Dews)在《解體的邏輯：後結構主義思維及批判理論的主
張》中表示，拉岡從李維史陀得到他象徵界的概念，把這個概念窄化
了：「拉岡對李維史陀的改編，把後者的多重‘象徵系統群’(multiple
'symbolic systems')轉化爲單一的象徵秩序(a single symbolic order)，忽略
了促進意義或掩蓋殘餘權力關係的系統群可能性」（105頁）。

【譯註】

1. 扮裝(masquerade)一字源自面具狂歡節、化裝舞會以面具掩飾身分的意象，字根帶有「面具」(mask/masque)之意，是故後文中一再提及「戴上/脫下面具」，並分析面具之意涵。

2. 「性向」(disposition)為本節關鍵字，於哲學語言學鑽研極深的巴特勒亦不放過反覆把玩源出同一字根的相關辭彙、探索其自然以及人工取向的機會。作為名詞之disposition，意指人內在的心靈與個性特質、某種傾向——這個部份予人「天生」的成份似乎大於刻意培養的印象；disposition亦指某種安排整理事物之特定方式，則人為干預的痕跡明顯。文中譯為「性向」，試圖表達一種界限模糊（或為天生或為建構）的傾向、喜好，又與相反詞「不適性」（indisposition，指身體不適或不情願做某件事）為對比。作為動詞的dispose、形容詞的disposed，用以表示安排安置某物，或者有某種傾向、想從事某種活動，於後文多有所見，常一語雙關，表示充滿人工建構性的置放行動以及心之所向（自然的還是後天的？）的好惡選擇。

第三章　身體顛覆行爲

I.克莉斯蒂娃的身體政治

克莉斯蒂娃有關語言符號層面的理論，乍看似乎援引拉岡的前提來暴露出這些前提的限制，並且在語言之內提供一個顛覆父系法的特別陰性場域(feminine locus)[1]。根據拉岡的說法，父系法架構所有語言表意，即所謂的「象徵界」，因而成爲文化本身的普遍性組織原則。法律創造有意義語言的可能性，而因此創出有意義的經驗，所憑藉的乃壓抑原初的力比多欲力，包含孩子對母體的極度依賴。因此，象徵界成爲可能，是透過拒絕與母體的原初關係。隨著這壓抑而出現的「主體」，成爲壓抑性法律的承繼者或支持者。嬰兒期依賴所特有的力比多混亂(libidinal chaos)特質，現在完全爲單一媒介所限制住，而該媒介的語言就是被這個法律架構出來的。這個語言則壓制多重意義來架構世界（多重意義總讓人想起力比多的多重性，特徵在於對母體的原初關係），建立一元以及個別的意義來取代多重意義。

克莉斯蒂娃挑戰拉岡敘述裡面，認定文化意義需要壓抑對於母體原初關係的說法。她主張「符號驅力」("semiotic")是語言爲該原初母體所引發的空間，這點不但斥駁拉岡的原初前提，而且成爲象徵界之內恆常的顛覆泉源。對克莉斯蒂娃而言，符號表達在文化條件下——更精確地來說，是在多

[1] 這一節〈克莉斯蒂娃的身體政治〉，原先發表於《海帕提雅》(*Hypatia*)，刊載於法國女性主義特集那一期，第3卷第3期，1989年冬季號，104-118頁。

重意義和語意的非封閉性(semantic nonclosure)掛帥的詩的語言之下——原始力比多的多重性。實際上，詩的語言使母體在語言條件之下得到恢復，而擁有擾亂、顛覆以及換置父系法的潛力。

雖有對拉岡的批判，克莉斯蒂娃的顛覆策略還是很有問題。她的理論似乎正仰賴著她想替換的父系法的穩定與繁衍。雖然她有效地暴露拉岡想在語言內普及父系法的限制，然而她仍承認符號驅力無異地從屬於象徵界之下，是在象徵界不受挑戰的階層制之中維持其特殊性。在象徵界總能重申其霸權的條件下，符號驅力想推動顛覆、換置或阻擾父系法的可能性，能產生意義嗎？

以下的克莉斯蒂娃評論，著重克莉斯蒂娃主張裡以符號驅力為有效顛覆來源的幾個步驟。首先，無法確定拉岡和克莉斯蒂娃似乎都接受的與母體的原初關係，是否為一可行的建構，甚或它是否為兩人的語言學理論中可知的經驗。構成符號驅力特徵的多重動力組織了先決於論述的力比多經濟(prediscursive libidinal economy)，偶而會在語言中現形，但仍維持著先於語言的存在地位。這個前於論述的力比多經濟在語言中——特別是詩的語言中——顯現，成了文化顛覆的場所。第二個問題的出現，在克莉斯蒂娃論及這個顛覆的力比多根源無法在文化的條件下維持、以及它在文化內維持的存在導致心理症狀與文化生活本身的崩潰。克莉斯蒂娃因此選擇性地提出及否定符號驅力為解放性的理想(emancipatory ideal)。雖然她告訴我們，符號驅力是一個規律

地被壓抑的語言空間，她也承認其爲一種無法被一致維持的語言。

爲了評估她似乎自破陣腳的理論，我們要問力比多的多重性如何在語言中彰顯，以及什麼控制它暫時的生命期？此外，克莉斯蒂娃把母體形容爲帶著先決於文化的一整套意義者。她因而保住文化爲父系結構的概念，且限定母性(maternity)基本上先決於文化的事實。她對母體自然歸化的敘述有效地把母性(motherhood)具體化，而且預先排除分析母體的文化建構和變異性。我們在問是否可能有先決於論述的力比多多重性時，也會想到是否克莉斯蒂娃聲稱要在先決於論述的母體中發現的，是一既定歷史論述的製造，一個文化的**效果**，而不是文化的祕密與原初成因。

即使我們接受克莉斯蒂娃原初驅力(primary drives)的理論，透過符號驅力能否讓這種驅力的顛覆效果，超越對於父系法霸權暫時而徒勞的阻擾，仍是未定數。我會試著指出她的政治策略失敗，一部份在於她大體上不具批判性地採用驅力的理論。此外，仔細地審查她對語言內的符號作用的敘述，會發現克莉斯蒂娃似乎在符號驅力本身的層面重建父系法。最後，克莉斯蒂娃似乎提供我們一個無法成爲持續政治實踐的顛覆性策略。在本節的最終部份，我會提出一個方式重新構思驅力、語言和父系特權之間關係，可能可作爲較有效的顛覆策略。

克莉斯蒂娃的符號驅力敘述由幾個很有問題的步驟推展。她認定驅力在進入語言之前有其目標，而語言無異地

壓抑或昇華這些驅力，且這種驅力只在特定的語言辭彙中顯現，這些辭彙要能違背象徵界領域內對於表意的單一要求。她接著聲明多種驅力出現於語言中的現象，在符號驅力中很明顯，這使符號驅力的語言領域區分於象徵界，因後者身為詩意論述內的母體彰顯。

早在《詩意語言的革命》(*Revolution in Poetic Language*, 1974)中，克莉斯蒂娃就主張驅力的異質性(heterogeneity)以及詩意語言的多音可能性(plurivocal possibilities)的必然因果關係。和拉岡不同的是，她主張詩意語言不以原初驅力的壓抑為基礎。相反地，她聲稱詩意語言是語言的契機使驅力突破一般、單一的語言辭彙，揭露多重聲音和意義無可壓抑之異質性。克莉斯蒂娃因而質疑拉岡把象徵界和所有語言意義對等，聲稱詩意語言有它自己的意義模式，並不順從於單一指示的要求。

在同一作品中，她贊同自由或無投注能量(free or uncathected energy)的概念，透過語言內的詩意功能而得到昭顯。她舉例說，「從語言中混雜的驅力……我們可以看到詩意語言的經濟」，而在此經濟中，「單一主體不再能找到他【誤字】自己的位置。」[2]這個詩意功能為拒絕或區分的語言功能，傾向於切割和增加意義；它透過散佈和毀滅單一表意而造成驅力的異質性。因此，傾向一套高度分化或複數化意

---

[2]克莉斯蒂娃著，瓦克(Margaret Walker)翻譯，胡笛葉(Leon Roudiez)作序，《詩意語言的革命》(*Revolution in Poetic Language*. New York: Columbia University Press, 1984)，132頁。法文原版為*La Revolution du language poétique* (Paris: Éditions du Seuil, 1974)。

義的呼聲，似乎是驅力對象徵界統治的報復，而後者的基礎則在於壓抑前者。克莉斯蒂娃把符號驅力定義爲驅力的多重性在語言內的表現。這些驅力持續的能量和異質性擾亂表意的功能。因此，在這本早期作品中，她定義符號驅力爲「表意的功能……連結於原初過程【的】模式」。[3]

在《語言中的慾望》(Desire in Language, 1977)書中諸篇論文中，克莉斯蒂娃以精神分析的語彙更完整地奠立她對符號驅力的定義。象徵界壓抑的以及符號驅力含糊指出的原初驅力現在被理解爲**母系驅力**(maternal drives)，不只是屬於母親的驅力，還有概述嬰孩身體（任一性別）對母親之依賴所特有的驅力。換句話說，「母體」指定一延續的關係，而不是分明的主體或慾望的對象；的確，它指定慾望來臨之前的**極樂**(jouissance)以及慾望預設的主體客體（對象）二元制。象徵界奠立於對母親的排斥，符號驅力則透過韻律(rhythm)、諧音(assonance)、語調(intonation)、聲律遊戲(sound play)和重複(repetition)，在詩意論述中再呈現或尋回母體。即使「嬰孩最初的重複語句」("first echolalias of infants")以及「精神症狀論述的舌語重複」("glossalalias in psychotic discourse")爲這個母親－嬰孩關係延續的表現，一個在嬰孩與母親分離個人化之前的欲力異質化領域(heterogeneous field of impulse)，同爲強加於上的亂倫禁忌所影響[4]。禁忌造

---

[3]同上，25頁。

[4]克莉斯蒂娃著，胡笛葉(Leon S. Roudiez)編輯，高爾茲(Thomas Gorz)、賈丁尼(Alice Jardine)、胡笛葉翻譯，《語言中的慾望：文學與藝術的符號驅力探討》(*Desire in Language, A Semiotic Approach to Literature and Art*. New York: Columbia University Press, 1980)，135頁。本書爲編纂自《多

成母親與嬰孩的分開,在語言學上被表達為聲音與意思的割離。用克莉斯蒂娃的話來說,「作為意義分別要素的音素(phoneme),在語言中好比象徵界。但是這個同樣的音素牽涉到韻律、語調的重複,因而傾向從意義獨立出來,以致能維持自身於符號性向(semiotic disposition)中,接近本能驅力的身體(instinctual drive's body)。」[5]

克莉斯蒂娃敘述的符號驅力破壞或腐蝕象徵界;符號據說是「先決於」意義,正如小孩開始學發聲,或是「後於」意義,比如精神症者不再用文字來表意。如果象徵界和符號驅力是為兩種語言的模式,而且如果符號驅力一般被象徵界壓抑,那麼對克莉斯蒂娃來說,語言這個系統讓象徵界得以維持霸權,會出現的例外是在下列符號驅力擾亂表意的過程,比如透過省略音節、重複、只有聲音、無限地表意意象和比喻造成意義的多重性。在象徵界模式中,語言基於對母親的依賴關係的割捨,而變得抽象(**抽**離語言的具象)與單一;這點在數量或完全形式的論證(reasoning)上尤為明顯。語言在符號驅力的模式中進行母體的詩意恢復(poetic recovery),藉著散佈物質性而抗拒所有分明和單一的表意。克莉斯蒂娃寫道:

> 例如,在任何詩意語言中,韻律的限制不只放肆到侵犯某些國家語言的文法規則……而且在最近

重對話》(*Polylogue*. Paris: Éditions du Seuil, 1977)和《Σημειωτιχη:有關意義分析的研究》(*Σημειωτιχη: Recherches pour une sémanalyse*. Paris: Éditions du Seuil, 1969) 兩本不同來源的論文合集。

[5]同上,135頁。

的文本中，這些符號的限制（韻律、象徵主義作品
中的母音音色、還有頁面的版面安排）還加上了無
法回復的語法省略；不可能重新組織特別被省去的
語法範疇（受詞或動詞），而這些讓說詞的意義可
以被決定[6]。

對克莉斯蒂娃而言，無法決定性正是語言的本能時刻、
阻擾作用。詩意語言因此便要瓦解連貫的表意主體以體內化
原初延續性（也就是母體）：

建立語言的象徵界功能付出的代價，是壓抑本
能的驅力以及與母親延續的關係。相反地，不定而
充滿疑問的詩意語言主體（對它來說，文字從不是
獨特的記號）靠著重新啟動這受到壓抑、本能、母
系的元素而維持自我[7]。

克莉斯蒂娃提到詩意語言的「主體」並不全然恰當，
因為詩意語言侵蝕並破壞主體，而主體被理解為參與象徵界
的發言個體。她延續拉岡的說法，主張與母親亂倫結合的禁
制是主體的奠基法律，是切斷或分裂對母親持續依賴關係的
基礎。在創造主體之時，禁制法創造了象徵界的領域，或
者創造語言為單一的表意記號系統。因此，克莉斯蒂娃做出
結論，說「詩意語言對於充滿問題的正在成形主體(subject-

---

[6]同上，134頁。
[7]同上，136頁。

in-process)而言，等同於亂倫。」[8]象徵界語言與自身基礎法的決裂，或者等同而言，語言內部的本能性(instinctuality)侵入語言所出現的裂痕，並不只是力比多的異質性(libidinal heterogeneity)爆發入語言內；這也顯示了自我在個人化(individuation)之前，對母體依賴的身體狀態。因此詩意語言永遠指示回歸母親的領域，而母親代表了力比多的依賴以及驅力的異質性。

在〈貝里尼所說的母性〉("Motherhood According to Bellini")一文中，克莉斯蒂娃建議，由於母體表意連貫(coherent)和分明(discrete)身分之失落，詩意語言站在精神症候的懸崖邊緣。女人在語言的符號表達案例之中，回歸母親表示了先決於論述的同性戀，而克莉斯蒂娃亦明白地把該同性戀與精神症候聯想在一起。雖然克莉斯蒂娃同意詩意語言之所以能在文化上自我維持，是透過參與象徵界以及連帶的語言溝通規範，她沒能說明同性戀亦能為同樣的非精神性社會表達。我認為克莉斯蒂娃對於同性戀的精神性本質的觀點，重點在她接受結構主義認定象徵界基礎的同時延伸是異性戀。因此，根據克莉斯蒂娃的觀點，同性戀慾望的投注只能在象徵界容許的替換之內才能達成，例如詩意語言或生產的行為：

> 透過生產，女人建立與母親的接觸；她成為、她是她自己的母親；她們是彼此做出區分的同樣延續性。她因此實現了母性的同性戀層面，為此女人

---

[8]同上。

同時更接近她本能的記憶，更開放於她的精神症
候，結果更否然於社會、象徵的束縛[9]。

根據克莉斯蒂娃的理論，生產的行為沒有成功地重新建
立個人分化之前延續的關係，因為嬰孩無異地為亂倫禁制所
苦，被分開而為個別的身分。在母親與女孩分離的案例中，
結果是雙方都感到憂鬱，因為這分離永遠無法全面完成。

悲傷或哀悼不但承認分離，而且牽掛原先對象的力比
多成功地找到新的替代對象；相對地，憂鬱卻指向無法悲
悼，失落僅僅被內化，就那層意義而言，就是被**拒絕**。母體
不是身體負面的牽掛(negative attachment)，而是內化為負面
(negation)，以致女孩的身分本身成為一種失落，典型的剝奪
(privation)或匱乏(lack)。

那麼，據稱的同性戀精神症候，包含了與父系法及女性
「自我」基礎的徹底決裂，儘管該自我因告別母體而生之憂
鬱回應是如此薄弱。因此，根據克莉斯蒂娃的說法，女同性
戀為精神症候進入文化中出現：

> 同性戀─母親層面是文字的迴旋，意義與明
> 視完全不存在；它是種依附母體的感覺、移位、韻
> 律、聲音、閃光和幻想，用以防止落入深淵……對
> 女人來說，是個失樂園但又如此迫近身畔[10]。

---

[9]同上，239頁。
[10]同上，239-240頁。

　　然而，對女人來說，這同性戀在詩意語言中昭顯，實際上成為生產之外的符號驅力唯一形式，可以被維持在象徵界的範圍之內。那麼，對克莉斯蒂娃而言，明顯的同性戀無法為文化上維持的活動，因為它會構成毫無緩衝地破壞亂倫禁忌。可是為什麼會如此呢？

　　克莉斯蒂娃接受文化對等於象徵界的認定，以象徵界全然依附於「父親之法」之下，至某種程度地參與象徵界的活動，為非精神症候活動的唯一模式。她的策略任務因此不是以符號驅力取代象徵界、或建立符號驅力為文化可能性的競爭對手，而是在象徵界之內，讓彰顯劃分符號驅力與象徵界邊界的經驗，能得到允許生效。就如同生產被視為達到社會目的論(social teleology)的本能驅力投注，詩意製造被視為文化可溝通形式中，本能和再現分裂的地點：

> 　　說話者只有憑藉一種謂為「藝術」的特殊論述實踐，才能達到這個限制、這社會性的要素。女人也可以經由分裂象徵化(split symbolization)奇特的形式（語言和本能驅力的門檻，「象徵」和「符號驅力」的門檻）來達到這個限制（特別是在我們的社會中），而該象徵化即包含生產的行為[11]。

---

[11]同上，240頁。有關生殖比喻敘述詩意創造過程一個非常有趣的分析，詳見【溫蒂】歐文(Wendy Owen)的博士論文〈九個音節的謎語：普拉絲詩中的女性創造力〉("A Riddle in Nine Syllables: Female Creativity in the Poetry of Sylvia Plath")，耶魯大學英語系(Yale University, Department of English)，1985年。

　　因此，對克莉斯蒂娃來說，詩與母性代表在父系認可文化下的特權實踐，而該文化容許的非精神症候經驗的異質性和依賴性，正具備母親領域的特徵。這些**詩意**行為揭示本能的異質性，在隨後會揭露象徵界壓抑的場域，挑戰單一意符的統治，並散播作為必要場域的主體自主性。驅力的異質性於文化上運作以作為移置的顛覆策略，透過釋放語言內部壓抑的多重性來驅逐父系法的霸權。正因為本能的異質性必須在以及透過父系法再–現(re-presented)，它無法全然抵抗亂倫禁忌，而必須留在象徵界內最脆弱的地帶。服膺語法要求的詩意母系實踐要移置父系法，然而總是與父系法藕斷絲連。因此，全面反對象徵界是不可能的，對克莉斯蒂娃來說，「解放的論述」行不通。至多，只能做到對法律策略的顛覆和移置，挑戰其自我奠立的認定。但是，於此克莉斯蒂娃又沒有嚴厲挑戰結構主義認定禁制的父系法為文化基礎。因此，父系認可的文化之顛覆，無法來自文化的另一種版本，而只能來自文化內部的壓抑，來自構成文化隱藏基礎的驅力異質性。

　　這個異質驅力和父系法之間的關係，製造了極有問題的精神症候觀點。就一方面而言，它指定女同性戀為文化上不可感知的實踐、與生俱來地精神異常；就另一方面而言，它命令母性去強制防禦力比多混亂。雖然克莉斯蒂娃沒有明白地聲明任一主張，但是從她對法律、語言和驅力的觀點可以推出這兩個涵意。試想對克莉斯蒂娃而言，詩意語言打破了亂倫禁忌，因為如此，它永遠站在精神症候的懸崖邊緣。作

為回歸母體及伴隨而至的自我去個人化(de-individuation of the ego)，詩意語言為女人說出時，變得特別具威脅性。詩意質疑的便不只是亂倫禁忌，也是對於同性戀的禁忌。詩意語言因而對女人而言，同為被移置的對母親的依賴，以及——因為上述依賴中含著力比多——被移置的同性戀。

對克莉斯蒂娃來說，沒有中介的女同性戀慾望的投注，無疑導致精神症候。因此，只能透過一系列的移位來滿足這個驅力：母系身分的體內化(incorporation)－就是說，自己成為母親——或是透過詩意語言間接顯示具有對母親依賴特徵的驅力異質性，來達到滿足。母性和詩二者，作為唯一社會容許、而為非精神症候的同性戀慾望替代品，對女人而言構成憂鬱的經驗，適當地教化她們轉向異性戀。異性戀的詩人－母親因同性戀投注的移置而無止盡地受難，但是，根據克莉斯蒂娃的說法，這個慾望的達成會導致身分的精神症候鬆弛，這樣推斷的理由是對女人來說，異性戀和連貫的自我(selfhood)無可拆解地連結在一起。

我們如何瞭解女同志經驗的構成為無可挽回的自我失落呢？克莉斯蒂娃顯然以異性戀為親族關係和文化的先決要素。結果，她把女同志經驗視為精神症候選項(psychotic alternative)，提供父系認可法律接受以外的選擇。然而為什麼女同志構成精神症候？從什麼文化視野看來，女同志會被建構成複合、自我失落和精神症候的發生地？

克莉斯蒂娃把女同志在文化上投射為「異己」，形容女同志言語具精神症候的「文字迴旋」("whirl-of-words")特

徵，因之建構女同志性意識為本質上不可感知者。以法律之
名執行對女同志經驗的策略性斥退和縮減，置克莉斯蒂娃立
場於父系－異性戀特權軌道之內；保護她免於上述極度不連
貫性的父系法，正是建構女同志主義為不理性場域的機制。
更重要地，這個對女同志經驗的敘述從外部發生作用，鮮少
告訴我們女同志經驗本身，比較多是有關一個戒懼的異性戀
文化製造的幻想，來防衛自身於同性戀的可能性。

　　聲稱女同志主義代表自我的失落時，克莉斯蒂娃似乎
給予一個精神分析的真相，是有關個人化所必需的壓抑。那
麼，恐懼「退化」為同性戀，實為恐懼一併失去文化認可以
及特權。換句話說，克莉斯蒂娃比較傾向解釋女同志經驗為
文化薰陶(acculturation)之前退化的力比多狀態，而非接受女
同志主義給她的挑戰，衝擊她侷限於父系認可文化法之內的
觀點。這個在建構女同志為精神症候時被植入的恐懼，是否
為發展中必要的壓抑的結果，還是它來自對失去文化合法性
的恐懼，因而被驅逐出來，但不是在文化外面或之前，而是
在文化合法性之外，仍然在文化之內，卻為文化上之「不
法」("out-lawed")？

　　克莉斯蒂娃形容母體和女同性戀經驗，是從被核准的異
性戀立場，無法承認自身對失去該核准的恐懼。她把父系法
具體化，不但斥退女同性戀，而且否決母性作為文化實踐多
樣的意義和可能性。但是文化顛覆不真是克莉斯蒂娃的關注
目標，因為顛覆出現時，是從文化表面下浮現，只為了無可
避免地再回歸原處。雖然符號驅力是種逃脫父系法的語言可

能性，它仍無可避免地留在父系法之內，或更確切地，在其下。因此，詩意語言和母性的歡愉構成父系法的局部移置、暫時顛覆，而最終仍屈服於它們原先反動的對象。克莉斯蒂娃把顛覆的根源降貶至文化以外之地，似是排除了顛覆作為有效或可行文化實踐的可能性。超乎父系法的歡愉只能與這歡愉無可避免的不可能性一起想像。

克莉斯蒂娃阻擾顛覆(thwarted subversion)的理論，前提基於她對驅力、語言和法律間關係充滿問題的看法。她認定驅力的顛覆性多重性，引起了一些知識論和政治的問題。首先，如果這些驅力只在已經被定為象徵界的語言或文化形式中才彰顯，那麼我們怎麼能確認它們象徵界之前的存在地位？克莉斯蒂娃論稱詩意語言讓我們接觸到這些驅力的基礎多重性，但是這個答案並不全然令人滿意。由於詩意語言據云仰賴這些多重驅力的先決存在，我們因而不能以繞圈圈的方式，藉著訴諸詩意語言來證明這些驅力假定的存在。如果驅力必須首先被壓抑，使得語言能存在，且如果我們只能把意義歸屬於在語言內可再現者，那麼在驅力進入語言之前，是不可能把意義加諸其上。同理，把因果性(causality)歸咎於驅力——促成自身轉入語言、以及語言藉以得到解釋的驅力——無法在語言本身的限制之內合理地做到。換句話說，我們只有在(in)以及經由(through)這些驅力的結果才瞭解它們為「成因」，而且，這麼一來我們沒有理由不把驅力和結果一起認定。於是有兩個可能，不是(a)驅力及再現是互為延伸，就是(b)再現存在於驅力之前。

　　我會說(b)選項是個值得深思的可能性，因爲我們如何能知道克莉斯蒂娃論述中的本能客體(instinctual object)不是論述本身的建構呢？而我們有何根據來置該客體——這多重領域——於表意之前呢？如果詩意語言必須加入象徵界之內，以便爲文化上可溝通之物，而且如果克莉斯蒂娃自己的理論文本都代表象徵界，那麼我們到何處找得到「超乎」("outside")這領域的可信點？當我們發現母系驅力被視爲「生物命定」(biological destiny)的一部份，而且本身展現「非象徵、非父系的因果性」[12]時，她認定一先決於論述的肉體多重性更加有疑問。這先於象徵界、非父系的因果性對克莉斯蒂娃來說，是符號驅力、母系的因果性，或更確切地，是母系本能的目的論概念(teleological conception)：

　　　　物質強制(material compulsion)，屬於不是連結就是分裂的物種(species)用以延續自身的記憶痙攣，除了永恆地回歸生死的生物循環外別無重要性的系列記號。我們如何將這語言之前、無法呈現的記憶論述化？赫拉克力圖斯(Heraclitus)講的流逝(flux)、伊比裘魯斯(Epicurus)的原子、猶太秘法的旋飛塵(whirling dust of cabalic)、阿拉伯和印度的秘宗、迷幻劑(psychedelics)引出的點畫(stippled drawings)—似乎是比存在、標記及其法律還好的比喻[13]。

---

[12]克莉斯蒂娃，《語言中的慾望》，239頁。
[13]同上，239頁。

在此，被壓抑的母體不只是多重驅力的所在，亦為生物目的論的承擔者，而該目的論似乎在早期西方哲學、非西方的宗教信仰與實踐、精神症候或近乎精神症候狀況下製造出的美學再現、甚或在前衛的藝術實踐中都明顯彰示。但我們為什麼要認定不同的文化表達都顯現同樣的母系異質性原則呢？克莉斯蒂娃把每個文化時刻都歸屬於同一原則之下。結果是符號驅力代表任何移置標記（很奇怪地，她卻將標記**對比**於赫拉克力圖斯的流逝）的文化嘗試，而標記則代表著單一的意符、身分的律法。她以符號驅力對立於象徵界，把跳脫非衝突性指控的多重性原則以及基於多重性壓抑的身分原則之間的對立，簡化為形而上學的爭執。很奇怪地，那個克莉斯蒂娃一直護衛的多重性原則，運作方式正如身分原則。在此須注意所有「原始」和「東方」("Oriental")的事物皆簡略地從屬於母體的原則下。確實，她的敘述不但符合對於東方主義的指控，也提出一個重要的問題，諷刺之處，就是這問題問及多重性是否已經成為單一的意符。

克莉斯蒂娃在母系驅力架構於語言或文化之前，就將其歸屬於目的論的目標，這個做法為她自己的政治計畫造成好幾個問題。雖然她顯然看出那些符號表達的顛覆與阻擾潛能，可以挑戰父系法的霸權，有關該顛覆性確實的構成為何則較不清楚。如果法律被理解為奠立在建構的基礎上，於其下被壓抑的母系領域蠢蠢欲動，何種具體的文化選擇會在文化的範疇內出現為這個理解的結果呢？表面上，和母系力比多經濟聯結的多重性具有力量來驅散父系意符的單一性，而

且似乎創造其他文化表達的可能性，不再緊緊爲非衝突性的律法束縛住。但這個阻擾性活動是一表意範圍的開端，還是顯示了生物學的老調重彈，根據自然的與「父親之前」的因果性運作？如果克莉斯蒂娃相信的是前者（而她並不是如此），那麼她會有興趣移置父權，以文化可能性的擴散範圍來取代。但她所指定的是回歸母系異質性的原則，是個封閉的概念，更確實來說是個異質性，受限於非線性又單一的目的論。

克莉斯蒂娃理解慾望孳生爲物種－慾望(species-desire)，部份爲集體和古老的女性力比多驅力，構成一再重複的形上學真實。在此克莉斯蒂娃把母性物化，進而推廣這物化的符號驅力之阻擾潛能。結果，被解爲單一表意範圍的父系法，被一個同樣單一的意符所移置，也就是雖然有著「多重」的展現、目的上仍保持著自我認定的母體原則。

只要克莉斯蒂娃把這母性本能概念化，讓它擁有在父系法之前的存在地位，她便無法設想到該法律很可能是它據云去**壓抑**的慾望之**成因**。這些慾望不是先決於父系的因果性表現，反倒比較可能證實母系爲親族關係迫切需要和重述的社會實踐。克莉斯蒂娃接受李維史陀的分析，以女人轉手爲親族關係約束鞏固的必要條件。然而，她以這轉手作爲母體被壓抑的文化時刻，而不是建構女體爲母體的強制性文化建構機制。的確，我們可能把女人的轉手視爲強加於女體生殖的強制責任。根據魯賓對李維史陀的解讀，親族關係造成「性

意識……的塑造」，譬如生育的慾望是社會實踐的結果，社會實踐需要並製造出這種慾望以便達到繁衍的目的[14]。

克莉斯蒂娃有什麼根據在女體出現於文化之前，就把母系目的論植入其中？以這種方式問問題已經是質疑象徵界和符號驅力的區別，而她母體概念的前提正是基於這個區別。對克莉斯蒂娃來說，母體的原始表意先決於表意本身，因此，在她的理論架構中無法視母系為一表意，能夠開放於文化的變異性。她的主張清楚指出，母系驅力構成那些語言無異地壓抑或昇華的主要過程。但或許她的主張可以在一個涵蓋更廣的架構中重述：什麼樣的語言(language)文化形態——更確切地，**論述**(discourse)文化形態——製造出論述之前的力比多多重性的比喻？所為目的為何？

克莉斯蒂娃把父系法限制於禁制或壓抑的功能，而沒能瞭解產生情感性(affectivity)的父系機制。據云壓抑了符號驅力的法律，很可能為符號驅力本身的指導原則，結果是看似「母性本能」者可能是文化建構的慾望，透過自然歸化的語彙來詮釋。如果這個慾望是根據需要慾望的異性戀生產與複製的親族關係法來建構，那麼自然歸化情感(naturalistic affect)的語彙有效地使「父系法」隱形。對克莉斯蒂娃來說為父系之前的因果性，實為自然的或分明的母系因果性掩飾下，所出現的父系因果性。

---

[14]魯賓，〈交易女人：性的'政治經濟學'筆記〉收錄於瑞特(Rayna R. Reiter)
編輯的《女人人類學》(*Toward an Anthropology of Women.* New York:
Monthly Review Press, 1975)，182頁。

　　重要的是作爲自我認定和延續的形上學原則的母體形態及其本能的目的論———一個集體性、性分明的生物建構的陳腔濫調——基於對女性之性的單一構想。而這個構思爲同屬源頭及因果性的性，被視爲純粹的創制性(generativity)。的確，對克莉斯蒂娃而言，它等同於**詩意**(poesis)本身，在柏拉圖的《會飲篇》(Symposium)中同被奉爲生育和詩篇創作的製造過程[15]。但是女性創制性真的沒有緣起的成因，而它又開啓了把所有人類皆放諸亂倫禁忌之下和語言之中的敘事體嗎？克莉斯蒂娃提到的父系之前的因果性，指的是原初歡愉和意義的女性經濟嗎？我們能反轉這個因果性的順序，把符號經濟理解爲先決論述的製造嗎？

　　在傅柯《性意識史》第一冊最後一章中，他警示勿以性範疇爲「虛構單元……【以及】因果原則」，並指出性的虛構範疇促成反轉因果關係，以致「性」被認爲造成慾望的結構和意義：

　　　「性」的概念使其能以人工的單元，把解剖學
　　要素、生物功能、行爲、感受和歡愉集合在一起，
　　而且能使人把這虛構的單元視爲因果原則、無所不
　　在的意義；性因而能如獨特的意符和普遍的意旨般
　　起作用[16]。

---

[15]參照柏拉圖《會飲篇》(Symposium)，209a；有關「心靈的……繁衍」，他談到這是詩人特有的能力。因此，詩歌創作被理解爲繁殖慾望的昇華。
[16]傅柯著，賀禮譯，《性意識史，第一冊，序》，154頁。

　　對傅柯來說，身體在論述中被賦予自然或基本之性的「理念」("idea")決定之前，不算以任何重要的意義來「性化」。身體只在權力關係的脈絡中，才在語言中取得意義。性意識是個具特殊歷史性的權力、論述、身體和情感性組織。如此，性意識被傅柯解釋為人工製造出「性」的概念，有效地延伸與掩蓋促成它誕生的權力關係。

　　傅柯的理論架構，為克莉斯蒂娃在女體觀點上某些知識論和政治的困難點，提供了解決之道。我們能瞭解克莉斯蒂娃「父系之前的因果性」之宣稱是基本上倒置的。克莉斯蒂娃把母體置於驅力的結構中施展自身因果力量的論述之前，而傅柯無疑會說，把母體論述製造放在論述之前，是一種策略，用以自我強化與隱藏那些特定的、製造出母體比喻的權力關係。在這些條件下，母體不再被理解為所有表意的潛藏之地、所有文化不言自明的成因。它會被解釋為性意識系統的影響或結果，在該系統中女體被要求要認定母性為自我的要素與慾望的律法。

　　如果我們接受傅柯的理論架構，我們被迫再敘述母系力比多經濟為具有特定歷史性的性意識組織之產物。此外，本身富於權力關係的性意識論述，成為論述之前的母體比喻真實的範圍。克莉斯蒂娃的公式受到徹底反轉：象徵界和符號驅力不再被詮釋為那些延續母系力比多經濟的壓抑或明示之語言空間，這個經濟被理解為一種物化方式，同時延伸及隱藏母系體制並強制於女人身上。的確，當維繫母系體制的慾望被移轉為父系之前與文化之前的驅力時，這體制在女體不

變的結構中取得永久的合法性。確實,明顯批示與要求女體
發揮主要生殖功能的父系法,銘刻在女體之上作爲天然需求
的法律。在護衛生物上必要的母性作爲先決於父系法存在的
顛覆運作之時,克莉斯蒂娃幫助了父系法的隱形系統製造,
結果也製造出其必然存在的幻覺。

　　因爲克莉斯蒂娃自我設限於全然**禁制**的父系法概念,她
無法解釋父系法以自然驅力的形式**孕育**某些慾望。她試圖表
達的女體本身是該被它破壞的法律所建構出來的。克莉斯蒂
娃有關父系法概念的這些批評,和她論及文化或象徵界取決
於對女體排斥的一般立場,不一定相互牴觸。然而,我想要
指出任何理論聲稱表意乃是基於否決或壓抑女性原則,都應
該考慮女性本質是否真的外在於壓抑著它的文化規範。換句
話說,依我看來,壓抑女性並不需要在壓抑的力量和壓抑的
對象之間做出存在區分。的確,壓抑可能製造出它否認的對
象;而製造過程可能爲壓抑力量本身的詳細闡釋。如傅柯明
白所示,壓抑機制是文化衝突的事業,同具禁制與生產性,
讓「解放」的問題性顯得特別尖銳。被解放於父系法枷鎖的
女體,可能證實爲父系法的另一化身,貌似顛覆,卻時而運
作加強及散播父系法。爲了要避免以受壓迫者之名解放壓迫
者,必須把法律的複雜性和細緻性列入考慮,並糾正我們自
己那超越法律的真實身體的幻覺。如果顛覆仍爲可能,它會
是法律之內的顛覆,憑藉的是法律自我衝突、產生不預期轉
變時浮現的可能性。那麼文化上建構的身體將會得到自由,
不是回到其「自然的」過去或原始的歡愉,而是來到充滿文

化可能性的開放未來。

II.傅柯、賀邱林與性中斷政治

傅柯的系譜學批判，對於拉岡和新拉岡派理論把文化邊緣的性意識形式斷為文化上不可感知的說法，提出了批評。傅柯寫出對於解放性情色(liberatory Eros)概念之幻滅(disillusionment)，認為性意識浸淫權力之中，對於那些主張有前於或後於法律的性意識理論，他也作出批判性的觀點。然而，考量傅柯文中有關性範疇和性意識之權力體制的批判，我們看到他自己的理論明顯抱持著沒有承認的解放理想，即便在他的嚴格的論述機制中，這個理想的維持亦漸形困難。

傅柯在《性意識史，第一冊》中提出的性意識理論，就某些層面而言，被他自己為十九世紀法國雙性人賀邱林・巴爾賓(Herculine Barbin)日記出版所作的簡短而重要的序言所抵觸。賀邱林在出生時被定為「女性」。她／他二十出頭時，在一連串對醫生和教士的告白之後，她／他被法律強制變性為「男性」。傅柯聲稱尋獲的日記在此文集中出版，還附上醫學和法律文獻討論決定她／他真實之「性」的認定基礎；德國作家帕尼薩(Oscar Panizza)的諷刺短篇小說也收錄其中。傅柯提供一段序言給英譯本，質疑真實之性(true sex)的概念是否必要。乍看之下，這個問題似乎與《性意識史》第一冊接近結論時對「性」範疇的批判性系譜學一致[17]。然

[17]見麥杜高(Richard McDougall)翻譯，傅柯編輯之《賀邱林・巴爾賓：最

而，這日記與其序言顯示出傅柯對賀邱林的解讀，與他在
《性意識史，第一冊》中的性意識理論相悖。雖然他在《性
意識史》中論稱性意識與權力相互延伸，他沒能辨識同時
建構與譴責賀邱林性傾向的具體權力關係。的確，他似乎把
她／他的世界浪漫化為「非身分的快樂幽冥界」（["happy
limbo of non-identity"], xiii頁），一個超出性範疇和性身分的世
界。在賀邱林的自傳性寫作中所浮現有關性差異和性範疇的
論述，會導向一個另類的賀邱林解讀，推翻傅柯對於她文本
浪漫化的採用和拒絕。

在《性意識史》第一冊中，傅柯論稱「性」的單一建
構（人為本身的性，因此不為另一性）(a)是製造出來以便
社會規範和控制性意識，和(b)隱藏並人為地統一各種分門
別類而互不相關的性功能，然後(c)在論述中儼然以**成因**自
居，為一製造並使所有感覺、歡愉和慾望可理解為因性制宜
(sex-specific)的內在要素。換句話說，身體的歡愉不只是因果
上被簡化為似是因性制宜的要素，而是輕易地被詮釋為這個
「性」的表現或**記號**[18]。

近出土的十九世紀陰陽人的回憶錄》(*Herculine Barbin, Being the Recent-
ly Discovered Memoirs of a Nineteenth-Century Hermaphrodite.* New York:
Colophon, 1980)，法文原本為《賀邱林·巴爾賓：又名亞利西娜· B ，
傅柯作序》(*Herculine Barbin, dite Alexina B. presenté par Michel Foucault.*
Paris: Gallimard, 1978)。所有註明來自英文和法文版文本。

[18] 「『性』的概念使其能以人工的單元，把解剖學要素、生物功能、行為、
感受和歡愉集合在一起，而且能使人把這虛構的單元視為因果原則，」傅
柯，《性意識史，第一冊》，254頁。亦參照第三章，第一節，同一段落
的引文。

相對於把「性」謬誤建構爲單一和因果性的,傅柯用的相反論述把「性」視爲**結果**而不是源頭。原始與延續的身體歡愉原因和表意的「性」("sex"),被傅柯提議以開放和複雜的歷史論述與權力系統之「性意識」("sexuality")取代,這個系統製造誤稱爲「性」之物,作爲隱藏並繼而永續權力關係的部份策略。要延續並隱藏權力的一種方式,是透過建立權力和性之間外在或主觀的關係,在此,權力被構思爲壓抑或支配,而性則爲勇猛但受阻礙的能量、等待被釋放或真正的自我表達。這個司法模型的運用認定權力與性之間不但存在界限分明,而且權力總是並只是用以馴服或解放基本上不變、自給自足、不同於權力本身的性。當「性」的本質如此被提煉出來時,它遠離於權力關係而存在,亦脫離了自身的歷史性(historicity)。結果性意識的分析與「性」分析混爲一談,任何對「性」範疇的歷史製造之探索都被這個反轉與僞造的因果性所排除。根據傅柯的說法,「性」不但必須在性意識的**範圍**之內重新植入脈絡,而且司法權力必須重新理解爲生產力(generative power)所製造的建構,而生產力則反過來隱藏了它自身生產性的機制。

> 性的概念帶來了基礎的反轉;它使得反轉權力和性意識間關係的再現成爲可能,讓後者看來不處於與權力的基本和正面的關係,而是深植於特定而且無法削減的迫切性——一種權力盡其所能來支配的迫切性。(154頁)

　　傅柯明白地採取與《性意識史》中解放或自由派性意識模型相對的立場，因爲這些模型贊同的司法模型並不承認「性」的歷史製造爲範疇，也就是說，爲權力關係神秘化的「效果」。他與女性主義表面的問題也在此出現：女性主義分析以性的範疇──根據他的說法──也就是性別的二元限制爲出發點，傅柯認爲他的研究是探索「性」的範疇和性差異如何在論述中被建構爲身體身分的必要特徵。以傅柯看來，架構女性主義解放模型的法律司法模型，認定作爲解放主體的「性化身體」("the sexed body")，就某些意義而言，並不需要批判性的解構。如傅柯所提及的某些人道主義者的監獄改革，受到解放的犯罪主體，可能本身比人道主義者原先想像還更深入地受到枷鎖束縛。對傅柯而言，被性化就是受制於一套社會規範，讓指導那些規範的法律作爲人之性、性別、歡愉和慾望的形成原則，並作爲自我詮釋的闡釋原則。性的範疇因而無可避免地規範化，任何以該範疇爲前提的分析，毫無批判性地將該規範性策略延伸並進一步合法建立爲權力知識體制。

　　傅柯編輯與出版賀邱林・巴爾賓的日記，顯然試著要表現一個雌雄同體的陰陽人(hermaphroditic)或混性(intersexed)的身體如何隱約地揭露和申斥劃定性範疇的規範策略。因爲他認爲「性」結合了彼此之間沒有必要關係的身體功能和意義，他預測「性」的消失會造成這些不同功能、意義、器官、身體和生理過程，在二元關係內被單一意義之性(univocal sexes)強制的可理解框架之外愉快地散佈、歡愉地

增殖。根據傅柯的看法,在賀邱林所居的性世界中,身體歡愉不會馬上表意「性」為原初成因和最終意義;他宣稱這個世界是「只看得見貓的咧齒大笑,而看不見貓的歡愉世界。」(xiii)。的確,這些歡愉明顯地超越附加於其上的規範,而在此我們看到傅柯感性地縱情於他在《性意識史》中的分析要替換的解放論述。根據傅柯的解放性政治模型,「性」的推翻造成原初之性的多重性釋放(release of a primary sexual multiplicity),這個概念與精神分析推論的原初多形態(primary polymorphousness),或馬庫色原始與創意的——隨後為工具化的文化所壓抑——雙性情色(bisexual Eros)概念,並沒有相馳甚遠。

傅柯在《性意識史》第一冊的立場和《賀邱林·巴爾賓》序言的重大差異已經在《性意識史》本身無法消解的張力中現形(他在其中提到不同世代之間的性交流的「鄉野」和「無邪」歡愉,那是存在於各種規範策略強加其上之前【31頁】)。就一方面而言,傅柯想要論稱沒有任何「性」本身不是由論述和權力複雜的互動所製造,但是似乎有一「歡愉的多重性」**本身**不是任何特別論述/權力交換的結果。換句話說,傅柯喚起一先決於論述的力比多多重性比喻,有效地預設一「法律之前」的性意識,確實來說,一個等待從「性」的枷鎖被解放的性意識。就另一方面而言,傅柯形式上堅持性意識和權力為相互延伸,而且我們不能認為對性說是即是對權力說不。在他反司法和反解放的模式中,

「正式版本的」傅柯論稱性意識總是位在權力的母模中，總是在同爲論述和制度上的特殊歷史實踐中被製造或建構，而訴諸法律之前的性意識，是個解放性的性政治幻覺以及同謀的奇想。

賀邱林的日記提供一個機會來解讀傅柯的自我衝突，或者，更適切來說，來揭露這種反解放的性自由呼聲所構成的矛盾性。賀邱林在整個文本中名爲亞利西娜(Alexina)，敘述一個有關她／他悲劇困境的故事，渡過了不公義下被犧牲、欺騙、渴望和無可避免的失望的一生。從她／他還是年輕女孩之時，自己就與其他女孩不同。這個差異在整個故事中是交替的焦慮與自負心境的成因，但在法律成爲故事中明顯的角色時，則是不言自明的常識(tacit knowledge)。雖然賀邱林在日記中沒有直接說出她／他的生理構造，傅柯隨賀邱林的文本一起發表的醫學報告指出，合理來說，賀邱林可說是擁有被形容爲不是小陰莖就是擴大的陰蒂之物，在該有陰道之處能找到的是「死胡同」("cul-de-sac")，醫生們這麼說，此外，她似乎沒有可辨識的女性乳房；似乎也有某些射精的能力，在醫學文獻中沒有充分地說明。賀邱林從未如此提及生理構造，但以天生錯誤、形上學的無家可歸、無法滿足的慾望之狀況、極度的孤獨等辭彙談及她／他的難處，而這個孤獨在她／他自殺前，轉爲全面張揚的憤怒，先是針對男人，而最後是對於這種世界。

賀邱林以簡略的詞語交代她／他與學校女孩子、修道院「修女們」的關係，以及最終和成爲她／他情人的莎拉

(Sara)的激情戀曲。賀邱林起初被罪惡感所困，其後又為某種不明的生殖器疾病所苦，而把她／他的祕密透露給一個醫生，之後是一個教士，這一連串的告解行為有效地迫使她／他與莎拉分離。權威團體協議並造成她／他的轉變為男人，她／他在法律上必須穿著男人的衣服並行使各種男人在社會中的權利。日記是以傷感與通俗劇般的語調書寫，昭示一種持續的危機感，最後以自殺為結。我們可以說在亞利西娜合法轉變為男人之前，她／他可自由享受那些實際上免於「性」範疇司法和制約壓力的歡愉。的確，傅柯似是認為該日記提供了卓見，進入在單一性的律法強制之前那個沒有規範的歡愉領域。然而他的解讀構成極度的誤解，沒能洞悉那些歡愉早已深入普及但沒有明言(pervasive but inarticulate)的法律裡，更確實地說，那些歡愉就是它們據云要抵抗的法律所繁衍出來的。

把賀邱林的性意識浪漫化有其誘惑力，這種在「性」強加限制之前的歡愉烏托邦式遊戲，確定應該要拒絕。然而，還是可以問個選擇性的傅柯式問題：什麼樣的社會實踐和成規以這種方式製造性意識？我認為我們在探究這個問題時，有機會去瞭解(a)權力的生產能力──也就是說，規範性策略製造出來臣服於它們的對象；(b)權利藉以於自傳性敘述的脈絡中製造性意識的特定機制。當我們捨去多重性意識的形上學具體表現，在賀邱林的案例中探索具體敘事結構和政治與文化成規，也就是賀邱林性世界中溫柔的吻、散播的歡愉、受挫與越軌的戰慄的製造和約束者，差異的問題便會以新的姿態重新出現。

　　在各種於賀邱林和她／他伴侶之間製造性意識的權力母模中，很明顯地，女同志的成規同時為修道院及其支撐的宗教意識形態所鼓勵與責難。我們所知道的是賀邱林能閱讀，而且讀很多書，她／他那十九世紀的法國教育涉及經典學習與法國浪漫主義，而她／他自己的敘事體在一套既定的文學成規中成形。的確，這些成規為我們製造與詮釋傅柯和賀邱林都以為存在於所有成規之外的性意識。有關無望之愛的浪漫和傷感的敘事體似乎也在這個文本中製造了各種方式的慾望與折磨，如同基督教傳說中厄運的聖徒、希臘神話中自殺的陰陽同體人(androgynes)以及──很明顯地──基督的形象本身一般。無論是在法律「之前」的多重性意識還是法律「之外」的不自然越軌，那些立場都不變地「內在於」製造性意識然後隱藏其製造過程的論述，憑藉的就是啟動一位於文本「之外」的勇敢而叛逆的性意識。

　　當然，文本不變的誘惑在引人試著訴諸賀邱林生物二元中的男性組成，來解釋她／他與年輕女孩們的性關係。如果賀邱林想要一個女孩，那麼或許在荷爾蒙或染色體結構、或者在無孔的陰莖的構造上，有證據可指向一分明、男性之性，隨後產生了異性戀的能力和慾望。這些歡愉、慾望和行為──它們不是在某些意義上由生物性的身體所散發？而且不是有某種方式可以瞭解該散播同為身體的因果必然所造成、並表達出性的特定性(sex-specificity)嗎？

　　或許因為賀邱林的身體為雙性，概念上掙扎要把她／他原始性徵的敘述與她／他的性別身分（她／他對自身性別的

概念，這裡插個話，是一直變換而且絕非清晰的）分開，以及澄清她／他慾望的方向性和目標，便顯得格外困難。她／他自身在若干點認定她／他的身體為其性別混淆和越軌歡愉的**原因**，就如同它們同為一個不知何故、落在自然形上學的事物秩序之外的要素之結果和表現。但是與其把她／他異常的身體做為其慾望、煩惱、韻事和告解的成因，我們不如把這個在此完全文本化的身體，解讀為無法解決的矛盾性的記號，為單一性的司法論述所製造。我們無法如傅柯所願地發現多重性來取代單一性；反是面對了一個致命的、為禁制法所製造的矛盾性，亟欲愉悅地擴散的禁制法，然卻以賀邱林的自殺為終結。

如果我們理解賀邱林那自我揭露、本身為一種告白式自我建構的敘事體，似乎她／他性方面的性情從一開始就有矛盾性，而她／他的性意識重拾其建構的矛盾架構，部份來自於制度的指令，去追求各種延伸修道院家庭「姐妹」和「母親」之愛，以及過度偏執那份愛的絕對禁制令(absolute prohibition)。傅柯無意地提及賀邱林「非身分的快樂幽冥界」，實為歷史上特定的性意識形成所造成，也就是說，「她孤立地存在於幾乎全然是女人的陪伴中。」這個「奇特的快樂」，如他所形容的，在修道院成規的侷限之內既是「必要且禁制的。」他明白地表示，在此這個同性戀的環境為色情化的禁忌(eroticized taboo)所架構，很巧妙地促成這「非身分的快樂幽冥界。」傅柯接著又收回賀邱林參與女同性戀成規實踐這個建議，堅持「非身分」、而不是各種

女性身分，才是重點。讓賀邱林佔據「女同性戀」的論述立場，對傅柯來說是專注於性範疇——這正是傅柯希望透過賀邱林的故事來勸服我們去拒絕的。

但或許傅柯的確想要一石二鳥，確實他想暗示非身分是同性戀脈絡中製造出來的——就是說，同性戀是推翻性範疇的手段。注意在以下傅柯對賀邱林之歡愉的敘述中，性範疇是如何同被喚起與拒絕的：「在這非身分於相似的身體間迷失之時」，學校和修道院「培養性的非身分所發現和引起的溫柔歡愉」(xiv)。在此傅柯認定這些類似的身體支配它們非身分的快樂幽冥界的說法，在邏輯和歷史上都難以接受，但也是賀邱林適切的敘述。是她們類似性的自覺支配了修道院中年輕女子的性遊戲，或者是禁制同性戀的法律色情化的存在，於告解的強制模式下製造出這些越軌的歡愉？賀邱林即使在這表面同性戀的脈絡中，還維持她／他自身性差異的論述：她／他留意到並享受與她／他所欲求的年輕女子的不同，但這個差異不是異性戀慾望母模的單純複製。她／他知道她在這個交流的立場是越軌的，如她／他自己說的，她是男性特權的「篡奪者」("usurper")，　而她／他雖然質疑該特權卻又將之複製。

篡奪的語言指出她／他無可避免地參與使自己感到疏離的那些範疇，也指出那些範疇沒有在原因上或表達力上與性那受到認定的固定性(presumed fixity of sex)連結時，具有去自然化和含糊的可能性。賀邱林的生理構造沒有落在性的範疇之外，卻攪亂並重新分配那些範疇的構成因素；確實，性

被認定為讓各式各樣的屬性依附其上的持久實質基礎，但屬性的自由演出便揭露了性的幻覺特質。此外，賀邱林的性意識構成一套性別越軌來挑戰異性戀和女同志的情色交流之區分，強調它們充滿爭議性的交集和重新配置點。

但似乎我們被迫要問，即使在論述構成的性模稜(sexual ambiguity)的層面，沒有什麼有關「性」的問題──更確切來說──有關它與限定性範疇的自由演出之「權力」關係的問題嗎？換句話說，該演出能多自由，不論它被認為是先決於論述的力比多多重性或是為論述構成之多重性？傅柯原先對性範疇的反對，是因為性範疇於一套存在上分別的性功能和元素之上強加統一和單一性的狡計。傅柯以一種幾乎盧梭式(Rousseauian)的行動，建構了二元、人工的文化法把我們可能可理解為**自然**的異質性縮減和扭曲。賀邱林自己指她／他的性意識為「天性對抗理性不斷地掙扎」（103頁）。然而，很快地檢視這些分別的「元素」，會發現它們徹底醫學化為「功能」、「感覺」、甚或「驅力」。因此，吸引傅柯的異質性，是由他定位為壓抑的司法法律的醫學論述所組成。但是傅柯似乎很珍視的異質性為何，其目的又為何？

如果傅柯爭論性的非身分在同性戀脈絡中得到重視，他似乎把異性戀脈絡當成身分構成之所在。我們已經知道他一般以為性範疇和身分範疇是制約性性體制(sexual regime)的結果和工具，但這制約是否為創制性的或異性戀的、或是其他，則不清楚。性意識規制是否在對稱的二元關係中製造男性與女性身分？如果同性戀製造性的非身分，那麼同性戀

本身不再依靠彼此**相似**的身分；的確，同性戀無法被敘述爲此。但如果同性戀意在指定一**無法名之**(unnameable)的力比多異質性的所在，或許我們可以問是否這是一份無法或不敢言其名的愛呢？換句話說，只接受一個有關同性戀的訪問、在自己作品始終抗拒那告白時分的傅柯，卻把賀邱林的告白毫不汗顏地以說教的方式呈現在我們之前。這是個移置過的告白，認定了他和賀邱林生命之間的延續性或平行線嗎？

在法文板的封面，他提到普魯塔克(Plutarch)認爲名人們過著**平行**的生活，而該平行線以某種意義而言會無限延伸而相交在無限遠處。他提到有些生命從永恆的軌道上轉向，有消失在無法尋獲的隱處的威脅——沒有走上「直／異性戀」("straight")道，進入偉大的永恆社區，而偏離並威脅著變得全然無可挽回。「那會成爲普魯塔克的相反，」他如是說，「沿著平行點走下去，沒有任何事物可以讓那平行點交會」（我自己的翻譯）。在文本有關區分賀邱林——所採用的男性名字（雖然結尾恰是陰性）——和亞利西娜——指定賀邱林爲女性模式的名字——的說明最是明顯。但它也同樣說明了賀邱林和她／他的情人莎拉，實質上被分開，各走上分歧的道路。但或許賀邱林在某些意義上來說，也與傅柯對等平行，所謂平行即是分歧的生命道路之意，而這道路的路線可也不太「直／異性戀」。的確，或許賀邱林和傅柯的平行不是字面的意義，而在他們對於這般字面意義的質疑，把它應用到性範疇上時尤爲是。

　　傅柯在引言中指出儘管賀邱林的雙性特異，以及她／他自我陳述為非常不同於她／他所欲求的女子們，有些身體在某種層面而言還是會彼此「類似」。的確，在某種方式的性交流以後，賀邱林使用取得與勝利的語言，誓言莎拉為她永恆的所有物：「從那個時刻開始，莎拉便屬於我……！！！」（51頁）。那麼傅柯為什麼抗拒這個他亟欲用來做聲稱的文本？在傅柯唯一有關同性戀的訪問中，訪問者歐希金(James O'Higgins)談到「在美國知識份子的圈子中，特別是激進的女性主義者，有越來越多人區分男性和女性同性戀。」他主張這個立場表達兩種接觸會帶來非常不一樣的肉體體驗，女同志傾向從一而終或類似模式，男同志一般則非如此。傅柯以笑為答覆，為放在括號中的「【笑】」表達，而且他還說，「我能做的只是捧腹大笑。」[19]這個捧腹大笑，我們可能還記得，也出現在傅柯對波赫士(Borges)的解讀之後，記錄在《事物之序》(*Les mots et les choses*)的引言中：

> 這本書起始於波赫士的一個段落，源自我讀了
> 該段所爆發的笑聲中；這笑聲粉碎所有我思想中熟
> 悉的里程碑……打斷所有序列的表面，打破所有我

---

[19]〈性選擇，性行為：傅柯與同性戀〉("Sexual Choice, Sexual Act: Foucault and Homosexuality")，歐希金(James O'Higgins)翻譯，原載於《大雜燴》(*Salmagundi*)，58-59卷，1982年秋季號-1983年冬季號，10-24頁；再印收錄於克里茲曼(Lawrence Kritzman)編輯之《傅柯、政治、哲學、文化：訪問和其他寫作，1977-1984》(*Michel Foucault, Politics, Philosophy, Culture: Interviews and Other Writings.* New York: Routledge, 1988)，291頁。

們慣於馴服現存事物充斥的野性所憑藉的平面，並
且在之後很久還持續阻擾、威脅要瓦解我們對於類
同(the Same)和異己(the Other)那古老的區分[20]。

這個段落當然是出自攪混了亞里斯多德區分普遍範疇
和特例的中國百科全書。但也有謀殺摧毀他家庭(his family)
的希維葉(Pierre Rivière)那「粉碎般的笑聲」("shattering
laughter")，又或許，對傅柯來說，是獨一無二的家庭(the
family)，似乎順理成章否決親族關係範疇及從之延伸的性
範疇[21]。當然，也有巴塔耶(Bataille)現在很出名的笑聲，根
據德希達在《書寫與差異》(Writing and Difference)中告訴
我們的，是代表逃脫出黑格爾辯証學概念統治(conceptual
mastery)的逾越(excess)[22]。那麼傅柯的笑，似乎是因爲這問
題建立他尋求移置的那個二元制，那個可怕的類同和異己
之二元，不只在辯証學傳統中陰魂不散，也干擾著性的辯
證。但是，當然也有蛇髮梅杜莎(Medusa)的笑，根據西克蘇

---

[20]傅柯，《事物之序：人類科學之考古學》(*The Order of Things: An
Archaelogy of the Human Sciences.* New York: Vintage, 1973)，xv頁。
[21]傅柯編輯，《我，希維葉，弑母及手足者：十九世紀的弑親案例》(*I,
Pierre Rivière, Having Slaughtered My Mother, My Sister, and My Brother: A
Case of Parricide in the 19th Century.* Lincoln: University of Nebraska Press,
1975)，傑里涅克(Frank Jellinek)翻譯，法文原版爲*Moi, Pierre Rivière ayant
égorgé ma mère, ma sœur et mon frère*… (Paris: Editions, Gallimard, 1973)。
[22]參照德希達的〈從限制至一般的經濟：毫無保留的黑格爾主義〉("From
Restricted to General Economy: A Hegelianism Without Reserve")，收於
巴斯(Alan Bass)翻譯的《書寫與差異》(*Writing and Difference.* Chicago:
University of Chicago Press, 1978)，法文原版爲*L'Écriture et la différence*
(Paris, Editions du Seuil, 1967)。

(Hélène Cixous)的解釋，是粉碎了化人為石的凝視所構成的平靜表面，揭露類同和異己的辯證是透過性差異軸線而發生的[23]。賀邱林以一個自覺地反映梅杜莎故事的姿態，也寫道「我冷冷定住的凝視似乎凍住」（105頁）那些接觸到的人。

但是，當然是伊瑞葛萊暴露這類同和異己的辯證為錯誤的二元，是對稱差異(symmetrical difference)的幻覺，鞏固了陽物理體中心主義的形上學經濟，即類同(the same)的經濟。以她看來，異己與類同都被劃為為陽性，異己只是陽性主體負面的陳述，由於女性之性無法再現——也就是說，女性是在這個表意系統中不為性之性。但此性非一也意味著它規避了象徵界典型的單一表意，因為它不是實質的身分，對於使它不存在的那個經濟，永遠只是個受到破壞的差異關係。此性非「一」意味著其為多重、以自己的歡愉和表意方式散佈。的確，也許賀邱林明顯的多重歡愉以其多重架構(polyvalence)和拒絕屈就於單一表意的簡化，而具有了陰性標記的資格。

但我們不要忘了賀邱林似乎出現兩次的笑，第一次是怕被人**取笑**（23頁），隨後為對醫生蔑視的笑，因醫生在獲知她／他天生的反常之後，沒有報告給適當權威機構，而失去了她／他的尊敬（71頁）。那麼，對賀邱林來說，笑聲似乎不是代表羞辱就是蔑視，這兩種立場都無異議地連結到責難的法律、屈居其下，不是作為法律的工具就是對象。賀邱林

---

[23]參照西克蘇(Hélène Cixous)收錄於《新法國女性主義》(*New French Feminisms*)的〈梅杜莎之笑〉("The Laugh of Medusa")。

沒有落在法律的司法權之外；甚至她／他的放逐是以處罰的範例被理解。在第一頁，她／他說明自己「處身之地沒有在閃避我的世界中被劃出來[pas marquée]。」而她／他闡述這早期的賤斥(abjection)感，在之後先是使其扮演像是「狗」或「奴隸」一般的好女兒或情人，然後，當她／他被驅逐而且自我放逐出所有人類之境的時候，終於呈現全面和致命的形式。在自殺前的孤獨，她／他宣稱凌駕於兩性之上，但她／他的憤怒最全面地指向男人們，這陽性的「頭銜」("title")是她／他與莎拉親密的時候所篡奪的，而她／他現在則毫無保留地控訴，指男人們禁制她／他愛的可能性。

在該敘事體的開端，她／他給了兩個一個句子的段落，彼此「平行」來提示失落父親的憂鬱體內化，被遺棄的憤怒，便藉著在她／他的身分和慾望之中結構性建立該否定性，而得以延遲。在她／他告訴我們自己為母親迅速、毫無預警地遺棄之前，提到了在孤兒院中渡過了幾年歲月。她／他提到那些「可憐的小東西，襁褓之時就被剝奪了母親的愛。」在下一個句子中，她／他提到該機構為「受苦受難的避難所[asile]」，而在接下來的句子說她／他的父親「為突然的死亡帶走⋯⋯離棄母親的溫情」（4頁）。雖然她／他透過同情別人突然失怙而自身被拋棄之實得以二次轉移，她／他自己藉著這個轉移(deflection)而建立起認同，這個認同其後再出現為父親和女兒失去母親的溫存所承受的共同苦難。慾望的偏移意義上是混合的，當賀邱林一個「母親」接著另一個「母親」地墜入愛河，而又愛上不同母親們的「女

兒們」，把各個母親都嚇壞了。的確，她／他在作為每個人崇拜與興奮的對象以及蔑視和遺棄的目標之間搖擺不定，是一憂鬱結構的分裂結果，不受干擾而自給自足。如果憂鬱牽涉了自責，如佛洛伊德所示，而該責難是種負面的自戀（注意自己，即使是以責罵自己的方式），那麼賀邱林可被理解為常常陷入負面和正面自戀的對立中，一方面誓言自己為地球上最被棄絕和忽略的東西，但又能蠱惑所有親近她／他的人，的確是對所有女人而言比任何「男人」都更好（107頁）。

她／他指孤兒們的醫院為早期的「受苦的避難所」，而這個在她／他敘事體結尾再比喻性地重逢的住所，已為「墳墓的避難所。」就如那早期的避難所提供了與幽靈般父親神奇的靈交與認同，那死亡之墓也已經為這個她／他希望死時能相見的父親所佔據：「墳墓的景觀使我與生命和解，」她寫道，「它讓我對骨頭已經躺在我腳下的那位感到無限溫柔」（109頁）。但已然成形為團結對抗棄養母親的這份愛，本身並沒有脫離被棄的憤怒：「在【她／他】腳下」的父親早被擴大為她／他凌駕的男人整體，是她／他聲稱支配的（107頁）、她／他並對之發出蔑視的笑聲。稍早她／他提到發現其異常的那個醫生，說道「我希望他在地下一百尺！」（69頁）。

在此，賀邱林的矛盾隱含著傅柯「非身分的快樂幽冥界」理論的侷限。賀邱林懷疑是否她／他不是「一個不可能夢想的玩物」（79頁）時，幾乎是為傅柯預留了立場。賀邱

林性方面的性向(sexual disposition)從一開始就很矛盾,而且,如我稍早所言,她／他的性意識重蹈製造過程的矛盾結構,部份可解釋為制度化的指令,去追求各種延伸修道院家庭「姐妹」和「母親」之愛,以及過度偏執那份愛的絕對禁制令。她／他的性意識不是在於法律之外,而是法律矛盾的產物,由禁制的概念本身度量出精神分析和制度的領域。她／他的告白以及慾望,同是屈從與反抗。換句話說,被死亡或遺棄或這二者同時所禁制的愛,是一份把禁制作為其條件和目的之愛。

在服膺於法律之後,賀邱林成為司法上許可臣服之「男人」,但這性別範疇比她／他提及的歐維德(Ovid)《變形記》(*Metamorphoses*)更無彈性。她／他異質辭彙的(heteroglossic)論述挑戰了「人」之概念的可行性,而這概念可說是存在於性別之前、或以一性易另一性。如果她／他不是為其他人主動所譴責,她／他會責罰自己(甚至稱自己為「法官」【106頁】),揭露司法法律實際上比造成她／他性別轉換的經驗法還重大。的確,賀邱林永遠無法使司法法律具體化,正因為她／他不能讓該法律在解剖學的象徵結構中得以自然歸化。換句話說,法律不只是文化強加於本該為自然的異質性(natural heterogeneity)之上;透過把二元和不對稱的身體自然歸化取得合法性,法律要求對於自身「自然」概念的順從,在這個過程中,雖然陽物(Phallus)顯然不與陰莖(penis)相同,卻配置陰莖為其自然歸化的工具和符號。

賀邱林的歡愉和慾望絕不是在司法法律強施加之前茁壯

和擴散的鄉野純真(bucolic innocence)。她／他也沒有完全落在陽性主義表意經濟之外。她／他在法律「之外」，但法律把這「外面」維持在自己內部。事實上，她／他是法律的化身，但不是一個有權的主體(entitled subject)，而是制定為證言(enacted testimony)證實了法律詭異的力量，只去製造那些它自己保證可以──基於忠誠──擊潰的叛亂，以及那些完全被降伏的主體，沒有選擇只能重申它們源起於法律之實。

作為結語的不科學後記

在《性意識史，第一冊》中，傅柯似乎把對於身分的追求定位在權力的司法形式脈絡中，而該司法形式隨著十九世紀末崛起的性科學(sexual sciences)的來臨，（包括了精神分析）更全面清晰地表達。雖然傅柯在《歡愉的用法》(L'Usage des plaisirs)開頭中改寫了他的性歷史編纂(historiography of sex)，尋求在早期希臘和羅馬的文本中發現主體形成(subject-formation)的壓抑／創制性規則，他要揭露身分–效果(identity-effects)規制性製造的哲學計畫仍是恆常進行。這種身分追求的當代範例可見於最近細胞生物學的發展，這個例子無意地肯定了傅柯式批評的延續的實用性。

欲質詢性的單一性，可以參照最近有關主基因(master gene)的爭議，起於麻省理工學院(MIT)研究員在1987年年尾聲稱發現了某種性的祕密決定性因素。佩吉(David Page)博士和同事們使用高度精密的科技設施，發現了在Y染色體上構

成特殊DNA序列的主基因，並把它命名為"TDF"或睪丸決定因素(testis-determining factor)。佩吉博士把他的發現在《細胞》(*Cell*)雜誌五十一期上發表，聲稱發現了「所有性的同種二形特徵(dimorphic characteristics)中樞的二元轉換器。」[24]讓我們且審視這個發現的種種宣稱，看看為什麼有關性的決定性那些令人不安的問題還陸續被提出來。

根據佩吉的論文〈人類Y染色體的性決定區域定一指蛋白質為暗碼〉("The sex-determining region of the human Y chromosome encodes a finger protein")，DNA樣本取自一群很不尋常的人，有些有XX染色體但被醫學上斷為男性，而有些有XY染色體但被醫學上斷為女性。他沒有確實告訴我們這些相反於染色體發現的推論是基於什麼基礎，但我們會自己去認定，明顯的主要和次要特徵指出那些的確是適切的指定。佩吉和同事們做出以下的假設：一定有某種DNA的伸展決定了男性之性，卻無法在通常的顯微鏡狀況下觀察到，這DNA的伸展必定從它通常所在的Y染色體被移到別的染色體，移到沒有預期會找到它的地方。只有在我們認定(a)這個沒有被

---

[24]引自佛斯朵史德林(Anne Fausto-Sterling)的〈XY畜欄中的生活〉("Life in the XY Corral")，國際論壇女性研究(Women's Studies International Forum)，第12卷第3期，1989年，女性主義與科學的特刊(Special Issue on Feminism and Science)：紀念布萊爾(Ruth Bleier)，羅瑟(Sue Rosser)編輯，328頁。本文這節其餘引文都是從她的文章及其他她引用的兩篇論文而來：佩吉等著(David C. Page, et al.)，〈人類Y染色體的性決定區域定一指蛋白質為暗碼〉("The sex-determining region of the human Y chromosome encodes a finger protein")，載於《細胞》(*Cell*)51期，1091-1104頁，和愛荷(Eva Eicher)與瓦斯伯恩(Linda Washburn)合著，〈老鼠的原初性決定的基因控制〉("Genetic control of primary sex determination in mice")，載於《遺傳學年度回顧》(*Annual Review of Genetics*)第20期，327-360頁。

偵測到的DNA序列(b)證明了它的可移位性，我們才能了解為什麼一個XX的男性沒有可偵測到的Y染色體，事實上卻仍然是男性。同樣地，我們可以解釋女性們身上有Y染色體的異象，也正是該DNA的伸展不知為何被錯置了。

雖然佩吉和他的研究員們採樣的範圍很侷限，他們研究根據的推論，部份來說是有達百分之十的人口有不符合XX－女性和XY－男性這一套範疇的染色體異常。因此，「主基因」的發現被視為一個比之前的染色體標準所提供更為確定的基礎，來了解性的決定以及性的差異。

很不幸地，對佩吉來說，還有一個持續的問題纏擾著有關DNA序列發現的聲稱。據云決定陽性的同樣DNA伸展，事實上也出現在陰性的X染色體中。佩吉對這個奇特的發現首先的回應是聲稱或許這基因序列在男性體內**存在**——相對於其在女性體內**不存在**——不是決定的因素，而是它在男性體內**主動**，而在女性身上**被動**（亞里斯多德復生了！）。但這個建議仍只是假設，而且根據佛斯朵史德林(Anne Fausto-Sterling)的說法，佩吉和同事們在那篇《細胞》的論文沒有提到，那些基因被取樣的個人們本身的組織和生殖構造並不是毫無爭議性。以下引自她的文章〈XY畜欄中的生活〉("Life in the XY Corral")：

> 他們研究的四位XX男性都不育（沒有製造精子），有完全缺乏生殖細胞(germ cell)的小睪丸，也就是缺乏製造精子的前驅細胞。他們有很高的荷

爾蒙和很低的男性荷爾蒙水平。他們會被分類為男性，應該是因為他們的外生殖器和睪丸的存在……同樣地……XY女性們的外生殖器都很正常，【但是】她們的卵巢缺乏生殖細胞。（328頁）

很明顯地，這些案例中有關性的組成部份，不包含於通常被性範疇所指定的、可理解的一貫性或統一性。這個不連貫性也困擾著佩吉的主張，由於不清楚我們是否該一開始就同意這些人是XX－男性和XY－女性，因為這個男性和女性的指定正是問題所在，而從訴諸外生殖器這點看來，又已經是暗暗地決定了。的確，如果外生殖器作為決定或指定性的標準已足夠，那麼有關主基因的實驗性研究根本就沒有必要。

但試想一個不一樣的問題，就是該特定假設被組合、測試和確認的方式。注意佩吉和同事把性決定和男性決定、睪丸決定混為一談。遺傳學者愛荷(Eva Eicher)與瓦斯伯恩(Linda L. Washburn)在《遺傳學年度回顧》(Annual Review of Genetics)中指出，卵巢決定從未在性決定的著作中得到考慮，而女性本質總是在缺乏男性決定因素或該因素的被動存在情況之下，才構思而成；它被視為不存在或被動，因而在定義上總被排除為研究的對象。然而，愛荷和瓦斯伯恩指出，它是主動的，而文化上的偏見，確切地說，一套有關性的性別化的假定以及什麼可能為有價值的探索，偏頗並限制了性的決定的研究。佛斯朵史德林引用愛荷和瓦斯伯恩所言：

　　有些研究者過度強調Y染色體涉及睪丸決定的假設，把睪丸組織的感應呈現為一主動、（基因導向、主導性）事件，而卵巢組織的感應則為被動（自動）事件。卵巢組織的感應確定為一樣地主動、基因導向的發展過程，就如同睪丸組織的感應，或就該議題而言，如同任何細胞分化過程(differentiation process)的感應般主動。而幾乎沒有任何文章，是有關基因介入沒有分化的生殖線中卵巢組織的感應。（325頁）

　　類似地，胚胎學(embryology)的整個領域都受到抨擊，因為研究方向集中在核心(nucleus)在細胞分化中的中心角色。在分子細胞生物學(molecular cell biology)這個領域的女性主義論者，已對其核心中心主義(nucleocentric)的認定有所批判。相對於想建立一全然分化的細胞核心為一完好和形成良好的新有機體的主宰或主導的研究取向，他們提議重新構思核心、將核心置於在細胞的脈絡中才能獲得意義和控制的研究計畫。根據佛斯朵史德林的說法，「該問的問題不是細胞核心如何在分化中改變，而是充滿動力的核心－細胞質互動在分化中的變更。」(323-324頁)

　　佩吉探詢的結構正好套進分子細胞生物學的一般潮流。他的理論架構暗示從一開始他就拒絕考慮這些個人們隱約地挑戰現有性範疇的敘述力量；他探索的問題在「二元轉換」如何啟動，而不是性的二元制條件下的身體敘述是否適合於當前的探討。此外，把重心放在「主基因」上，表示女性本

質(femaleness)該被理解爲男性本質(maleness)的存在或不存在，或者，至少被理解爲一種被動性的存在，而這被動性如果在男人身上無異地會是主動。當然，這個主張，是在卵巢主動爲性的分化做出貢獻這件事不被認真考慮的研究脈絡中所提出的。這裡的結論，不在無法做出有關性的決定之有效和可資證明的主張，而是有關像男人和女人的相對地位以及性別本身的二元關係這種文化認定，把研究的架構與重心都定在性的決定上。當我們了解性別化的意義決定那些生物醫學研究的假設和推理，而這些研究又爲我們在「性」取得文化意義之前把它建立，就能理解區分性和性別的任務變得更加困難。的確，當我們了解生物學的語言參與其他的語言，在它宣稱要發現和中性敘述的對象中複製了文化的沈澱物，就會明白這個任務甚至更加複雜。

佩吉和其他人所指的難道不是純粹的文化成規，當他們決定一個解剖學上有爭議的XX個體是男性，用的是把外生殖器視爲確定的性「指標」之成規？或許有人會辯稱在這些例子中充斥的不延續性不能經由訴諸單一決定要素來解決，而性，作爲一個包含各種元素、作用和染色體與荷爾蒙層面的範疇，不再於我們視爲理所當然的二元框架中運作。這裡的重點不在訴諸例外、怪異的例子，以求相對於從正常的性生活出發的宣稱。然而，如佛洛伊德在《性學三論》中建議的，正是例外、怪異之事給我們線索知道那平凡無奇、視爲理所當然的性意義的世界是怎麼組成的。只有從自覺的反自然立場，我們才能看到自然性的表面本身是如何構成的。

我們對於性化的身體的預設觀點、對於它們是這個或是另一個、對於據說是它們固有的意義、或者是它們性化以後延續下來的意義，突然之間有了重大的反動，就是拜那些無法在文化成規的條件下，遵從我們自然歸化和穩定化身體領域範疇的特例之賜。因此，奇怪的、不連貫的、落在「外面」的，讓我們有機會了解這理所當然的性範疇世界是建構出來的，也的確可能以不一樣的方式來建構。

雖然我們可能不會馬上同意傅柯所提供的分析──也就是說，性範疇是為了一個規範性和創制性的性意識而建構的──觀察佩吉指定外生殖器──那些對於生殖性性意識(reproductive sexuality)的象徵極重要的解剖學部位──為沒有爭議而且先決的性分配的決定要素，仍然很有趣。我們可以說在這個例子中，佩吉的探索為兩種衝突的論述所圍困：把外生殖器作為性的確定標記、並為此來達到生殖目的論述，以及尋求建立男性原則為主動、單一原因──如果不是自發遺傳(autogenetic)──的論述。因此，從有性生殖的社會組織中，透過清楚而不含糊地建構性別化身體對於彼此的身分和立場，似乎透露出想一次永久地決定性、以及把它定為其一而不是其二的慾望。

因為在生殖性性意識的架構中，男體通常被比喻為主動的媒介，佩吉研究的問題，就一方面而言，就在把生殖的論述和陽性活動的論述做了妥協，這兩個論述通常在文化上都合作愉快，但在這個例子中則分道揚鑣了。很有趣地，是佩吉願意把活躍的DNA序列作為結語，實際上把陽性活動原則

的優先權讓給生殖的論述。

然而，根據維諦格的理論，這個優先權只構成表象。性的範疇屬於強制性異性戀的系統，明顯地透過強制性生殖的系統來運作。以維諦格看來——就是我們接著要討論的——「陽性的」和「陰性的」、「男性的」和「女性的」，只存在於異性戀的母模中；的確，它們是隱藏了那個母模的自然歸化辭彙，因此沒受到激烈的批判。

III.維諦格：身體瓦解與虛構的性

> 語言於社會體之上投下一束束的真實。
>
> ——維諦格

西蒙波娃在《第二性》中寫道「女人不是生來就是，而是後天形成。」這句子很奇怪，甚至是胡說，因為一個人怎麼可能變成女人，如果不一直都是女人？而這個變化之「人」是誰？是否有人在時間上某個點成為自身的性別？認定這人在變化之前不是自身的性別，是否公道？性別建構的時刻或機制為何？而或許最相關的問題，是這個機制何時抵達文化的現場來轉變人類主體為性別化的主體？

有沒有人不是——如果可能的話——一直都已性別化的？性別的記號似乎為身體賦予人體的「資格」；嬰孩人性化的時刻是這個問題「男孩還是女孩？」得到回答之時。那些不符合任一性別的身體形徵落在人類的範疇外，的確，構

成了非人(dehumanized)和賤斥(abject)的領域，而人性則是相對於上述所建構出來的。如果性別一直存在，並預先設限決定什麼具人性的資格，我們如何能說一個人成爲自身的性別，就如同性別是一個後記或是文化的事後補充呢？

當然波娃只意欲指出女人的範疇是個可變的文化成果，一套在文化領域中選得或取得的意義，沒有人是帶著性別出世——性別總是之後取得的。就另一方面而言，波娃願意肯定人是帶著性出世，有性、作爲性、定了性，而且定性(being sexed)和爲人(being human)是同時又互爲延伸；性是人類的分析屬性，沒有人是無性的，性作爲必要的屬性給了人爲人的資格。但性沒有造成性別，而性別不能被理解爲反性或表達性；的確，對波娃而言，性是不變的事實，但性別是取得的，性無法改變——她是這麼想的——性別爲性的可變文化建構，是爲一個定了性的身體所觸發、是無數和開放的文化意義的可能性。

波娃的理論隱含著似乎激進的結果，她自己或許不樂見的結果。例如，如果性和性別是截然不同的，那麼身爲一既定的性不表示成爲一個既定的性別；換句話說，「女人」不須爲女體的文化建構，而「男人」不須詮釋男體。這個性／性別分野的極端說法指出性化的身體可爲若干不同性別的場景，此外，性別本身不須被侷限於通常的那兩個。如果性不限制性別，那麼或許有性別、文化方式去詮釋定了性的身體，不會受到性的明顯二元制所限制的。想想如果性別爲人所變成——但不是本來就是——之物，會有什麼樣的結果，

那麼性別本身爲一種形成或活動,而性別不應該被視爲名詞或名詞性之物、或者是靜態的文化記號,而是一個不斷且重複的某種行動。如果性別不和性連結在一起,不管是因果或表達力方面,那麼性別是種有潛力在明顯的性二元制所強加的二元限制之外擴散的行動。的確,性別是種需求新語彙的文化／肉體行動,而該語彙建立並增加各種現在分詞、可重新表意及擴張的範疇來抗拒二元和名詞性的文法限制性別。但這種計畫如何爲文化上可構成之物,並避免不可能與徒勞的烏托邦計畫的命運呢?

「女人不是生來就是。」維諦格在一篇同名、刊登於《女性主義議題》(第1卷第1期)的論文中重複這個句子。但維諦格提供了何種對波娃的回應和再現呢?有兩個主張同時呼應波娃,又把她與波娃做了分別:第一點,性的範疇不是不變或自然的,而是爲自然範疇特定的政治用途來達成生殖性性意識的目的。換句話說,沒有理由來區分人體爲男性或女性,除非這個區分適合異性戀的經濟效益,並增加異性戀制度的自然歸化光環。因此,對維諦格來說,性和性別沒有分別,「性」範疇本身是個**性別化**的範疇,完全賦有政治的投資,不自然(not natural)但是自然歸化(naturalized)。維諦格第二個非常反本能而行的主張如下:女同志(lesbian)不是女人(woman)。她論稱女人是爲了穩定和鞏固對男人二元和對立關係而存在;而那個關係,就是異性戀。她宣稱女同志拒絕異性戀,因而不再被定義於該對立關係的條件之下。確實來說,她主張女同志超越了女人和男人之間的二元

對立，既不是女人也不是男人。但是除此之外，女同志也無性，她超越了性的範疇。女同志藉著拒絕那些範疇，揭示（代名詞在此是個問題）那些範疇的隨機文化建構以及異性戀母模沈默但是恆常的認定。因此，對維諦格而言，我們可以說女性(female)不是生下來就是，而是**後天形成**；但更為激進地說，如果一個人選擇，可以成為既不是女性也不是男性，既不是女人也不是男人。的確，女同志似乎是第三性，或者，如我將證明的，是一個範疇，激進地揭示了性和性別作為穩定的政治敘述範疇的問題。

維諦格主張語言學對「性」的歧視，穩固了強制性異性戀的政治和文化運作。她以為這異性戀的**關係**，以通常的意義而言，既不是相互的亦不是二元的；「性」一直都已經是女性的(female)，而性唯有一個，就是陰性化的(feminine)。作為陽性並不是「定其性」；「定其性」總是成為特別和相對的方式，而陽性在該系統中是以普世人(universal person)的形式參與的。那麼，對維諦格而言，「女性之性」("female sex")不意味著其他的性，如「男性之性」("male sex")一般；「女性之性」只意味著自身，陷入性裡面，被困在波娃所謂的內在性(immanence)的圈子中。因為「性」是身體的政治和文化詮釋，所以在世俗的成規上沒有性／性別的區分；性別被建立於性之中，而性從一開始證明了為性別。維諦格論稱在這套強制性的社會關係中，就存在的觀點而言女人變得充滿了性；她們是她們的性，而且，反過來說，性必然為陰性化的。

　　維諦格以「性」爲論述製造和流通之表意系統，壓迫
女人、男同志和女同志。她拒絕參與這表意系統，或是去
相信在這系統中採取改革或顛覆的立場可行；去喚起系統的
一部份，即是喚起並肯定它的全部。結果，她規劃的政治任
務在於推翻整個有關性的論述，更確切地，在推翻建立「性
別」─或「虛構之性」─爲人類或類似物的必要屬性的文法
（特別是用法文發音的）[25]。透過她的理論和小說，她呼籲身
體與性意識敘述的極度重新組合，不訴諸性，並因而不訴諸
在性別母模中規制和分配發言權的代名詞的區分。

　　維諦格以像「性」這般論述的範疇爲強加於社會範圍的
抽象物，製造出第二層序列或具體化之「真實」。雖然個人
似乎有對性的「直接體認」("direct perception")，被視爲經驗
的客觀資料，維諦格認爲這種客體已經被暴力地塑造爲這種
資料，而那暴力塑造成形的歷史及機制不再隨該對象出現[26]。
因此，「性」是暴力過程的真實效果(reality-effect)，而這
個過程則被效果所隱藏。所有看得到的就是「性」，因此
「性」被視爲所有之全部，沒有形成原因，僅僅因爲原因無

[25]維諦格指出「跟法文比起來，英文素有幾乎無性別之名，而法文是爲一
性別分明的語言。嚴格來說，英文確實沒有把性別的記號加諸無生命的
物體、事物或非人類的生物。但對於人的範疇而言，兩個語言帶著性別
的程度是同等的」（〈性別的標記〉"The　Mark of Gender"，《女性主義
議題》*Feminist Issues*，第5卷第2期，1985年秋季，3頁）。

[26]雖然維諦格本身沒有據此論點，她的理論可能解釋了一個範疇被暴力建
立起來之時的暴力強制，施予有性主體──譬如說女人、女同性戀、男
同性戀──的暴力。換句話說，針對這些身體的性犯罪有效地把它們削
減至它們的「性」，因而再肯定並強制範疇本身的削減行爲。因爲論述
不限於書寫或發言，亦並及社會行動，甚至暴力的社會行動，我們應該
瞭解強暴、性暴力或「毆打同性戀」("queer-bashing")爲性範疇的執行。

法尋獲。維諦格瞭解她的立場反本能而行，但是本能的政治教化正是她想點明、揭露和挑戰的：

> 性被視為「立即給予」、「明智給予」的「肉體特質」("physical features")，屬於自然的秩序。但我們相信為肉體的以及直接的感悟只是個細緻和神話的建構，一個「想像的形成」，透過它們被體認的關係網絡，重新詮釋了肉體特質（本身和其他事物一樣為中性，但為社會系統所畫記）[27]。

「肉體特質」似乎就某些意義而言，存在於語言的遠端**那邊**，沒有被社會系統畫記。然而，仍然不清楚這些特質能否以不重複性範疇削減式運作的方式來定名。這眾多的特質透過它們在性範疇內的闡述而取得社會意義與統一性。換句話說，「性」強加人工的統一於一套本來該是不連續的屬性。同是**論述**以及**感覺**的性，指出一個歷史上偶發的知識體制，一個形成知覺的語言，成就於強力塑造肉體得以認知的相互關係。

在知覺所察覺的身體之前是否有個「實質的」身體("physical body")？這是個無法決定的問題。在性範疇之下聚集的屬性不但備受質疑，而且有關這些「特質」的偏見一樣可疑。陰莖、陰道、胸部等等被命名為性器，對那些

---

[27]維諦格，〈女人不是生來就是〉("One is Not Born a Woman")，載於《女性主義論題》(*Feminist Issues*)，第1卷第2期，1981年春季號，48頁。

器官而言是性感體(erogenous body)的限制，對整體而言是身體的破碎化(fragmentation)。的確，由性範疇強加於身體之上的「統一」實爲「不統一」，破碎與分隔化，以及性感覺(erogeneity)的削減。難怪維諦格在《女同志身體》(*The Lesbian Body*)中透過破壞和破裂性化的身體來啓動性範疇的文本「推翻」。正如「性」把身體破碎化，女同志推翻「性」的目標，對準了作爲統治模型的身體完整性的性別區分規範，就是這些規範指定什麼「統一」和連貫身體爲性化的身體。在她的理論和小說中，維諦格指出常被視爲正面理想的身體的「完整」("integrity")和「統一」("unity")，實際上達成破碎、限制以及統治的目的。

語言透過說話主體的表達行爲而取得力量來創造「社會真實」。在維諦格的理論中，真實似乎有兩種層面，兩種存在論的序列。社會組織的存在論從一更爲基礎、似是社會之前和論述之前的存在論中浮現；「性」屬於論述構成的真實（第二序列），而社會之前的存在論則解釋了論述本身的建構。她顯然拒絕結構主義認定有一套普遍性的表意架構，先決於說話主體，指引主體以及發言的形成。以她的觀點，具異性戀和強制特徵的歷史偶發結構，分配完全與權威的言語權利於男性，而拒絕賦予該權利於女性。但這個社會上構成的不對稱，掩飾並違反先於社會存在的人的統一和平等。

維諦格主張女人的任務在擔負起權威、說話主體的立場——就某種意義而言，這是她們存在上奠定的「權利」——並且推翻性範疇以及身爲該範疇根源的強制性異性戀系統。

語言對維諦格而言是一套一再重複的行為，製造出最終被錯認為「事實」的真實效果。集體而言，定名性差異的重複實踐已經製造出自然區分的表象。為性「定名」是統治和強制的行為，依據性差異的原則而藉以要求身體的論述／認知建構，來製造和制定社會真實的一個制度化踐履。因此，維諦格下了結論，「我們被強迫從我們身體和心理，一樣一樣地去回應已經為我們建立起來的自然理念……"男人"和"女人"是政治範疇，不是自然的事實。」[28]

「性」這個範疇，透過維諦格所說的強制契約(coerced contract)，強迫「性」這個身體的社會形態。因此，「性」範疇是個拘人為奴的名字。語言「於社會體之上投下一束束的真實」，但這些捆束不是容易就可以拋棄的。維諦格繼續說：「為社會體蓋上章印並暴力地塑造其成形。」[29]她論稱在人文學科論述中彰顯的「異性戀思維」，「壓迫我們所有的人，女同志、女人和同性戀男人」，因為這些論述「理所當然地認為社會──任何社會──的奠立基礎都是異性戀。」論述變得有壓迫性，要求說話主體要發言就得參與壓迫的辭彙──也就是說，把說話主體自身的不可能性和無法感知性視為理所當然。維諦格以為這樣主斷的異性戀在論述之內運作來傳達一個威脅：「你要不就是異性戀要不就不存在。」[30]她論稱女人、女同志和男同志無法在強制性異性戀的語言系

---

[28]同上，17頁。
[29]維諦格，〈性別的標記〉，4頁。
[30]同上，107頁。

統中佔據說話主體的地位。在該系統中發言就是被剝奪言語的可能性；因此，在那個脈絡中出聲是為踐履性的衝突，是一種自我的語言聲明，聲言無法「存在」於能夠聲明自我的語言中。

　　維諦格賦予這個語言「系統」的力量非常大。她說概念、範疇和抽象化可於其宣稱要組織和詮釋的身體上行使實質和物質的暴力：「科學和理論物質化與實際地施於我們身體和心靈的力量，一點也不抽象，即使製造出這個力量的論述是抽象的。如馬克思所言，這是一種支配形式、表達方式，但我會說它其實是種實習。所有受壓迫者都清楚這個力量而且必須去面對它。」[31]語言運作於身體上的力量同是性壓迫的成因與超越壓迫的方法。語言作用的方式既不神奇也不冷酷：「語言中有種真實的可塑性(plasticity)：語言對於真實有可塑性的行動。」[32]語言承擔並改變自身的力量以作用於真實之上，所憑藉的表達行為在重複之中成為牢固的實踐，最終則成為制度。語言不對稱的結構把為了以及作為普遍性來發言的主體認定為男性，把女性發言者認定為「特殊的」("particular")和「有利害關係的」("interested")，而這種結構並不是特定的語言或語言本身所原有的。這些不對稱的立場無法被理解為依循男人或女人的「天性」("nature")而來，因為這種「天性」不存在（如波娃所述）：「要知道男人並不是生來就具普遍性的能力，而女人也不是在出生就被

---

[31]同上，106頁。
[32]〈性別的標記〉，4頁。

貶為特殊的。普遍性從過去以來、而且一直持續在每分鐘為
男人所取用。它沒有自己發生，它是必須去做的。它是種行
為，犯罪的行為，由一個階級貫徹至另一個階級。它是種從
概念、哲學、政治層面施展的行為。」[33]

　　雖然伊瑞葛萊論稱「主體一直都是陽性的」，維諦格
反對「主體」是陽性獨有領域的概念。對她而言，語言的
可塑性抗拒把主體的立場固定為陽性的。的確，對維諦格而
言，認定絕對的說話主體是「女人」的政治目標，如果達成
了將會一併消融「女人」的範疇。女人無法使用第一人稱的
「我」，因為身為女人，說話者是「特殊的」（相對性的、
有其利害關係、有其觀點），而引用「我」認定擁有為了以
及作為普遍性的人說話的能力：「一個相對性主體是無法想
像的，相對性主體根本無法發言。」[34]維諦格仰賴所有發言
預設並隱約引出語言全部的認定，把說話主體敘述為在說出
「我」的行為中，「再次採用語言全部，從單一自我出發，
而使用所有語言的力量。」這個說話的「我」絕對的基礎，
在維諦格的討論中帶著神一般的色彩。說出「我」的特權建
立了至高無上的自我，絕對的豐足與權力的中心；發言建立
了「主體性的至高無上行動」。這獲取主體性(subjectivity)
是要有效地推翻性，而因此也推翻陰性的：「沒有女人能說
我而自身卻不是個全面的主體──也就是說沒有性別化、普
遍、完整。」[35]

---

[33]同上，5頁。
[34]同上，6頁。
[35]同上。

　　維諦格繼續論及一令人驚異的推測，那是有關語言和「存在」的本質，把她的政治計畫置於傳統存在神學(ontotheology)的論述之下。以她看來，語言的原初存在，給予每個人同樣的機會去建立主體性。女人嘗試著透過發言來建立主體性所需面對的實際考驗，在於她們是否有集體力量，去拋卻強加於她們身上、扭曲她們爲片面或相對存在體的性的物化。由於這捨棄是在完整地引出「我」的實習之後，女人於是**說出**離開性別之路。性的社會物化可被理解爲掩蓋或扭曲一存在之前的真實，而那真實即是所有人平等的機會，存在於性的畫記、運用語言來聲明主體性之前。在發言中，「我」擔起了語言的全部，因而具有從所有立場發言的潛力—也就是說，是種普遍性的模式。她說「性別……於這種存在的事實上運作來廢除它」，認定平等地達到普遍性的主要原則，有作爲那個「存在事實」的資格[36]。然而，這平等條件的原則，本身就基於存在論對說話主體統一性的認定，以爲在性化的存在體(sexed being)之前有一存有(Being)。她論稱性別「試著成就存有的分割，」但是「存有作爲一存在體是不可分割的。」[37]在此有關「我」的連貫主張預設的不只是語言的全面性，而且是存在體的統一。

　　如果在別處還沒這麼明顯，看得出維諦格於此致力於存在、存有、極度和不受阻擾的豐足的傳統哲學論述的追求。不同於視所有表意都仰賴操作**延異**(operantional différance)的

[36]同上。
[37]同上。

德希達立場，維諦格主張發言需要並引發所有事物沒有破綻的身分。這個基本教義的虛構，給她一個出發點來批評既存的社會組織。然而，關鍵的問題還在，就是那存在、權威和普遍性主體的認定，是為什麼樣的隨機社會關係效命？為什麼不讓主體及其普遍化知識論策略偏離中心？雖然維諦格批評「異性戀思維」把自身觀點普遍化，但是她沒有考慮到這種至高無上的語言行動(sovereign speech acts)理論，會帶來極權主義的結果。

就政治上而言，存在體分割——以她的觀點，是一種對於存在論的豐足領域的暴力——為普遍和特定的區別，支配了從屬的關係。統治必須被理解為在語言存在之前，就否定了所有人的先決和原初統一。統治的發生，是透過語言的可塑社會行動所創造的第二序列、也就是人工的存在論，那是差異、不一致、以及因此成為社會真實的階層制的幻覺。

很矛盾地，維諦格從沒有提到亞里斯塔芬尼(Aristophanes)那原始性別統一的神話，由於性別是個分割的原則、從屬的工具，抗拒了統一的概念本身。重要的是她小說的內容依著解體(disintegration)的敘事策略，指出性的二元構成以破碎和繁衍為必要，直至這二元本身的隨機性被揭露。屬性或「肉體特質」的自由演出從不是絕對的毀滅，因為被性別所扭曲的存在論領域為一持續的豐足之地。維諦格批評「異性戀思維」無法解放自身於「差異」的思維。維諦格反對精神分析是門取決於「缺乏」和「否決」經濟的科學，是暫與德勒茲和瓜塔利(Guatarri)相唱和。在早期的〈典

範〉("Paradigm")一文中，維諦格認為二元性系統的推翻可能
觸發多重性的文化領域。在該文中她提到反伊底帕斯(Anti-
Oedipus)：「對我們來說，不只有一或二，而是很多的性
（對照瓜塔利／德樂茲），如個體般多的性。」[38]然而，性
的無限繁殖在邏輯上造成了性的否決。如果性的數目和現存
個體的數目相符，性作為一個詞語，就不再適於任何一般的
應用：一個人的性會是嚴格地單數所有，不再能運作為有用
的或敘述的一般化語詞。

在維諦格理論和小說中運作的毀滅、推翻和暴力的比
喻，存在的地位艱難。雖然語言範疇以「暴力」的方式塑造
真實，以真實之名創造社會虛構，似乎有個更確實的真實，
一個存在論的統一領域以來度量這些社會虛構。維諦格拒絕
「抽象」概念和「物質」真實的分別，論稱概念是在語言
的物質性之內形成與流通，而語言以**物質**的方式建構社會的
世界[39]。就另一方面而言，這些「建構」之所以被判斷為扭

---

[38]維諦格，〈典範〉("Paradigm")，收錄於馬爾克斯(Elaine Marks)和史坦波
連(George Stambolian)編輯的《同性戀與法國文學：文化脈絡批評文本》
(*Homosexuality and French Literature: Cultural Contexts/Critical Texts*. Ithaca:
Cornell University Press, 1979)，119頁。然而，試想維諦格接受語言的使
用穩定說話主體的獨立和普遍性，以及德樂茲那尼采式的努力去換置說
話的「我」為語言學權力的中心，這兩者的截然不同。雖然二者都對精
神分析有所批判，德樂茲透過權力意志批評主體，比較接近拉岡和後拉
岡精神分析論述中以符號驅力無意識取代說話主體。對維諦格而言，似
乎性意識和慾望是個別主體自我決定的闡釋，而對德樂茲和他精神分析
的對手們，需求的慾望替代和分散主體。德樂茲論稱，「慾望不預設主
體，相反地，它只在人被剝奪說"我"的權力時，才能達成。」詳見德樂
茲(Gilles Deleuze)和帕內(Claire Parnet)所著，湯林森(Hugh Tomlinson)和
哈柏簡(Barbara Habberjam)翻譯，《對話》(*Dialogues*. New York: Columbia
University Press, 1987)，89頁。

[39]她好幾次把這個卓見歸於巴赫汀(Mikhail Bahktin)的作品。

曲和物化，是對照於之前極度統一和豐足的存在論領域。
因此，建構可以「真實」到作為論述之內取得權力的虛構現
象。然而，隱約地尋求語言的普遍性和存有之一統性(unity
of Being)的表達行為，奪去這些建構的權力。維諦格說「文
學作品作為戰爭機器是大有可能的，」甚至是「完美的戰爭
機器。」[40]這個戰爭的主要策略是由女人、女同志和男同志
——所有被「性」的認同而特殊化的族群——先去佔據說話
主體的立場，以及它所引發的普遍性觀點。

　一個特殊和相對的主體怎麼脫出性範疇而發言的問
題，引導維諦格對巴尼斯(Djuna Barnes)[41]、普魯斯特(Marcel
Proust)[42]和沙荷特(Nathalie Sarraute)[43]作品的多方思慮。在每
個例子中，文學作品作為戰爭機器是指向反對性別的階層化
區分，反對以回復普遍和特殊辭彙的先要以及基本統一性之
名來分裂這兩者。把女人的觀點普遍化就是同時摧毀女人範
疇，建立一個新人道主義的可能性。破壞因而總是恢復——
也就是說，破壞的，是在原本一統的存在論中引入人工區分
的那一套範疇。

---

[40]維諦格，〈特洛伊木馬〉("The Trojan Horse")，載於《女性主義論題》
　(*Feminist Issues*)，1984年秋季號，47頁。

[41]維諦格，〈觀點：普遍或特殊的？〉("The Point of View: Universal or Par-
　ticular?")，載於《女性主義論題》(*Feminist Issues*)，第3卷第2期，1983年
　秋季號。

[42]參照維諦格，〈特洛伊木馬〉。

[43]維諦格，〈行動的地點〉("The Place of Action")，收於歐朋海莫(Lois
　Oppenheimer)編輯之《三十年法國新小說》(*Three Decades of the French New
　Novel*. New York: International University Press, 1985)。

　　然而，文學作品維持了優惠的通路至存在論富足的原
初領域。形式和內容的分裂呼應抽象、普遍的想法和具體、
物質的真實之間人工的哲學區分。正如維諦格引用巴赫汀
(Bakhtin)來建立概念爲物質真實，她也較爲一般性地引用文
學語言來重新建立語言的統一性，以語言爲無法分解的形式
和內容：「透過文學……文字又完整地回到我們身邊」[44]；
「語言存在爲可見、可聽、可觸及、可品嚐之文字所構成
的樂園。」[45]最重要的是，文學作品給維諦格機會進行代名
詞的實驗，而在強制的意義系統之下，會把男性和普遍性重
合、女性則無異地被特殊化。在《游擊戰女》(Guérillères)中
[46]，她尋求排除任何他－他們(il-ils)的連接詞，確切地，排除
任何的「他」(il)，並提出**她們**(elles)以代表一般、普遍的。
「這個探索的目標，」她寫道，「不在於把世界女性化，而
在於使性範疇在語言中變得過時。」[47]

---

[44]維諦格，〈特洛伊木馬〉，48頁。

[45]〈行動的地點〉，135頁。在這篇論文中，維諦格區分社會中「第一級」
　　以及「第二級」契約：第一級爲說話主體之間極度的相互性(reciprocity)
　　，他們交換文字來「保證完全和獨有的語言分配於所有人」(135頁)；第
　　二級契約中文字運作來行使統治力量於他人，而剝奪他人發言的權力和
　　社會能力。維諦格論稱在這被「貶低」的相互性中，置於排除聽者爲潛
　　力說話者的語言之下，個人性受到抹滅。維諦格爲該論文下結論說，「
　　社會契約的天堂只存在文學中，文學中的比喻主義(tropism)以它們的暴力
　　能夠對抗把"我"降爲一般部份的任何縮減，能撕開那些編織緊密的老生
　　常談的料子，而持續地避免它們組織爲強制性意義的系統」（139頁）。

[46]維諦格著，樂維(David LeVay)翻譯，《游擊戰女》(Les Guérillères.
　　New York: Avon, 1973)，法文原本同名出版(Paris: Éditions du Minuit, 1969)
　　。

[47]維諦格，〈性別的標記〉，9頁。

在一個自覺性挑釁的帝國主義策略中，維諦格論稱只有
採取普遍而絕對的觀點、有效地女同志化整個世界，異性戀
的強制秩序才能被摧毀。《女同志身體》中「切割／的我」
(j/e)意不在建立女同志為分裂的主體，而是至上的主體，對
構成意義和語法上攻擊女同志的那個「世界」，策動語言的
戰爭。她的論點不在於喚起對於作為個體的「女人」或「女
同志」權益的重視，而是以同等接觸面和力量的反面論述，
來反動全球化的異性戀知識體。重點不在擔負說話主體的立
場，以便成為一套相互語言關係內可辨認的個體，而是說話
主體變得超乎個體，成為絕對的觀點，強加其範疇於整個被
認為是「世界」的語言領域之上。維諦格主張，只有匹敵強
制性異性戀比例的戰爭策略，才能有效地挑戰後者的知識論
霸權。

對維諦格而言，發言於理想化的層面，是個有力的行
為，聲明主宰權同時隱含了對其他說話主體的同等關係。[48]
這種理想化或原初的語言「契約」於不明述的層面運作。語

---

[48]於1987年在哥倫比亞大學發表的論文〈社會契約〉("On the Social
Contract"，收於《異性戀思維和其他論文》[*The Straight Mind and
Other Essays*. Boston: Beacon Press, 1992]，33-45頁)中，維諦格把她自己
有關原初語言學契約的理論套用在盧梭社會契約的理論中。雖然她對這
點不是明確表示，但似乎她了解社會之前（異性戀之前）的契約為一種
意志的統一(unity of the will)—也就是說，以盧梭浪漫意涵的一般意志而
言。有關她理論的有趣的採用，參照羅瑞提斯(Teresa de Lauretis)的〈性
冷漠和女同性戀再現〉("Sexual Indifference and Lesbian Representation")
，載於《戲劇期刊》(*Theatre Journal*)，第40卷第2期（1988年5月）和
〈女性身體和異性戀認定〉("The Female Body and Heterosexual
Presumption")，載於《符號界》(*Semiotica*)，第67期，3-4卷，1987年，
259-279頁。

言有雙重的可能性：它可以被用來聲明人之真實和內孕的普遍性，或者它可以構成一個階層，有些人在階層中有資格發言，而其他被排除在普遍性觀點的人，沒有辦法於「發言」時同時取消該談話的權威。然而，在這不均等的發言關係之前，有個理想化的社會契約，預設並肯定每一個第一人稱的發言行為，在說話主體間都有絕對的相互性──即維諦格版本的理想化發言情境。然而，扭曲並隱藏該理想化相互性的是**異性戀契約**，亦即維諦格最近理論[49]的重心，雖然她論述作品中一直有它的存在。[50]

這個異性戀契約沒有明言但始終在運作，無法被減低為其任何經驗論的表面。維諦格寫道：

> 我面對一個不存在的客體，一個戀物(fetish)，一個除了它自身效果之外，無法於現實中捉摸到的意識形態形式；它的存在植根於人們心中，但是以一種影響他們整個生活的方式，牽動他們的行為方式、行動方式、思考方式。所以我們要應對的是一個同為想像與真實的客體[51]。

如拉岡理論一般，異性戀的理想化即使在維諦格自己的評述中，似乎還是控制了實踐異性戀的身體以致終於成為不可能──的確使其註定要在自身的不可能性中裹足不前。維諦格

---

[49]維諦格，〈社會契約〉。
[50]詳見維諦格，〈異性戀思維〉和〈女人不是生來就是〉。
[51]維諦格，〈社會契約〉，10頁。

似乎相信只有完全離開異性戀的脈絡──也就是成為女同志或男同志──才能造成這個異性戀體制的瓦解。但只有我們了解所有對異性戀的「參與」都是對異性戀壓迫的重複和鞏固，才能獲致這個政治結果。重新表意異性戀的可能性被駁斥，正因為異性戀被理解為一全面的系統，需要完全的移置。對於異性戀權力抱持這樣全面性觀點，使得隨之而來的政治選擇為(a)極度順從，或者(b)極度推翻。

認定異性戀的系統完整性是維諦格思維中極有問題之處，影響她對異性戀實踐的了解，以及有關同性戀和女同志主義的概念。極度處於異性戀母模「之外」，同性戀被視為極度不受異性戀規範支配。這種同性戀的淨化(purification)，一種女同志的現代主義，在當前受到若干女同志和男同志論述的質疑，因這些論述視女同志和男同志文化為嵌入異性戀較大的架構中，即使它們的定位顛覆或重新表意與異性戀文化形態的關係。維諦格的觀點似乎拒絕這個意志或選擇性異性戀的可能性，但縱使異性戀被呈現為義務或認定的，並不表示所有異性戀行為都是極度決斷的。此外，維諦格以異性戀和同性戀為極端不相連(radical disjunction)，這等於複製了不連續的二元主義，正好具備了被她視為異性戀思維的區分性哲學特徵。

我相信維諦格定出的異性戀與同性戀極度不相連並不正確：在異性戀關係中有同性戀心靈的結構，而男同志和女同志性傾向和關係中，有異性戀心靈的結構。此外，有其他權力論述中心建構和架構同性戀和異性戀的性傾向；異性戀不

是唯一強制展示權力而昭示性傾向者。維諦格所敘述爲異性
戀契約的規範和標準的連貫異性戀的理想，是個不可能的理
想，是個「戀物」，如她自己所言。精神分析的闡釋可能會
質疑，說這個不可能性被暴露，乃在於一非意識、不總是異
性戀的性傾向的複雜性和抗拒。從這點看來，異性戀提供了
本質上不可能去具體表達的規範性性立場，全面、毫無疑問
地認同這些立場所招致的持續的失敗，揭示了異性戀本身不
但是個強制性的法律，也是無可避免的喜劇。因此，我要提
供以異性戀同爲強制系統和內在喜劇(intrinsic comedy)的見
解，作爲男／女同志角度的另類觀點。

很明顯地，強制性異性戀的規範確實以維諦格所描述
的強勢和暴力運作，但是我的立場在說明這並不是它**唯一**
運作的方式。對維諦格而言，針對規範性異性戀的政治抗爭
策略非常直接。只有那群不在家庭的限制之內（家庭即把
生殖作爲性的目的或終極）參與異性戀關係的人們，才是
積極地挑戰性範疇，或至少沒有順從那套範疇的規範性預設
立場和目的。以維諦格看來，作爲女同志或男同志便不再是
了解自己的性，便是參與範疇的混淆和繁衍，讓性成爲不可
能的身分範疇。維諦格的提議聽來雖然很有解放性，但那
些男同志和女同志文化論述中採用和重新佈置性範疇來繁
衍特別的同志性身分，卻被棄之不顧。諸如**零號**(queens)、
女同志 T(butches)、**女同志婆**(femmes)、**女仔**(girls)的辭彙，
甚或**蕾絲族**(dyke)、**酷兒**(queer)、**死同志**(fag)的諧擬再次挪
用(parodic reappropriation)，重新配置並顛擾性範疇以及原

先同性戀身分受貶抑的範疇。所有這些語彙都可被理解為
「異性戀思維」的症候，認同壓迫者版本的受壓迫者身分的
模式。就另一方面而言，**女同志**已確定從這思維中得到部份
重申的歷史意義，而諧擬範疇達到性的反自然歸化的作用。
當鄰近的男同志餐廳老闆們渡假而關門，貼上的告示解釋著
「她工作過度而需要休息。」這非常男同志的陰性化用法
把這個字應用的可能所在多重化，揭示意符和意旨間很主觀
的關係，而且顛擾和靈活了該告示。這是個殖民化的陰性
「挪用」嗎？以我看來不是。這種控訴認定陰性的屬於女
人，而這種認定本身確定有問題。

在女同志脈絡中，與陽性特質「認同」而似乎為女同
志Ｔ身分，不只是女同志主義單純的模仿而回歸異性戀的辭
彙。如一女同志婆所言，她喜歡她的男孩們像女孩，意味著
「作為女孩」在女同志Ｔ身分的脈絡將「陽性特質」重新表
意。結果，那個陽性特質，如果還能這樣稱呼的話，總是凸
顯出來比照文化上可感知的「女體」。正是其踰越所產生的
不和諧並列(dissonant juxtaposition)和性張力(sexual tension)，
構成了慾望的對象。換句話說，女同志婆慾望的目標（而且
明顯地不只一個），既不是被抽離脈絡的女體，也非界限
分明且強加其上的男性身分，而是兩者進入情色的相互遊戲
(erotic interplay)時的不穩定性。類似地，有些異性戀或雙性
戀女人可能很喜歡「圖形」("figure")以至「基底」("ground")
的關係以相反方向運作——也就是說，她們可能喜歡她們的
女孩像男孩。在該例子中，對「陰性」身分的知覺會並列於

「男體」上以爲基礎，但二者由於並置會失去它們內部的穩定性和彼此的區分。很明顯地，以性別化的慾望交流方式去思考，允許陽性和陰性的扮演有更多複雜性，就如容許圖形至基底的反置，能構成一個高度複雜結構的慾望製造。重要地，在於界定了性的身體作爲「基底」，女同志Ｔ或女同志婆身份作爲「圖形」，都尚可以轉換、反置和製造出各種情色的大混亂。這兩者都不能稱爲「真實」("the real")，雖然任一都有資格作爲信念的對象，視其性交流的動力而定。把女同志Ｔ和女同志婆視爲異性戀交流某種層面上的「複製」或「拷貝」的概念，低估了這些身分的情色重要性，它們在重新表意給予自己力量的霸權範疇這方面，尤其顯示內部不和諧和複雜性。女同志婆可能喚起異性戀的場景，即使如此，也同時移置了這個場景。在女同志Ｔ和女同志婆二種身分中，原始或自然身分的概念本身受到質疑；更確切地，正是這些身分中得以賦形的這個問題，成爲了它們情色重要性的一個來源。

雖然維諦格沒有討論女同志Ｔ／女同志婆身分，她那虛構之性的概念，指出一個類似的自然或原始的性別化之連貫性概念的虛飾(dissimulation)，被認定存在於性化之身體、性別身分和性傾向之間。維諦格有關性作爲虛構範疇的敘述中所隱含的，是「性」的各種組合成份可能分崩離析的概念。在這種身體連貫性瓦解之中，性範疇無法在任何既定的文化領域運作。如果「性」範疇透過重複的**行爲**被建立，那麼反過來說，在文化範疇內的身體社會行動，可以撤回它們自身

投入該範疇的那個真實力量。

　　爲了收回權力，權力本身必須被理解爲可撤回的意志運作；的確，異性戀契約可視爲由一系列的選擇所維繫，就像洛克(Locke)或盧梭的社會契約被視爲預設臣民們理性的選擇或特定的意志。然而，如果權力沒被縮減爲意志，而且自由的古典開放和存在主義模型被拒絕，那麼我認爲權力關係該被理解爲限制與構成意志的可能性。因此，權力不可能被收回或拒絕，但可以重新部署。的確，以我看來，男同志和女同志實踐的規範性重心應該在重新部署顛覆和諧擬權力，而不是放在全面超脫的不可能幻想。

　　維諦格顯然視女同志主義爲全面的否決異性戀，但我主張即使那個否定也構成一種參與，而且最終是極度依賴女同志主義說要超越的那些語彙。如果性意識和權力是相互延伸，而且如果女同志性意識同其他性意識模式一般爲建構出來的，那麼在性範疇的枷鎖被扔掉後，仍沒有無限歡愉的保證。在男同志和女同志性意識之內的異性戀建構的結構存在，不代表那些建構**決定**男同志和女同志性意識，而男同志和女同志性意識也不是從其中衍生出來、或者可被縮減至那些建構。試想一個特定的同性戀部署，對於異性戀建構所擁有的去除權力、去除自然歸化的效果。這些規範的存在不但構成無法被拒絕的權力所在，而且它們能夠並成爲諧擬質疑和展示的所在，剝除強制性異性戀對自然性(naturalness)和原創性(originality)的宣稱。維諦格要求超越於性之立場，使她的理論陷入充滿問題之人道主義，而這人道主義又是基於

充滿問題的存在形上學。但是她的文學作品中啓動的政治策略，與她理論文章中明顯呼籲的似乎有所不同。在《女同志身體》和《游擊戰女》中，政治轉化藉以得到明晰闡述的敘述策略，一再使用重新部署和價值轉移，同時使用原本爲壓迫性的語彙並剝除了這些語彙的合法性作用。

雖然維諦格自己爲「唯物主義者」，這個詞在她的理論架構中有特殊的意義。她想要克服物質性(materiality)和再現「異性戀」思想特徵兩者間的分裂。唯物主義意指的不是概念的縮減至物質，也不是理論觀點反映其嚴格構思出的經濟基礎。維諦格的唯物主義把社會機構和實踐，特別是異性戀的機構，作爲批判分析的基礎。在〈異性戀思維〉和〈社會契約〉中[52]，她以異性戀機構爲男性統治社會秩序的奠立基礎。「自然」和物質性的領域是概念、意識形態的建構，由這些社會機構製造來支持異性戀契約的政治興趣。在這方面，維諦格是個古典的理想主義者，對她而言自然爲心靈的再現；強制意義的語言製造了這個自然的再現，用以推動性的統治之政治策略以及理性化強制異性戀的制度。

和波娃不同的是維諦格並不視自然爲抗拒的物質性、媒介、表面或客體，它是爲了社會控制目的而生成並維持的「理念」。身體表面物質性的可塑性在《女同志身體》中，被表示爲語言形體，而再把身體的部份勾勒爲形式（以及反形式）的社會形態。如同世俗和科學的語言循環「自然」的概念而製造出分明性化(discretely sexed)身體自然歸化的

---

[52]維諦格，〈異性戀思維〉和〈社會契約〉。

概念，維諦格自己的語言啟發另類的身體毀形(disfiguring)和重新構形(refiguring)。她的目標在揭示自然身體的概念是建構的，並提供解構／重新建構的一套策略來配置身體，去挑戰異性戀的權力。身體的形狀和形式、其統一原則、組合部份，總是被賦有政治利益的語言所構形。對維諦格而言，政治挑戰在於抓住**語言**作為再現**以及**製造的憑藉，把它視為不變地建構身體領域的工具，應該拿來在壓迫的性範疇以外解構和重新建構身體。

如果性別可能性的多重性揭露和阻斷性別的二元物化，制定這個顛覆性的本質為何？這種制定如何構成顛覆？在《女同志身體》中，做愛的行為實際上把伴侶們的身體撕裂。作為**女同志**性意識，這一套外在於生殖母模的行為把身體本身製造為一不連貫屬性、姿態、慾望的中心。在維諦格的《游擊戰女》中，同樣的解體效果，甚至暴力，浮現在「女人」和她們壓迫者之間的掙扎之中。依其脈絡，維諦格清楚地與那些捍衛「特別陰性化的」歡愉、寫作或身分的概念劃清界線；她幾乎是嘲弄了那些會把這「圈子」奉為圭臬的人。對維諦格而言，任務不在青睞二元的陰性那方多於陽性那方，而在透過女同志去解構本身的構成範疇，來移置這個二元制。

這個解構在虛構的文本中看似真確，就如《游擊戰女》中劇烈的掙扎。維諦格的文本由於暴力和武力的使用而被批評——從表面來看，這些概念似乎違反女性主義的目標。但注意維諦格的敘事策略不在透過區分或排除陽性的策略，來

指認出陰性化的部份。這種策略鞏固了層級制和二元主義，僅透過價值的轉移，使女人現在代表正面價值的領域。相對於透過區分的排除過程來鞏固女人的身分，維諦格提供的策略重新採用和顛覆性部署的，正是那些原先似乎屬於陽性領域的「價值」。有人或許會反對維諦格融入陽性化的價值，或者，更確切地說，認為她「與男性認同」，但「認同」這個概念在文學生產的脈絡中重新出現，比毫無批判性地使用該詞語，這之中所指，更是無以計數地複雜。在她文本中的暴力與掙扎，重要地在於重新界定脈絡，不再維持壓迫性脈絡中所具有的同樣意義。這不是純粹「鹹魚翻身」("turning of the tables")，讓女人現在對男人行使暴力，也不是個簡單的男性規範的**內化**，讓女人現在把暴力加諸自身。文本中的暴力是衝著性範疇的身分和連貫性——那無生命的建構，僵化身體的建構。因為該範疇為自然歸化的建構，使得規範性異性戀的制度看似無可避免，維諦格的文本暴力便制定來對付它，所針對的不是該制度的異性戀傾向，而是其強制性。

另外要注意性範疇和自然化的異性戀制度是**建構物**，是社會建立和社會制約的幻想或「戀物」，不是**自然的**範疇，而是**政治的**範疇（類似脈絡中訴諸「自然」的範疇總是政治化的，這點已得到證實）。因此，被撕裂的身體、女人間的戰爭為**文本的**暴力，一直都是種對於身體可能性的暴力的建構之解構。

但這裡我們可能要問：當透過性範疇而變得連貫的身體被**拆散**、混亂，那麼還留下什麼？這個身體能重組／回憶

(re-membered)、再復合一起嗎？有沒有能動性不需要這建構物連貫的重新組合？維諦格的文本不但解構性、為性指定的錯誤結合提供解體的方式，而且也制定一種由若干不同權力中心產生擴散的肉體能動性。的確，個人和政治能動性的來源不是來自個人之中，而是在以及經由身體間複雜的文化交流，身分於其中不斷變換，更確切地說，身分在文化關係富有動力的領域脈絡中建構、解體和重新循環。那麼，對維諦格和波娃而言，**身為**(to be)女人都是**成為**(to become)女人，但因為這過程絕非固定，還是可能成為一個**男人**或**女人**都無法真正敘述的存在體。這不是個陰陽同體人(androgyne)的比喻，亦不是某種假設的「第三性」，也不是二元的**超脫**(transcendence)。反之，這是個內部的顛覆，把二元同時預設和繁衍至它不再有意義的地步。維諦格小說的力量及其語言學的挑戰，在於提供一個超越身分範疇的經驗、一個情色的掙扎，於舊範疇的廢墟中創造新範疇，創造在文化範疇中作為身體的新方式，以及新的敘述語言。

回應波娃的概念「女人不是生來就是，而是後天形成」，維諦格聲稱不是成為女人，人（任何人？）可以成為女同志。透過拒絕女人的範疇，維諦格的女同志女性主義似乎切斷任何與異性戀女人的團結，而隱約地認定女同志主義是女性主義邏輯上或政治上必要的結果。這種分離主義的制式規定當然不再有效力。但即使它為政治上所欲求的，什麼樣的標準會被用來決定性「身分」的問題呢？

如果成為女同志是種**行動**(act)，是同異性戀請假，挑戰

自我定名的異性戀**女人**和**男人**的強制意義，什麼能免除女同志之名成為同樣強制的範疇？什麼具有女同志的資格？任何人都知道嗎？如果女同志駁斥維諦格所倡導的異性戀和同性戀經濟之間完全的分裂，那個女同志就不再是女同志了嗎？如果該「行動」奠立身分為性意識的踐履性成就，有沒有某種行動比其他行動更有資格作為基礎？是否能以「異性戀」思維來演出呢？能否理解女同志性意識不只為「性」範疇、為「女人」、為「自然身體」的挑戰，而且也挑戰了「女同志」呢？

有趣的是維諦格主張同志觀點和譬喻語言(figurative language)之間必要的關係，好似身為同志就要挑戰建構「真實」的強制語法和語意。被排除於真實的同志觀點（如果有這樣觀點的話），可能理解真實為透過一套排除的過程建立起來──好比沒有出現的邊緣、沒有算入的缺席。那麼，透過同樣的排除手段去建構男同志／女同志身分，好似被排除的──正是由於這排除──一直不是建構該身分所預設（更確切）或者**需要的**，是多麼悲劇性的錯誤！這種排除很矛盾地建立了它企圖推翻的那個極度依賴關係：女同志主義會**需要**異性戀。定義自身於極端排除異性戀的女同志主義，剝奪自身去重新表意異性戀建構的機會──那個部份地、無可避免地構成它的異性戀建構。結果是該女同志策略會鞏固強制性異性戀的壓迫形式。

比較隱微而有效的策略，似乎是徹底採用和重新配置身分範疇，不只是質疑「性」，而是闡釋多重性論述在「身

分」所在地的交集，以便使該範疇——不管以任何形式——
顯得持續地有問題。

IV.身體銘刻，踐履顛覆

「每當嘉寶扮演某些強烈迷人的角色，每當
她倒進或脫出男人的懷抱，每當她讓那天仙般婉轉
的頸項……承受她後仰的頭之重量，那都是嘉寶的
"變妝"('got in drag')……演戲的藝術似乎是如此絢
麗！它全然是裝扮(impersonation)，無論在皮囊之
下的性為真或假。」

　　　—泰勒(Parker Tyler)，〈嘉寶的影像〉("The
　　Garbo Image")，引自牛頓(Esther Newton)，《坎普
　　教母》(*Mother Camp*)

真實的性、分明的性別和特定性傾向的範疇，已構成一
大部分女性主義理論和政治的穩定參考點。這些身分的建構
物據以為知識論出發點，理論因之而出現，政治本身也以之
塑形。以女性主義的例子而言，政治於表面塑造來表達「女
人」的興趣、觀點。但是有沒有「女人」的政治形體，若其
為是，是存在於她們興趣和知識觀點的政治闡釋之前並預先
顯形？該身分如何成形，它是否為政治塑形，把性化的身體
形態學和界限作為基礎、表面或文化銘刻(cultural inscription)
的所在地？什麼圈定了「女體」的所在？「身體」或「性化
的身體」是性別和強制性意識系統運作堅定的基礎嗎？或者

「身體」本身是爲政治力量所塑造，爲了以性的記號來束縛和構成身體的策略性利益？

性／性別分野和性範疇本身似乎預設了「身體」的概述，以身體在取得性化的重要性之前便存在。這個「身體」似乎常爲被動媒介，受到比擬爲「外在於」身體的文化來源，銘刻其上而藉以表意。然而，任何文化建構的身體理論，當身體被指爲被動和先決於論述時，應該對「身體」可疑的一般性建構感到質疑。在活力論生物學(vitalistic biologies)於十九世紀興起之前，已有這般看法的基督教和笛卡兒哲學先驅，理解「身體」爲惰性的物質，不表意任何事物，或者，特定地說，表意一個鄙俗的空虛、墮落的狀態：欺騙、罪惡、地獄的徵兆諭示以及永恆的陰性(the eternal feminine)。在沙特和西蒙波娃的作品中都有許多場合比喻「身體」爲沈寂的事實，期待被笛卡兒術語理解爲完全非物質的超脫意識來賦予屬性。但是什麼爲我們建立了這個二元主義？是什麼把「身體」分離爲漠視表意，而表意則被分離爲完全無肉體意識的行爲？或者，爲完全把該意識脫離於肉體的行爲？那個笛卡兒二元論至何等程度被預設在現象學中，改編至結構主義的框架而重述心靈／身體爲文化／自然？有關性別論述這方面，這些充滿問題的二元論至何等程度仍在應該領導我們走出二元主義及其隱含階層制的敘述中運作？身體的輪廓如何清楚地被畫記爲性別表意理所當然的銘刻基礎或表面，在得到表意之前沒有價值而僅僅爲事實？

維諦格指出文化上特定的知識論演繹建立了「性」的自然性。但是何種謎樣憑藉使「身體」乍看為真地被接受，毋論系譜？即使在傅柯談系譜學主題的論文中，身體還是被指為文化銘刻的表面和場景：「身體為事件銘刻的表面。」[53]他聲稱系譜學的任務在「揭露全然印刷著歷史的身體。」然而，他接下來的句子提到「歷史」的目標——在此明顯地參照佛洛伊德「文明」的模型——為「身體的破壞」(148頁)。多重方向性的力量和欲力，正是歷史藉著銘刻的歷史事件(Entstehung)同時破壞與保存者。作為「總是在解體的體積」("a volume in perpetual disintegration")(148頁)，身體總是被包圍，遭受歷史條件的破壞。而歷史藉著需要降伏身體的表意實踐來創造價值和意義。破壞這個肉體來製造說話主體與表意是有必要的。這是個透過表面和力量的語言去敘述的身體，由於支配、銘刻和創造的「單一戲劇」而被削弱（150頁）。對傅柯而言，這並非某種而不是另一種歷史的暫時協定(modus vivendi)，而是「歷史」(148頁)的基本和壓抑態勢。

雖然傅柯寫道，「人身上任何東西——即使他的身體——都不是足夠穩定來作為自我確認或瞭解他人的基礎」(153頁)，他卻指出文化銘刻經常地在身體上演出「單一戲劇」。如果價值的創造，如卡夫卡《責罰殖民地》(*In the*

---

[53]傅柯，〈尼采，系譜學，歷史〉("Nietzsche, Genealogy, History")，收錄於布夏得(Donald F. Bouchard)和賽門(Sherry Simon)翻譯，布夏得編輯的《語言，反記憶，實行：傅柯論文和訪問選集》(*Language, Counter-Memory, Practice: Selected Essays and Interviews by Michel Foucault.* Ithaca: Cornell University Press, 1977)，148頁。文中索引都出自該論文。

Penal Colony)中的刑具般破壞它刻寫的身體，那麼必須有個穩定、可自我辨識的身體存在於銘刻之前，臣服於犧牲的破壞之下。就某種意義，對傅柯如同對尼采而言，文化價值顯現為身體銘刻的結果，身體被理解為媒介，更確切地，為一張白紙；然而，為了達到銘刻的表意，這媒材本身必須被破壞──也就是說，全然地轉換價值至昇華的價值領域。在這文化價值概念的比喻中，歷史的形體為一無情的寫作工具，而身體為必須被破壞和轉化的媒材，使文化得以顯現。

傅柯主張身體先決於其文化銘刻，似乎是認定存在於表意和形式之前的物質性。因為這個分別對於他定義的系譜學任務極為重要，這區分本身便被排除於系譜學調查的對象之外。在他的賀邱林分析中，傅柯偶會認同身體力量先決於論述的多重性，那力量穿透身體的表面去阻擾強加身體之上的文化連貫性的制約實踐，而強加於身體的權力統治被理解為「歷史」的變遷。如果否決對某種先決於範疇的阻擾來源的認定，還可能提供如是之身體分別的系譜說明，作為表意的實踐嗎？這個分野不是物化的歷史或主體所引發。這個畫記是社會範圍廣佈且主動的架構之結果。這表意實踐在某些可感知性的制約網絡中，鑿出為了及包含身體的社會空間。

道格拉斯(Mary Douglas)的《純淨與危險》(Purity and Danger)主張「身體」的輪廓本身，是透過建立特定文化連貫性密碼的記號而建立的。任何建立身體疆界的論述，達到建立並自然歸化若干禁忌的目的，這些禁忌相關定義身體構成的適當限制、姿態和交流方式：

　　有關分離、淨化、分別和處罰逾越的理念，中
心作用都在強加系統於一潛在性凌亂的經驗。只有
誇大裡面和外面、上面和下面、男性和女性、贊同
和反對的差異，才能創造出秩序的樣子。[54]

　　雖然道格拉斯顯然贊同結構主義所言，潛在性難馴的
自然和文化憑藉強加之秩序二者間存在的分野，她提及的
「凌亂」("untidiness")可重述爲文化難馴性和無秩序的地
帶。道格拉斯採取無可避免的自然／文化區分的二元結構，
以致無法指向另類的文化形態，使這種區分變得有延展性
或擴散出二元框架之外。然而她的分析提供一個可能的出發
點，來瞭解社會禁忌藉以建立和維持如這般的身體疆界關
係。她的分析指出構成身體界限的從不僅只是物質方面，表
面、皮膚亦系統化地爲禁忌和預期的越軌所表意；確實，
身體的疆界在她的分析中變成社會本身的限制。把她的觀
點後結構化，即可理解身體的疆界爲社會**霸權**(the socially
hegemonic)的限制。她主張在各種文化中，有——

　　污染的力量潛在於理念本身的結構中，處罰象
徵性地破除該被結合的，或者結合該被分開的。由
此觀之，污染是種不太可能發生的危險，除非結構
的線條──宇宙的或社會的──被清楚地畫定。

---

[54]道格拉斯，《純淨與危險》(*Purity and Danger*, London, Boston and Henley:
Routledge and Kegan Paul, 1969)，4頁。

　　污染者永遠都是錯的。他【字誤】已經發展
出某種錯誤的狀態或只是跨過某條不該被跨越的界
限，而這個移置會對某人造成危險[55]。

　　就某種意義而言，華特尼(Simon Watney)在他的《監
控慾望：愛滋病、色情和媒體》(*Policing Desire: AIDS,
Pornography, and the Media*)中指認出當代建構的「污染者」
為愛滋病帶原者[56]。這個疾病不但被視為「同志病」，而且
在媒體對愛滋病歇斯底里和同性戀恐慌的回應中，同性戀
傾向的越界作為同性戀污染狀態，以及愛滋病作為同性戀
污染的特別模式之間，有一種策略建構的延續性。該疾病
是透過體液的交換而感染，暗示著在同性戀恐慌表意系統
(homophobic signifying systems)的煽情圖表之內，有滲透性的
身體疆界對社會秩序帶來如此的危險。道格拉斯提出「身體
是可以代表任何受縛系統的模型。它的疆界可以代表任何受
威脅或不穩定的疆界。」[57]她問了一個可以預期在傅柯文中
讀到的問題：「為什麼身體的邊緣被認為是特別地賦有權力
和危險呢？」[58]

　　道格拉斯指出所有社會系統的邊緣都是脆弱的，而所有
邊緣因而被認為是危險的。如果身體是社會系統本身以部份
表全體的提喻式(synecdochal)，或者作為開放系統交合的所

[55]同上，113頁。
[56]華特尼，《監控慾望：愛滋病、色情和媒體》*Minneapolis: University of
Minnesota Press*, 1988.
[57]道格拉斯，《純淨與危險》，115頁。
[58]同上，121頁。

在，那麼任何沒有制約的滲透性會構成污染和危險的所在。由於肛交和口交在男人之間明顯地建立某種不為霸權秩序所認可的身體滲透性，男同性戀在霸權的觀點之下，便構成危險和污染的所在，而這觀點早見於愛滋病的文化存在之前，並且與之無關。類似地，儘管女同志對愛滋病處於低風險狀態，她們的「污染」狀況仍把她們身體交流的危險凸顯出來。重要的是在霸權秩序「之外」並不代表在骯髒和不整潔自然的狀況「之中」。很矛盾的是同性戀幾乎總是在同性戀恐慌的表意經濟中被認為同是不文明與不自然的。

穩定的身體輪廓的建構仰賴身體的滲透性和不滲透性的固定所在。那些在同性戀和異性戀脈絡中的性實踐，把表面和開口開放於情色表意或者封閉其他部位，有效地沿著新的文化線路重新銘刻身體的疆界。男人們的肛交只是一個例子，正如維諦格《女同志身體》中極度地重組／回憶(re-membering)身體。道格拉斯提到「一種性污染，表達了保存（肉體和社會的）身體不變的慾望」[59]，指出自然歸化的「這」身體概念本身是禁忌的結果，而這些禁忌使該身體由於穩定的疆界而顯得分明。此外，支配著各種身體開口的成年儀式(rite of passage)預設了性別化交流、體位和情色可能性的異性戀建構。解除這等交流的制約因而阻擾了決定身體的那些疆界；的確，批判性地探討追溯身體輪廓建構的制約實踐，構成的正是「身體」分明的系譜學，可能會把傅柯的理論激進化。[60]

---

[59]同上，140頁。

[60]傅柯的論文〈越軌的序言〉("A Preface to Transgression")（收於《語

很重要的，是克莉斯蒂娃在《恐怖的力量》(*The Power of Horror*)中對賤斥(abjection)的討論，首度提出使用結構主義那構成疆界的禁忌概念，以達成透過排除而建構分明主體的目的。[61]「賤斥」意指被身體所驅除、拋出如排泄物，真正地成爲「異己」。這似是排除外來因素，但這外來的是透過這排除行爲而實際被建立起來。把「非我」建構爲賤斥，建立了身體的疆界，即是主體的最初輪廓。克莉斯蒂娃寫道：

> 噁心使我在奶脂前縮回，把我和提供它的父母親分開。「我」不要那個元素，他們慾望的表徵；「我」不想聽，「我」不要吸收它，我驅除它。但由於這食物對於「我」而言不是「異己」，僅是我在他們的慾望中，我驅除我自己，我把我自己吐出，「我」在聲稱建立自我的同一個動作中賤斥(abject)我自己。[62]

言，反記憶，實踐》中）的確與道格拉斯的亂倫禁忌所構成之身體疆界概念形成有趣的平行並列。這篇論文原先是爲了尊崇巴塔耶(Georges Bataille)而寫的，它部份探索越軌歡愉那比喻性的「汙泥」以及禁制的開口與汙泥覆蓋的墳墓的聯想。

[61]克莉斯蒂娃在《恐怖的力量：有關賤斥的論文》(*The Powers of Horror: An Essay on Abjection*. New York: Columbia University Press,1982，英譯者爲羅笛亞斯【Leon Roudiez】)中一小節有對道格拉斯作品的討論，法文版爲*Pouvoirs de l'horreur* (Paris: Éditions de Seuil, 1980)。克莉斯蒂娃擷取道格拉斯的卓見融入她自己對拉岡的重新陳述，論道：「玷污是從象徵系統中被丟棄出來的。它脫出社會理性，即社會群體藉以奠基的邏輯秩序，接著與個體暫時的凝聚作出區分，簡言之，構成了一套分類系統或是結構」（65頁）。

[62]同上，3頁。

身體的疆界以及內部和外部的區分，透過排斥與把原先屬於身分的部份轉化價值為瀆污的異己，而得以建立。如楊(Iris Young)在她用克莉斯蒂娃理論來解釋性歧視、同性戀恐懼和種族歧視時所提議的，由於性、性傾向和／或膚色而拒絕身體，是種「驅除」("expulsion")，隨之而來的是「排斥」("repulsion")，沿著性／種族／性傾向的區分軸線奠立並鞏固文化的霸權身分[63]。楊採用克莉斯蒂娃理論來顯示排斥的運作，如何透過排除和支配去建立一「異己」或一套「異己們」，來鞏固以此為基礎的「身分」。經由「內部」和「外部」的主體世界的區分所構成的，是為了社會制約和控制而勉強維繫的邊境和疆界。內部和外部之間的疆界被那些排泄通道所混淆，透過通道在裡面的實際成為在外面的，而這個排泄的功能變成其他模式達成身分區分的樣板。事實上，這是異己成為糞屎的模式。要讓內部和外部世界完全區分開，身體的整個表面必須達到不可能的不滲透性。封鎖住它的表面會構成主體無隙縫的疆界，但是這個封鎖不變地被所恐懼的排泄污穢所突破。

且不論那些具有震撼力的內部和外部的空間區分比喻，它們不過是語言學辭彙，便於闡述了一套被恐懼和欲求之幻

---

[63] 楊(Iris Marion Young)，〈賤斥與壓迫：種族歧視、性歧視和同性戀恐懼的無意識動力〉("Abjection and Oppression: Unconscious Dynamics of Racism, Sexism, and Homophobia")，該論文發表於1988年西南大學(Northwestern University)召開的現象學和存在哲學學會會議(Society of Phenomenology and Existential Philosophy Meetings)。收錄於達樂利(Arleen B. Dallery)和史考特(Charles E. Scott)暨羅伯茲(Holley Roberts)編輯的《大陸哲學的危機》(*Crises in Contenental Philosophy*. Albany: SUNY Press, 1990)，201-214頁。

想。「內部」和「外部」只在意指力求穩定性的協調疆界
時，才有意義；而這穩定性、連貫性大部分由認可主體和強
制主體區分於賤斥的文化秩序所決定。因此，「內部」和
「外部」構成一穩定和鞏固連貫主體的二元區分。當主體受
到挑戰，這些辭彙的意義和必要性都可能被移置。如果「內
部世界」不再指定一主域(topos)，那麼自我的內部固定性，
更確切地，性別身分的內部所在，也會同樣變得可疑。關鍵
性的問題不在那個身分**如何變得內化**，好似內化是個能被敘
述性重新建構的過程或機制。問題反而是：從什麼公眾論
述的策略性立場以及爲了什麼原因使得內部性的比喻和內部
外部的不連續二元站得住腳？「內部空間」由什麼語言來提
示？那是什麼樣的喻示，經由什麼身體的比喻而被表意？身
體如何在表面暗示隱藏深處的非可見性(invisibility)？

從內部性至性別踐履性

傅柯在《規訓與懲罰》(Discipline and Punish)中挑戰內化
語言，以爲該語言運作去達成規訓體制臣服(subjection)和主
體化(subjectivation)罪犯的要求[64]。雖然傅柯在《性意識史》
中反對他認爲是精神分析對性的「內部」真實的信念，他在

---

[64]以下部份的討論發表於兩個不同的脈絡中，見於尼克森(Linda J. Nicholson)
編輯的《女性主義／後現代主義》(*Feminism/Postmodernism*. New.York:
Routledge,.1989)中〈性別混亂，女性主義理論和精神分析論述〉一文，
以及刊載於《戲劇期刊》(*Theatre Journal*)第20卷第3期（1988年冬季號）
的〈踐履行爲和性別構成：有關現象學和女性主義理論的論文〉("Perfor-
mative Acts and Gender Constitution: An Essay in Phenomenology and Femi-
nist Theory")一文。

犯罪學歷史的脈絡中,為了不同的目的而轉移批評至內化的教條。就某個層面而言,《規訓與懲罰》可被解讀為傅柯嘗試重寫尼采在《論道德系譜學》(*On the Genealogy of Morals*)中據銘刻的模型而作的內化教義。傅柯談到囚犯的脈絡中,策略不在強制他們慾望的壓抑,而在強迫他們的身體去表意禁制法為他們的本質、風格和必要品。禁制法不真正地內化,而是體內化,結果是身體被製造出來,透過身體並於身體之上表意該法律;在此法律被昭示為身體自我的本質,它們靈魂的意義,它們的良心,它們慾望的法律。事實上,法律同為全面凸顯與全面隱藏,因為法律從未現身於被臣服與主體化的身體之外。傅柯談到:

> 說靈魂是幻覺或意識形態的效果,是錯誤的。相反地,它是存在的,有其真實性,恆常地**環繞**(around)、**附著上**(on)、**內在於**(within)身體,靈魂的製造是運用施加於被處罰者身上的力量(粗體字是我加的)[65]。

被視為「內在於」身體內部的靈魂比喻,透過它在身體「之上」的銘刻而被表意,儘管它主要的表意模式是經由它本身不現身、它有力的非可見性。透過把身體表意為有活力而神聖的封閉物,製造出有結構的內部空間的效果。靈魂正是身體所缺乏的,因此,身體把自己呈現為表意的匱乏(signifying lack)。那個**身為**身體的匱乏,把靈魂表意為無法

---

[65] 傅柯著,歇爾頓(Alan Sheridan)英譯,《規訓與懲罰》(*Discipline and Punish*: the Birth of the Prison. New York: Vintage, 1979),29頁。

現形之物。那麼，就這層意義而言，靈魂是個表面的表意，
質疑和移置內部外部的區分，是個內部的心靈空間，銘刻於
身體**之上**的社會表意，卻總是予以否認。以傅柯的話來說，
靈魂不是被身體或在身體內囚禁著，如同某些基督教意象所
指出的，而是「靈魂是身體的囚籠。」[66]

　　在身體表面政治條件下重述的內在心靈過程，暗示著推
論重述性別為幻想比喻的規訓性製造，藉著把玩身體表面的
現形(presence)與無形(absence)，透過一系列排除和否決、帶
著表意性的空白而達成的性別化身體之建構。但什麼決定身
體政治的顯性和隱性文本(manifest and latent text)呢？什麼樣
的禁制法造成性別的肉體風格化(corporeal stylization)、幻想
(fantasized)和奇幻譬喻(fantastic figuration)的身體？我們已經
談過亂倫禁忌和反對同性戀的先決性禁忌作為性別身分的產
生時刻，即沿著理想化和強制異性戀的文化可感知框架，製
造出身分的禁制。為了異性戀建構和規制性意識於生殖領域
內的利益，性別的規訓製造引致性別的假穩定性。連貫性的
建構隱藏了異性戀、雙性戀、男同志和女同志脈絡中猖狂的
性別不連續性，在這些脈絡中性別不一定隨著性而動，慾望
或性意識一般似乎也不隨性別而動──於此，這些重要的肉
體性(corporeality)層面沒有任何相互表達或互為反映。當身體
領域的無組織和不聚合阻擾了異性戀連貫性的制約性虛構之
時，似乎這表達性的模型便失去敘述力量。那個制約的理想
因而被揭露為規範與虛構，假扮為發展性法律來制約自己宣
稱要敘述的性領域。

---

[66]同上，30頁。

　　然而，理解認同(identification)爲演出的幻想或體內化，顯然欲求、想望連貫性並把它理想化，而這理想化爲一肉體表意的效果。換句話說，行動、姿態和慾望製造出內部核心或本質的效果，但是製造在身體的表面，經由玩弄表意性的空白而提示──但不是揭露──組織身分的原則爲成因。這種行動、姿態、扮演，一般的解釋，具有**踐履性**，因爲它們宣稱要表達的本質或身分，是透過肉體記號和其他論述憑藉所製造出來的**建構物**。性別化的身體具踐履性，暗示著它除了構成其真實的各種行動以外，沒有存在的地位。這也表示如果這真實被製造爲內部要素，那內部性本身是一個決定性公眾和社會論述的效果與功能，透過身體政治的表面對幻想的公共制約，區分內在於外在，而因此建立主體「完整性」的性別邊界管制。換句話說，行動和姿態、得以明晰與演出的慾望，創造出內部和組織性性別核心的幻覺，而這幻覺是爲了約束性意識，由論述在強制的創制性異性戀框架中維持著。如果慾望、姿態和行動的「成因」能在演出者的「自我」之內定位，那麼製造出表面上連貫的性別之政治制約和規訓實踐，就會有效地被移置於視線之外。把性別身分的政治和論述根源移置至心理的「核心」，排除了有關性化主體的政治構成、建構出來的主體之性或真實身分概念的分析。

　　如果性別的內部真實是爲建構物，而如果真實性別是建立和銘刻在身體表面的幻想，那麼似乎性別不可能爲真或假，只是被製造爲原初而穩定身分論述的真實效果。在

《坎普教母：美國的女性扮演者》(*Mother Camp: Female Impersonators in America*)一書中，人類學者牛頓(Esther Newton)指出扮演的結構揭露了主要的建構機制，而性別的社會結構正是由茲而生[67]。我的主張也是變裝(drag)全然顛覆內部和外部心靈空間的區分，有效嘲諷性別的表達模型以及真實的性別身分概念。牛頓論道：

> 最複雜之時，【變裝】是雙重反轉，意指「表面即幻覺。」變裝說道【牛頓很怪的擬人用法】：「我的'外在'表面為陰性的，但我的'內在'本質【身體】是陽性的。」它同時象徵相對的反轉；「我的'外在'表面【我的身體，我的性別】是陽性的，但我的'內在'本質是陰性的。」[68]

兩個對於真實的宣稱互相衝突，而把性別表意的整個演出從真實和虛假的論述中移置。

諧擬原始或原初的性別身分概念，常在變裝、易服(cross-dressing)之文化實踐和女同志T／女同志婆的性風格化可見。在女性主義的理論中，這種諧擬身分要不是被視爲侮蔑女性——以變裝和易服的例子而言——要不就是被異性戀實踐中性角色的刻板化無批判性地採用，特別是對女同志T／婆身分的例子而言。但我認爲「模仿」和「原版」之間

---

[67]參照牛頓(Esther Newton)《坎普教母：美國的女性扮演者》*Mother Camp: Female Impersonators in America.* Chicago: University of Chicago Press, 1972)中〈角色模範〉("Role Models")一章。

[68]同上，103頁。

的關係，比那個批判一般的範疇還更複雜。此外，它給了我們線索瞭解原初身分認證──也就是說，賦予性別的原始意義──和隨後的性別經驗間的關係如何被重新框定。變裝的踐履，將踐履者的生理構造和被演出的性別之區分把玩於中。但是我們實際上處於三個重要肉體性的隨機空間中：生理構造的性、性別身分以及性別踐履。如果踐履者的生理構造已經不同於性別，而此二者又不同於踐履的性別，那麼這個踐履代表著不只是性和踐履的不諧和，也是性和性別、性別和踐履的不諧和。變裝創造出「女人」的統一圖像（女性論者常反對的），也同樣揭露了那些性別化經驗的分明性，是由異性戀連貫性的制約虛構所虛假地自然歸化為一整合體。**在模仿性別時，變裝隱約地揭露了性別本身的模仿結構──以及它的隨機性**。的確，部份踐履的歡愉、暈眩感，在於面對常態被認定為自然和必要的因果一致之文化形態時，體認到有相關性和性別極度的隨機性。與其是異性戀連貫性的法律，我們看到性和性別被踐履剝除自然性，該踐履聲明了它們的分明性，並把它們架構出來的一致性文化機制戲劇化。

這裡捍衛的性別諧擬概念，並沒有認定有個讓諧擬身分來模仿的原型。的確，諧擬**屬於**原型這概念。就如性別認同的精神分析概念構成於幻想的幻想、一直都具有（雙重意義）「形體」("figure")的異己之變形，因此性別諧擬揭露了讓性別藉以塑形的原始身分，是個沒有根源的模仿品。更精確地來說，這是個實際上──也就是說，它的效果在此──

作出模仿之勢的製造。這個不斷地移置構成身分的流動性，
指出重新表意和重新界定脈絡的開放性；諧擬的擴散使霸權
文化及其論者喪失對自然歸化或基本主義的性別身分主張。
雖然在這些諧擬方式中出現的性別意義顯然是霸權、厭惡女
性文化的一部份，然而它們經由諧擬的重新界定脈絡而除
去了自然性並得以流動。作爲有效移置原型意義的模仿品，
它們模仿了原創性的神話本身。性別身分與其是作爲決定性
成因的原始認證，不若說是重新構思爲承受意義的個人／文
化史，取決於一套模仿性實踐，由側面指向其他的模仿，而
且共同地建構出原初和內部性別化自我(primary and interior
gendered self)的幻覺或諧擬該建構機制。

　　根據詹明信〈後現代主義以及消費社會〉"Postmo-
dernism and Consumer Society")的說法，嘲諷原型概念的模仿
具有混仿(pastiche)而不是諧擬(parody)的特徵：

　　　　像諧擬一般，混仿是特別或獨特風格的模仿，
　　戴上具有風格的面具、使用死語(dead language)發
　　言：但它是中性的模仿實踐，沒有諧擬的最終動
　　機，沒有譏諷的欲力，沒有笑聲，沒有潛伏的感
　　覺，覺得有個正常之物，與之比較被模仿者是非常
　　喜劇化的。混仿是空白的諧擬，即失去幽默的諧
　　擬。[69]

---

[69]詹明信，〈後現代主義以及消費社會〉，收於佛斯特(Hal Foster)編輯的
《反美學：後現代文化論文集》(*The Anti-Aesthetic: Essays on Postmodern
Culture*. Port Townsend, WA: Bay Press, 1983)，114頁。

然而，失去「正常」的感覺本身可以是個逗笑的機會，特別是「正常的」、「原本的」被發現是個拷貝，而且無可避免地是個失敗的拷貝，是沒有人**能**代表的理想。就這層意義而言，覺悟到原型一直都是衍生出來之時，笑聲也就浮現了。

諧擬本身並不具顛覆性，而必有方式了解什麼讓某種諧擬的重複有效地阻擾、真正地混淆，什麼樣的重複變得馴服並再次流通為文化霸權的工具。以行動類型學來移置諧擬——更確切地，諧擬的笑聲——很明顯是不夠的，端視培養顛覆性混淆的脈絡和接受度而定。什麼樣的踐履會反轉內部外部的分別、強迫去徹底地重思性別身分與性意識的心理預設？什麼樣的踐履會強制重新考慮陽性和陰性的**地位**和穩定性？而什麼樣的性別踐履，會以攪亂身分和慾望的自然歸化範疇的方式，來演出和揭露性別本身的踐履性。

如果身體不是個「存在體」，而是個可變的疆界，表面的滲透性為政治所制約，是性別階層的文化範圍和強制性異性戀之內的表意實踐，那麼還有什麼語言可以了解性別這個肉體的演出，這個在自己表面構成自身「內部」的表意？沙特也許會把這個演出稱為「存有的風格」("a style of being")，傅柯則是「存在的風格學」("a stylistics of existence")。我稍早對波娃的解讀，指出性別化身體為如是繁多的「肉身風格」("styles of the flesh")。這些風格都不是全然自我風格化的，因為風格有其歷史，而那些歷史則支配和限制可能性。例如，試想性別為一**肉體的風格**(corporeal style)，是種「演

出」，同為有意和踐履性的，於此「**踐履性**」代表戲劇性和隨機的意義建構。

維諦格以性別為「性」的作用，在此「性」是讓身體成為文化標記的強制命令，為順從歷史方面受限的可能性而肉體化，而實際去做不只一次或兩次，而是持續和重複的肉體計畫。然而，「計畫」的概念意指極端慾望的起始動力，因為性別是以文化存活為目的之計畫，**策略**(strategy)一詞較適當地指出性別踐履一直地以各種方式發生時，所處之強迫境遇(situation of duress)。因此，作為在強制系統中的存活策略，性別是種明顯帶著處罰目的之踐履。分明的性別為當代文化中把個人「人性化」的部份；的確，我們常態地處罰那些無法行使他們性別權利者。因為性別並不具有一可表達或外在化的「精髓」，也沒有熱望的客觀理想；而且因為性別不是個事實，各種性別的操演創造性別的理念，而沒有那些操演，就根本沒有性別可言。因此，性別為常態隱藏其創始的建構；集體默許地踐履、製造、維持分明而兩極化的性別，以作為文化的虛構，而該默認為那些建構的可信度所模糊——把它模糊的還有不願同意去相信它們所得的懲罰；該建構「強制」我們相信其必要性及自然性。透過各種肉體風格而賦形的歷史可能性，僅僅是懲罰性制約的文化虛構，選擇性地於強制之下落實或轉移。

試想一性別規範的沈澱製造出「天然之性」或「真實的女人」或任何流行和有震撼力的社會虛構，而這是隨時間流逝所製造出肉體風格的沈澱物，以物化的形式，現形為身體

自然的形態，進入性之既存二元關係。如果這些風格被樹立
(enacted)，而且如果它們製造出連貫的、像是原創者的性別
化主體，何種踐履可能會揭示這表面的「成因」為「結果」
呢？

那麼，就哪些意義而言，性別是種操演(act)[譯註1]？如
同其他儀式性的社會戲劇一般，性別的行動(action)需要重
複地踐履。這個重複為一套已經在社會上成立的意義之重新
建立以及重新體驗，也是它們世俗和儀式化的合法形式[70]。
雖然有個別身體透過成為性別化模式來制定這些表意，這個
「行動」是為公眾行動。這些行動有著時間性和集體的層
面，而其公眾性格並非不重要；確實，踐履受到了把性別維
持在二元框架內的策略目標所影響——這個目標不能被歸類
為主體、而必須被理解為奠立和鞏固主體。

性別不應該被解釋為穩定的身分或各種行為隨之而
生的能動性所在，它是及時、薄弱地構成的身分，經由行
動的**風格化重複**(stylized repetition of acts)而建立於外在空
間中。性別的效果經由身體的風格化而製造，因此，必須
被理解為一種世俗方式，讓身體姿態、動作和各種風格，
構成持久性別化自我的幻覺。這個陳述把性別的概念由身

---

[70]參照透納(Victor Turner)的《領域和比喻》(*Fields and Metaphors*. Ithaca:
Cornell University Press, 1974)。亦可參照葛茲(Clifford Geertz)的〈模糊的
文類：思想的再塑形〉("Blurred Genres: The Refiguration of Thought")，收
錄於《在地知識——詮釋人類學的進一步探討論文集》(*Local Knowledge,
Further Essays in Interpretive Anthropology*. New York: Basic Books, 1983)
。

分的實體模型的領域，轉移至需要理解性別概念爲建構出
來的**社會時間性**(social temporality)。很重要地，是如果性
別透過內部不連續之行爲而得以建立，那麼**實體的表象**
(appearance of substance)正是那建構的身分、踐履性的成
就，讓包括演出者在內的世俗社會觀眾都信以爲真，而且
以信仰的方式在操演。性別也是從未被完全內化的規範；
「內部」是表面的表意，而最終性別規範是魅影般、無法具
體成形。如果性別身分的領域是穿越時空的行爲風格化重
複，不是似乎天衣無縫的身分，那麼「領域」的空間比喻會
被移置、揭示爲風格化的形態，更確切地，爲時間的性別肉
體化(gendered corporealization of time)。那麼持久的性別化自
我，則是建構於想迫近身分實體根據地之重複行爲，但那些
行爲在偶發的**不連續**性中，揭露了該「根據地」("ground")時
態與隨機的沒有根據性(groundlessness)。正是在於這種行爲
的主觀性關係，在於無法重複的可能性，一種去除形體畸形
(de-formity)，或是諧擬性重複去揭露持久身分的魅影效果爲
政治上薄弱的建構之時，性別轉變的可能性得以被察覺。

　　然而，如果性別屬性不是表達性(expressive)而是踐履性
(performative)，那麼這些屬性有效地構成它們據云表達或揭
示的身分。表達和踐履性之間的區別是很關鍵的。如果性別
屬性和行動──各種身體展示或製造文化表意的方式──是
踐履性的，那麼可用以衡量行動或屬性的先決身分並不存
在；沒有什麼真實或虛假、真正或扭曲的性別行爲，對於真
實性別身分的推論則被揭露爲一制約性的虛構。性別真實透

過持續的社會演出被創造出來，意味著本質上的性以及真實或持久的陽性特質或陰性特質也是建構出來的，作為部份策略來隱藏性別的踐履性特質，也隱藏了陽性化領域和強制性異性戀框架之外，繁衍性別形態的踐履可能性。

性別可能並非真確或是虛假，並非真實或是明顯，更不是原創或衍生的。然而，作為那些屬性的可信承載者，性別也可以被徹底和極度地轉為**不可置信**(incredible)。

【譯註】

1. 作爲動詞的act與enact、作爲名詞的act, action, enactment，源自同一字根，同表戲劇性的「扮演」、「演出」以及行爲上的「行動」、「建立」之意；是故"act"與其衍生字詞的一語雙關，與巴特勒一再強調的踐履性中包含之「語言行動」和「戲劇層面」意涵不謀而合。此外，"act"與"enact"亦是法律用語，意指「法令」與「制定」，的確性/性別被建構出來、約定成俗、強制爲規範的過程，與法律制定模式有相呼應之處。

結論 從諧擬到政治

本書論述從一個推測性的問題出發，質疑女性主義政治是否能撇開女人範疇的「主體」。指涉女人以替她們做出再現的聲明，在策略或轉變過程上是否仍然有意義，在此並不重要。女性主義的「我們」永遠只是個魅影般的建構，雖然有它的目的，卻否決了這個字的內部複雜性和無法決定性，而且它自身的構成，只能透過排除了它同時想代表的部份支持社群。然而，「我們」薄弱或魅影的地位不是絕望的原因，或者至少不是**唯**一令人絕望的原因。該範疇極度的不穩定性質疑女性主義政治立論的**基礎**限制，而且開放的其他形態可能性，不只是有關性別和身體，也是有關政治本身。

身分政治的基本教義思維傾向認定身分必先有其所在地，使政治興趣得以闡述，以及隨後採取政治行動。我的論點是不一定要有「行爲背後的行爲人」，但是該「行爲人」則在和透過行爲之中以不同方式被建構。這不是回歸存在主義的理論，以爲自我透過行爲而建構，因爲存在主義理論主張自我和行爲都有一先決於論述的架構。在此，引起我興趣的正是這自我和行爲在和透過彼此而成的可變論述建構。

鎖定「能動性」的問題通常和「主體」的可行性相關，於此「主體」被視爲在其協調的文化領域之前有某種穩定的存在。或者，如果主體爲文化的建構，它仍被賦予了能動性，通常是以反省思索的能力表現，儘管植入文化之中還維持完整不變。在這種模型上，「文化」和「論述」**陷垮**(mire)主體，而不是構成主體。使既存主體符合條件或陷入泥沼，似乎對於建立一個不是全然由文化和論述**決定**的媒介點是必

要的。然而，這種思維錯誤地認定(a)媒介只能透過訴諸論述之前的「我」而成立，即使該「我」被發現在一論述交集之中，(b)被論述所**構成**就是被論述所**決定**，而決定則封閉了能動性的可能性。

即使在主張高度符合或定位的主體理論中，主體仍然在一對立的知識論框架中遭遇論述構成的環境。為文化所陷的主體得協調其建構，即使那些建構是它自己身分的前提。例如，在波娃的理論中，有個「我」來造成自身的性別，成為自身的性別，但不變地與性別聯結的那個「我」，卻是從未與性別能完全辨認的作用點。不管分離主體與其文化前提的存在距離有多微眇，那個**思維**從未**屬於**它所協調的文化世界。闡述膚色、性意識、種族、階級和身體能力前提的女性主義身分理論，在這個條列單的末端無異地以令人羞赧的「等等」("etc.")作結。透過這形容詞的平行軌道，這些立場試圖要圈住一個定位的主體，但總是無法完滿達成。然而，這個不完整仍帶給我們啟示：那麼常在這種行列尾端出現、惱怒的「等等」，能孳生什麼樣的政治推動力？這是個消耗的標記，也是表意本身不受限的過程。它是**填補**(supplément)，是過剩(excess)，必然伴隨任何想要永久釐定身分的努力。然而，這不受限制的**等等**，毛遂自薦成為女性主義政治立論的新出發點。

如果身分透過表意的過程而為聲明，如果身分總是已經被表意，卻繼續去表意，在各種連結的論述之內流通，那麼能動性的問題不該讓存在於表意之前的

「我」來回答。換句話說，有關「我」的聲稱，啓用的條件是來自於表意的結構、制約「我」這代名詞合法和不合法引用的規則、建立這代名詞藉以流通的可感知條件之實踐。語言不是個可讓人投注自我、從其中擷取自我反映的**外在媒體或工具**。爲馬克思、盧卡奇(Lukacs)以及各路當代自由派論述所採用的黑格爾自我認證的模式，預設了面對（包含語言的）自身世界時作爲客體的「我」，以及自己身爲那世界中一客體的「我」之間，有潛在的適當性。但是這屬於西方知識論傳統的主體／客體的二元論，制約了它試圖解決的那個身分問題。

什麼論述傳統把這個「我」以及它的「異己」建立爲知識論的對峙，然後決定在何處和如何決定可知性和能動性的問題？什麼樣的能動性由於知識論主體的釐定被排除了，正因爲召喚主體和預先制約能動性的主導規則及實踐，被排除於分析和批判介入之外？平常語言的世俗運作，天真而有說服力地確認了知識論的出發點並不是無可避免的觀點——廣在人類學之內以文獻記載——這語言視主體／客體二元論視爲奇特且隨機（若尚不至於暴力）的哲學性強加之物。挪用、工具性以及疏離的語言，與知識論模式密切相關，也屬於統治的策略，把「我」對立於「異己」，而這個分離對立一旦達成，則製造出一套有關異己的可知性和可回復性的人工問題。

部分承繼當代身分政治知識論論述的這個二元對立，在一套既定表意實踐之內策略性行動，透過與在對立中建立了

「我」，並把對立具體化爲必須品，隱藏構成二元的論述機制。有關身分的說明，從**知識論**觀點轉移到鎖定問題於**表意**實踐之內，得以將知識論模式本身作爲可能和隨機表意實踐的分析。此外，能動性的問題被重新陳述爲表意和再表意如何運作的問題。換句話說，被表意爲身分的不是在時間的某個定點受到表意，而在那個定點之後，它便僅僅是存在體語言(entitative language)惰性的殘片。很明顯地，身分**可能**出現爲如此眾多的惰性實詞(inert substantives)；的確，存在論模型傾向於把這個表象作爲理論的出發點。然而，只有透過表意實踐試圖隱藏自身運作並自然歸化所產生的效果，實體的「我」才會如這般地出現。此外，具有實體身分的資格是個費力的任務，因爲這種表象是產生規則的身分，仰賴常態與重複地喚出那些規則，控制和限制文化可感知身分的實踐。的確，以身分爲一種**實踐**，一種表意的實踐，就是以文化上可感知的主題作爲規則束縛的論述的最終效果，把自身注入語言生命蔓延和世俗的表意行爲。抽象地思考，語言指向一開放的符號系統，可感知性是透過該系統持續地被創造與承受挑戰。作爲歷史上特定的語言機構，論述把自己呈現爲複數，共存於時間的框架中，而且建立起無法預測和突發的交集，由此產生特定的論述模式可能性。

表意作爲一個過程，把知識論論述稱爲「能動性」攬爲己有。管理可感知身分的規則——也就是說，對於「我」的可感知聲稱予以授權和限制，那些規則的架構部份沿著性別階層和強制性異性戀母模，透過重複在運作。的確，當主體

據云是架構出來的,這就意味著主體是某些由規則支配的論述製造的結果,而那些論述又統籌了身分的可感知召喚。主體不是**決定於**製造出它的規則,因為表意**不是奠基的行為,而是重複的制約過程**,同時隱藏自己並透過實體化效果的製造強加規則。就某種意義而言,所有表意在強制重複的軌道內發生;那麼「能動性」會在重複變化的可能性中被找到。如果支配表意的規則不但限制而且啓開文化可感知性的另類領域聲稱,也就是說,挑戰階層二元主義僵化暗號的新性別可能性,那麼身分的顛覆,只有在重複表意的實踐**裡面**才有可能。**作為**既定性別的命令必然失敗,製造出各樣不連貫的形態,它們的多重性超越和抵抗滋生它們的那個命令。此外,作為一既定性別的命令,是透過論述的途徑而產生:做一個好母親,做一個異性戀的慾望對象,做一個好工作者,總括來說,就是去表意擔保多重性來同時回應各種不同的需求。這種論述命令的並存或交集,製造出複雜的重新構形和重新部署的可能性;它不是在這種交集之中引起行動的超越性主體。在交集之前沒有任何自我、或是任何人能在進入衝突的文化領域之前維持「完整性」。有的只是拾起滯留該處的工具,而這個「拾起」動作是由工具留在那裡的事實所發動的。

　　在性別的表意實踐中構成顛覆性重複者為何?例如,我提到(「我」動用了支配哲學結論文體的文法,但是注意文法本身動用並啓動這個「我」,即使「我」在此堅持自己重複、重新動用、以及——如同論者所決定的——質疑自己

同爲啓動和受限的哲學文法）在性／性別的分別中，性擺出
「真實」和「事實」之勢，成爲性別運作其上、從事文化銘
刻行爲的物質或肉體境地。但是性別不是寫在身體上，如卡
夫卡《責罰殖民地》中的書寫折磨工具，無法感知地把自己
銘刻在被告的肉身之上。問題於此不是——那個銘刻帶著什
麼樣的意義？而是什麼文化機制安排工具和身體的會合？可
能怎麼樣介入這個儀式性的重複？「真實」("real")和「性方
面事實」("sexually factic")是魅影的建構——實體的幻覺——
強迫身體去貼近，但永遠不可能達到。那麼，什麼致使魅影
和真實間的斷裂被暴露出來，讓真實承認自己爲魅影？這是
否提供一個重複的可能性，沒有完全讓重新鞏固自然歸化身
分的命令所限制住呢？正如同身體表面被制定爲自然的，這
些表面也可以成爲不和諧與去自然歸化的演出所在地，揭露
自然本身的踐履情形。

　　諧擬的實踐可以用在特權的、自然歸化的性別形態和
看似衍生、魅影般、模仿的性別形態——即若失敗的拷貝
——之間，重新引涉和重新鞏固它們的分別。而諧擬確定
已經被用在加深絕望的政治，似乎無可避免地，邊緣性別
確認從自然和真實疆域中被排除。然而我要說這無法成爲
「真實」和無法化爲「自然的」，是所有性別制定結構上的
失敗，因爲這些存在據點基本上無法作爲居所。因此，混仿
效果(pastiche-effect)的諧擬實踐中——原創的、真正的、真
實的本身都於此被架構爲效果——有著顛覆性的笑聲。性別
規範的失落造成的效果爲擴散性別形態、動搖實體身分、剝

奪強制性異性戀自然歸化敘事體中的中心主角──「男人」
和「女人」。性別的諧擬重複，也揭露性別身分為無法改變
的深淵和內部實體的幻覺。作為細微、政治施加的踐履性，
性別是種「操演」，開放於分裂、自我諧擬、自我批評和
「自然」的誇張展示，而在誇大之中顯露出基本的魅影地
位。

　　我試著指出身分範疇經常被假定為女性主義政治的基
礎，也就是說，被認為是不可或缺，以便將女性主義推動為
身分政治，同時也用來預先限制和束縛女性主義本該打開的
文化可能性。製造出文化可感知之「性」的沈默束縛，該被
視為創制性政治結構，而不是自然歸化的基礎。矛盾的是把
身分重新構思為**效果**，也就是說，**被製造**(produced)或**引起
的**(generated)，打開了視身分範疇為基礎和固定的立場所逐
步排除的「能動性」可能性。身分之為效果意味著它不是命
定的，也不是全然人工或主觀的。身分的**構成**情形沿著這兩
條衝突線被錯解，表示有關文化建構的女性主義論述仍陷在
自由意志和決定論的不必要二元主義之中。建構並不對立於
能動性：它是能動性必要的場景，是能動性得到闡述和成為
文化上可感知的條件。女性主義的要務不是在建構的身分之
外建立一觀點；那個做法是知識論模型的建構，會背誓自身
的文化所在地，因此推銷自我為全球性的主體(global subject)
，而這立場正是動用了女性主義應該批判的帝國主義策略。
當前要務在於找出那些建構所啟動的顛覆性重複策略，透過
參與構成身分的重複實踐，來確認干涉的在地可能性(local

possibilities)，而因此展現質疑它們的潛在可能性。

　　本文理論探索試圖於建立、制約、反制約身分的表意實踐中，鎖定政治的所在地。然而，只能透過引介一套延伸政治概念的問題，努力的達成這目的。如何阻擾覆蓋另類性別文化形態之基礎？如何動搖身分政治的「前提」並現出其魅影的層面？

　　這任務需要系譜學來批判性與一般身體的自然歸化。有關沈默身體的比喻、在文化之前、等待表意、諸如此類與女性形象相符的比喻，等待陽性意符的銘刻－切入(inscription-as-incision)來進入語言和文化之中，這些都有待重新思量。從強制性異性戀的政治分析來看，性的建構為二元、為階層制的二元的觀點，有必要去質疑。從性別為演出／制定(enacted)的觀點看來，有關性別身分的固定不變，它是在各種形式「表達」之下外在化的內部深淵的說法，已經產生了問題。慾望的原初異性戀建構之隱約建構被顯示還持續著，即使它以原初雙性戀的模式出現。在性／性別區分的陳述、以「性」為論述之前以及性意識先決於文化說法——特別是有關性意識為論述之前的文化建構——都顯示出排除和階層的策略仍持續著。最後，認定行為人先於行為的知識論典範建立了全球整體(global)和全球整體化(globalizing)的主體，背誓自身的所在地(locality)以及在地性干涉(local intervention)的條件。

　　如果被視為女性主義理論或政治的場域，這些性別階層和強制異性戀的「效果」不只會被誤述為基礎，而且開啟這

錯位誤述(metaleptic misdescription)的表意實踐，維持在女性主義批評性別關係的視野之外。進入這個表意領域的重複實踐並不是選擇，因為可能進入的「我」已經一直都在之中：給予那些詞語可感知性的論述實踐之外，沒有任何能動性或真實的可能性。任務在此不是應否重複，而是如何重複，或者更確切地說，去重複，並經由性別的極度擴散去**移置**啓動重複本身的性別規範。沒有任何性別存在論可供我們建構政治，因為性別存在論總是在既定的政治脈絡中運作為規範性命令，決定什麼有可感知之性(intelligible sex)的資格，召喚和鞏固生殖的束縛於性意識之上，制定命令要求性化或性別化身體進入文化可感知性範圍。因此，存在論不是基礎，而是規範性的命令，逐步運作進入政治論述作為立身必要的場域。

身分的解構不是政治的解構，它把身分藉以得到闡述的語彙本身塑造為政治性的。這種批判質疑了把女性主義視為身分政治來闡述的基本教義派框架。這個基本教義派的內部矛盾在於它認定、固定、限制自己期望去代表和解放的「主體」。任務在此不是去歌詠每一個新可能性**作為**可能性，而是去重新敘述**已經**存在、但被指定為文化上不可感知和不可能的文化領域中的可能性。如果身分不再被固執為政治推論的前提，而政治不再被視為一套實踐，衍生於一套現成主體(ready-made subjects)的據稱利益，政治的新形態確定會從昔日的廢墟中浮現。那時性和性別的文化形態可能會擴散，或者該這麼說，在建立可感知文化生活的論述中，性和

性別當前的擴散可能會變得可以闡釋，混淆性的二元主義，並且暴露這二元基礎的不自然性。有什麼其他的在地策略能引入「不自然」之物，可能導致性別的去自然歸化至此地步呢？

索引

巴特(Roland Barthes, 1915-1980)是沙特之後，當代最具影響
思想大師；也是蒙田之後，最富才華的散文家。他在符號學、解
、結構主義與解構主義的思想領域，都有極為傑出的貢獻，與傅
李維史陀並稱於世。巴特不僅擅長以其獨具的秀異文筆，為讀者
「閱讀的歡悅」，並將「流行」、「時尚」等大眾語言，融入當
文化主流，為現代人開啟了21世紀的認知視窗。1980年2月，一個
，巴特在穿越法蘭西學院校門前的大街時，不幸因車禍猝死————

羅蘭巴特及其著作

《桂冠新知系列叢書》系統論述當代人文、社會科學知識領域的重要理論成果，力求透過深入淺出的文字，介紹當代人文、社會科學領域中，最有影響力的思想家、理論家、文學家的作品與思想；從整體上構成一部完整的知識百科全書，爲社會各界提供最寬廣而有系統的讀物。《桂冠新知系列叢書》不僅是您理解時代脈動，透析大師性靈，拓展思維向度的視窗，更是每一個現代人必備的知識語言。

08500B 馬斯洛	馬斯洛著／莊耀嘉編譯	200元
08501B 皮亞傑	鮑定著／楊俐容譯	200元
08502B 人論	卡西勒著／甘陽譯	300元
08503B 戀人絮語	羅蘭巴特著／汪耀進等譯	250元
08504B 種族與族類	雷克斯著／顧駿譯	200元
08505B 地位	特納著／慧民譯	200元●
08506B 自由主義	格雷著／傅鏗等譯	150元●
08507B 財產	賴恩著／顧蓓曄譯	150元
08508B 公民資格	巴巴利特著／談谷錚譯	150元
08509B 意識形態	麥克里蘭著／施忠連譯	150元●
08511B 傅柯	梅奎爾著／陳瑞麟譯	250元●
08512B 佛洛依德自傳	佛洛依德著／游乾桂譯	100元
08513B 瓊斯基	格林著／方立等譯	150元
08514B 葛蘭西	約爾著／石智青譯	150元●
08515B 阿多諾	馬丁.傑著／李健鴻譯	150元●
08516B 羅蘭·巴特	卡勒著／方謙譯	150元●
08518B 政治人	李普塞著／張明貴譯	250元
08519B 法蘭克福學派	巴托莫爾著／廖仁義譯	150元
08521B 曼海姆	卡特勒等著／蔡采秀譯	250元
08522B 派森思	漢彌爾頓著／蔡明璋譯	200元●
08523B 神話學	羅蘭巴特著／許薔薔等譯	250元
08524B 社會科學的本質	荷曼斯著／楊念祖譯	150元●
08525B 菊花與劍	潘乃德著／黃道琳譯	300元
08527B 胡賽爾與現象學	畢普塞維著／廖仁義譯	300元●
08529B 科學哲學與實驗	海金著／蕭明慧譯	300元
08531B 科學的進步與問題	勞登著／陳衛平譯	250元
08532B 科學方法新論	高斯坦夫婦著／李執中等譯	350元
08533B 保守主義	尼斯貝著／邱辛曄譯	150元
08534B 科層制	比瑟姆著／鄭樂平譯	150元
08535B 民主制	阿博拉斯特著／胡建平譯	150元
08536B 社會主義	克里克著／蔡鵬鴻等譯	150元
08537B 流行體系（一）	羅蘭巴特著／敖軍譯	300元
08538B 流行體系（二）	羅蘭巴特著／敖軍譯	150元

※訂購圖書價格後有●符號的書，請先來電(037)832-001確認是否尚有存書。

08539B 論韋伯	雅思培著／魯燕萍譯	150元
08540B 禪與中國	柳田聖山著／毛丹青譯	150元
08541B 禪學入門	鈴木大拙著／謝思煒譯	150元
08542B 禪與日本文化	鈴木大拙著／陶剛譯	150元
08543B 禪與西方思想	阿部正雄著／王雷泉等譯	300元
08544B 文學結構主義	休斯著／劉豫譯	200元●
08545B 梅洛龐蒂	施密特著／尙新建等譯	200元
08546B 盧卡奇	里希特海姆著／王少軍等譯	150元
08547B 理念的人	柯塞著／郭方等譯	400元●
08548B 醫學人類學	福斯特等著／陳華譯	450元
08549B 謠言	卡普費雷著／鄭若麟等譯	300元
08550B 傅柯:超越結構主義與詮釋學	德雷福斯著／錢俊譯	400元
08552B 咫尺天涯:李維史陀訪問錄	葉希邦著／廖仁義譯	300元
08553B 基督敎倫理學闡釋	尼布爾著／關勝瑜等譯	200元
08554B 詮釋學	帕瑪著／嚴平譯	350元
08555B 自由	鮑曼著／楚東平譯	150元
08557B 政治哲學	傑拉爾德著／李少軍等譯	300元
08558B 意識型態與現代政治	恩格爾著／張明貴譯	300元
08561B 金翅:傳統中國家庭的社會化過程	林耀華著／宋和譯	300元
08562B 寂寞的群眾:變化中的美國民族	黎士曼等著／蔡源煌譯	300元
08564B 李維史陀:結構主義之父	李區著／黃道琳譯	200元
08566B 猴子啓示錄	凱耶斯著／蔡伸章譯	150元●
08567B 菁英的興衰	帕累托等著／劉北成譯	150元
08568B 近代西方思想史	史壯柏格著／蔡伸章譯	700元●
08569B 第一個新興國家	李普塞著／范建年等譯	450元
08570B 國際關係的政治經濟分析	吉爾平著／楊宇光等譯	500元
08571B 女性主義實踐與後結構主義理論	維登著／白曉紅譯	250元
08572B 權力	丹尼斯.朗著／高湘澤等譯	400元
08573B 反文化	英格著／高丙仲譯	450元
08574B 純粹現象學通論	胡塞爾著／李幼蒸譯	700元●
08575B 分裂與統一:中、韓、德、越南	趙全勝編著	200元
08579B 電影觀賞	鄭泰丞著	200元
08580B 銀翅:金翅-1920 1990	莊孔韶著	450元
08581B 政治與經濟的整合	蕭全政著	200元
08582B 康德、費希特和青年黑格爾論	賴賢宗著	400元●
08583B 批評與眞實	羅蘭巴特著／溫晉儀譯	100元
08585B 布爾迪厄文化再製理論	邱天助著	250元
08587B 交換	戴維斯著／敖軍譯	150元
08588B 權利	弗利登著／孫嘉明等譯	250元

※本目錄圖書價格如有變動，概以版權頁定價爲準※

08589B	科學與歷史	狄博斯著／任定成等譯	200元
08590B	現代社會衝突	達倫道夫著／林榮遠譯	350元
08591B	中國啓蒙運動	舒衡哲著／劉京建譯	450元
08592B	科技，理性與自由	鄭泰丞著	200元
08593B	生態溝通	魯曼著／魯貴顯等譯	300元
08594B	S Z	羅蘭巴特著／屠友祥譯	300元
08595B	新聞卸妝：布爾迪厄新聞場域理論	舒嘉興著	150元●
08596B	羅蘭巴特論羅蘭巴特	羅蘭巴特著／劉森堯譯	300元
08597B	性與理性(上)	理查.波斯納著／高忠義譯	350元●
08598B	性與理性(下)	理查.波斯納著／高忠義譯	350元●
08599B	詮釋學史	洪漢鼎著	350元
08601B	詮釋學經典文選(上)	哈柏瑪斯等著／洪漢鼎等譯	300元
08602B	詮釋學經典文選(下)	伽達默爾等著／洪漢鼎等譯	300元
08603B	電影城市	克拉克著／林心如等譯	500元
08604B	羅蘭巴特訪談錄	羅蘭巴特著／劉森堯譯	400元
08605B	全球資本主義的挑戰	吉爾平著／楊宇光等譯	400元
08606B	幻見的瘟疫	紀傑克著／朱立群譯	350元
08607B	神經質主體	紀傑克著／萬毓澤譯	500元
08608B	全球政治經濟	吉爾平著／陳怡仲等譯	450元
08609B	布勞代爾的史學解析	賴建誠著	200元
08610B	第三空間	索雅著／王志弘等譯	400元
08611B	失卻家園的人	托多洛夫著／許鈞等譯	200元
08612B	偶發事件	羅蘭巴特著／莫渝譯	200元
08613B	流行溝通	巴納爾著／鄭靜宜譯	250元
08614B	文化批判人類學	馬庫斯等著／林徐達譯	300元
08615B	心理分析與兒童醫學	朵爾托著／彭仁郁譯	300元
08616B	如何拍電影	夏布洛等著／繆詠華譯	100元
08617B	理性的儀式	崔時英著／張慧芝等譯	180元
08618B	援外的世界潮流	日本國際協力機構著／李明峻譯	250元
08619B	性別政治	愛嘉辛斯基著／吳靜宜譯	250元
08620B	現象學導論	德穆.莫倫著／蔡錚雲譯	600元
08621B	詩意的身體	賈克.樂寇著／馬照琪譯	360元
08622B	本質或裸體	余蓮著／林志明等譯	250元
08627B	此性非一	依瑞葛來著／李金梅譯	300元
08628B	複製、基因與不朽	哈里斯著／蔡甫昌等譯	400元
08629B	紀登斯：最後一位現代主義者	梅斯托維克著／黃維明譯	400元
P0001B	淡之頌	余蓮著／卓立譯	168元

※訂購圖書價格後有●符號的書，請先來電(037)832-001確認是否尚有存書。

《當代思潮》是由前中央研究院副院長楊國樞先生擔綱，結合數百位華文世界的人文與社會科學傑出專家、學者，為國人精選哲學、宗教、藝文、語言學、心理學、教育學、人類學、社會學、政治學、法律、經濟、傳播等知識領域中，影響當代人類思想最深遠的思想經典，不僅是國人心靈革命的張本，更是當代知識分子不可或缺的思考元素。

編號	書名	作者／譯者	價格
08701A	成為一個人	羅哲斯著／宋文里譯	500元
08702A	資本主義的文化矛盾	貝爾著／趙一凡等譯	400元
08703A	不平等的發展	阿敏著／高銛譯	400元
08704A	變革時代的人與社會	曼海姆著／劉凝譯	200元
08705A	單向度的人	馬庫塞著／劉繼譯	250元
08706A	後工業社會的來臨	貝爾著／高銛等譯	500元
08707A	性意識史：第一卷	傅柯著／尚衡譯	150元
08708A	哲學和自然之鏡	羅蒂著／李幼蒸譯	500元●
08709A	結構主義和符號學	艾柯等著／李幼蒸譯	300元●
08710A	批評的批評	托多洛夫著／王東亮等譯	250元
08711A	存在與時間	海德格著／王慶節等譯	400元
08712A	存在與虛無（上）	沙特著／陳宣良等譯	300元
08713A	存在與虛無（下）	沙特著／陳宣良等譯	350元
08714A	成文憲法的比較研究	馬爾賽文等著／陳雲生譯	350元
08715A	韋伯與現代政治理論	比瑟姆著／徐鴻賓等譯	300元
08716A	官僚政治與民主	哈利維著／吳友明譯	400元●
08717A	語言與神話	卡西勒著／于曉等譯	250元
08719A	社會世界的現象學	舒茲著／盧嵐蘭譯	400元
08721A	金枝：巫術與宗教之研究（上）	佛雷澤著／汪培基譯	450元
08722A	金枝：巫術與宗教之研究（下）	佛雷澤著／汪培基譯	450元
08723A	社會人類學方法	布朗著／夏建中譯	250元
08724A	我與你	布伯著／陳維剛譯	150元
08725A	寫作的零度	羅蘭巴特著／李幼蒸譯	300元
08726A	言語與現象	德希達著／劉北成等譯	300元
08727A	社會衝突的功能	科塞著／孫立平等譯	250元
08728A	政策制定過程	林布隆著／劉明德等譯	200元
08729A	合法化危機	哈柏瑪斯著／劉北成譯	250元
08730A	批判與知識的增長	拉卡托斯等著／周寄中譯	350元
08731A	心的概念	萊爾著／劉建榮譯	300元
08733A	政治生活的系統分析	伊斯頓著／王浦劬譯	450元
08734A	日常生活中的自我表演	高夫曼著／徐江敏等譯	350元
08735A	歷史的反思	布克哈特著／施忠連譯	300元
08736A	惡的象徵	里克爾著／翁紹軍譯	400元●
08737A	廣闊的視野	李維史陀著／肖聿譯	400元
08738A	宗教生活的基本形式	涂爾幹著／芮傳明等譯	500元
08739A	立場	德希達著／楊恆達等譯	200元●
08740A	舒茲論文集（第一冊）	舒茲著／盧嵐蘭譯	350元

※ 訂購圖書價格後有●符號的書，請先來電(037)832-001確認是否尚有存書。

08741A	歐洲科學危機和超越現象學	胡塞爾著／張慶熊譯	150元
08742A	歷史的理念	柯林鳥著／陳明福譯	350元
08743A	開放社會及其敵人（上）	巴柏著／莊文瑞等譯	500元
08744A	開放社會及其敵人（下）	巴柏著／莊文瑞等譯	500元
08745A	國家的神話	卡西勒著／范進等譯	350元
08746A	笛卡兒的沉思	胡塞爾著／張憲譯	200元
08748A	規訓與懲罰	傅柯著／劉北成等譯	400元
08749A	瘋顛與文明	傅柯著／劉北成等譯	300元
08750A	宗教社會學	韋伯著／劉援譯	400元●
08751A	人類本性與社會秩序	庫利著／包凡一等譯	300元
08752A	沒有失敗的學校	格拉塞著／唐曉杰譯	300元
08753A	非學校化社會	伊利奇著／吳康寧譯	150元
08754A	文憑社會	柯林斯著／劉慧珍等譯	350元
08755A	教育的語言	謝富勒著／林逢祺譯	150元
08756A	教育的目的	懷德海著／吳志宏譯	200元
08757A	民主社會中教育的衝突	赫欽斯著／陸有銓譯	100元
08758A	認同社會	格拉瑟著／傅宏譯	250元
08759A	教師與階級	哈利斯著／唐宗清譯	250元
08760A	面臨抉擇的教育	馬里坦著／高旭平譯	150元
08761A	蒙特梭利幼兒教育手冊	蒙特梭利著／李季湄譯	150元
08762A	蒙特梭利教學法	蒙特梭利著／周欣譯	350元●
08763A	世界的邏輯結構	卡納普著／蔡坤鴻譯	400元●
08764A	小說的興起	瓦特著／魯燕萍譯	400元
08765A	政治與市場	林布隆著／王逸舟譯	500元
08766A	吸收性心智	蒙特梭利著／王堅紅譯	300元
08767A	博學的女人	德拉蒙特著／錢撲譯	400元
08768A	原始社會的犯罪與習俗	馬凌諾斯基著／夏建中譯	150元
08769A	信仰的動力	田立克著／魯燕萍譯	150元
08770A	語言、社會和同一性	愛德華滋著／蘇宜青譯	350元●
08771A	權力菁英	米爾斯著／王逸舟譯	500元
08772A	民主的模式	赫爾德著／李少軍等譯	500元
08773A	哲學研究	維根斯坦著／尚志英譯	350元
08774A	詮釋的衝突	里克爾著／林宏濤譯	500元●
08775A	女人、火與危險事物（上）	萊科夫著／梁玉玲等譯	450元
08776A	女人、火與危險事物（下）	萊科夫著／梁玉玲等譯	450元
08777A	心靈、自我與社會	米德著／胡榮譯	450元
08778A	社會權力的來源（上）	麥可.曼著／李少軍等譯	300元
08779A	社會權力的來源（下）	麥可.曼著／李少軍等譯	300元
08780A	封建社會（Ｉ）	布洛克著／談谷錚譯	400元
08781A	封建社會（ＩＩ）	布洛克著／談谷錚譯	300元
08783A	民主與資本主義	鮑爾斯等著／韓水法譯	350元
08784A	資本主義與社會民主	普熱沃斯基著／張虹譯	350元

※本目錄圖書價格如有變動，概以版權頁定價爲準※

08785A 國家與政治理論	卡諾伊著／杜麗燕等譯	400元
08786A 社會學習理論	班德拉著／周曉虹譯	300元
08787A 西藏的宗教	圖奇著／劉瑩譯	300元
08788A 宗教的創生	懷德海著／蔡坤鴻譯	100元
08789A 宗教心理學	斯塔伯克著／楊宜音譯	450元
08790A 感覺和所感覺的事物	奧斯汀著／陳瑞麟譯	200元●
08791A 制約反射	巴夫洛夫著／閻坤譯	500元●
08793A 近代世界體系(第一卷)	華勒斯坦著／郭方等譯	600元
08794A 近代世界體系(第二卷)	華勒斯坦著／郭方等譯	600元
08795A 近代世界體系(第三卷)	華勒斯坦著／郭方等譯	600元
08796A 正義論	羅爾斯著／李少軍等譯	600元
08797A 政治過程：政治利益與輿論(I)	杜魯門著／張炳九譯	350元
08798A 政治過程：政治利益與輿論(II)	杜魯門著／張炳九譯	350元
08799A 國家與社會革命	斯科克波著／劉北城譯	500元
08800A 韋伯:思想與學說	本迪克斯著／劉北城等譯	600元
08801A 批評的西方哲學史(上)	奧康諾著／洪漢鼎等譯	600元
08802A 批評的西方哲學史(中)	奧康諾著／洪漢鼎等譯	600元
08803A 批評的西方哲學史(下)	奧康諾著／洪漢鼎等譯	600元
08804A 控制革命：資訊社會的技術和經濟起源(上)	貝尼格著／俞灝敏等譯	300元●
08805A 控制革命：資訊社會的技術和經濟起源(下)	貝尼格著／俞灝敏等譯	400元●
08808A 精神分析引論新講	佛洛依德著／吳康譯	250元
08809A 民主與市場	普熱沃斯基著／張光等譯	350元
08810A 社會生活中的交換與權力	布勞著／孫非等譯	450元
08812A 心理類型(上)	榮格著／吳康等譯	400元
08813A 心理類型(下)	榮格著／吳康等譯	400元
08814A 他者的單語主義	德希達著／張正平譯	150元
08815A 聖與俗	伊利亞德著／楊素娥譯	350元
08816A 絕對主義國家的系譜	安德森著／劉北成等譯	600元
08817A 民主類型	李帕特著／高德源譯	450元
08818A 知識份子與當權者	希爾斯著／傅鏗等譯	450元
08819A 恐怖的力量	克莉斯蒂娃著／彭仁郁譯	300元●
08820A 論色彩	維根斯坦著／蔡政宏譯	150元●
08821A 解構共同體	尚呂克.儂曦著／蘇哲安譯	150元
08822A 選舉制度與政黨體系	李帕特著／張慧芝譯	250元
08823A 多元社會的民主	李帕特著／張慧芝譯	250元
08824A 性政治	米利特著／宋文偉譯	450元
08837A 胡塞爾德幾何學的起源導引	德希達著／錢捷譯	250元●
08838A 意識型態與烏托邦	曼海姆著／張明貴譯	350元
08839A 性別惑亂—女性主義與身分顛覆	巴特勒著／林郁庭譯	350元
08840A 物體世界—羅蘭巴特評論集(一)	羅蘭巴特著／陳志敏譯	250元
08841A 符號的想像—羅蘭巴特評論集(二)	羅蘭巴特著／陳志敏譯	250元
08842A 傾斜觀看	紀傑克著／蔡淑惠譯	350元

※訂購圖書價格後有●符號的書，請先來電(037)832-001確認是否尚有存書。

國家圖書館出版品預行編目資料

性/別惑亂:性主義與身分顛覆 / 巴特勒(Judith
　　Butler)原著；林郁庭譯.--初版.--
　　苗栗縣三灣鄉:桂冠2008.12
　　300面；15*21公分　　　含索引

譯自：Gender trouble : feminism and the subversion of
　　identity

ISBN 978-957-730-585-5(平裝)
　　1. 女性主義 2. 性別 3. 性別差異

544.52　　　　　　　97020309

性/別惑亂──女性主義與身分顛覆

Gender Trouble: Feminism and the Subversion of Identity

著者──巴特勒(Judith Butler)
國立編譯館主譯 / 譯者──林郁庭

　　出版──桂冠圖書股份有限公司
　　地址──苗栗縣35241三灣鄉中山路2號
　　電話──037-832-001
　　傳真──037-832-061
郵政劃撥──01045792 桂冠圖書股份有限公司
　　網址──www.laureate.com.tw
　　Email──laureate@ laureate.com.tw

總經銷：聯經出版事業股份有限公司
　　地址：23145台北縣新店市寶橋路235巷6弄5號7樓
　　電話：02-2913-3656#227

法律顧問──端正法律事務所 / 永然聯合法律事務所

本書由國立編譯館與桂冠圖書公司合作翻譯 發行
著作財產權人：國立編譯館
　　　　地址：10644臺北市和平東路一段179號
　　　　網址：www.nict.gov.tw

　　國家書店：松江門市
　　　　地址：10485臺北市松江路209號1樓
國家網路書店：http://www.govbooks.com.tw
　　　　電話：02-25180207

GPN 1009703363　　初版一刷──2008年12月
ISBN 978-957-730-585-5　定價──新台幣350元
本書若有缺頁、破損、裝訂錯誤，請寄回調換